中 国 国 家 铁 路 集 团 有 限 公 司 科 技 研 究 开 发 计 划 项 目（2019F030）成 果

晚清铁路发展史

李子明 编著

中国铁道出版社有限公司

2023年·北京

图书在版编目(CIP)数据

晚清铁路发展史/李子明编著. —北京:中国铁道出版社有限公司,2022.12(2023.11 重印)
ISBN 978-7-113-29729-9

Ⅰ.①晚…　Ⅱ.①李…　Ⅲ.①铁路运输-交通运输史-中国-清后期　Ⅳ.①F532.9

中国版本图书馆 CIP 数据核字(2022)第 188877 号

书　　名:晚清铁路发展史
作　　者:李子明

责任编辑:陈　胚　　　　**编辑部电话:**(010)51873698
封面设计:崔丽芳
责任校对:苗　丹
责任印制:赵星辰

出版发行:中国铁道出版社有限公司(100054,北京市西城区右安门西街 8 号)
网　　址:http://www.tdpress.com
印　　刷:河北宝昌佳彩印刷有限公司
版　　次:2022 年 12 月第 1 版　2023 年 11 月第 2 次印刷
开　　本:710 mm×1 000 mm　1/16　**印张:**21.75　**字数:**267 千
书　　号:ISBN 978-7-113-29729-9
定　　价:98.00 元

编 委 会

研史汲智励志，推动中国铁路科学发展行健致远

晚清时期是中国铁路启蒙孕育和起步发展的时期。这一时期围绕兴建铁路所进行的大量探索与实践，对于中国铁路持续发展、不断壮大产生了十分重要的影响。总结这一时期铁路发展历史的经验和教训，对于中国铁路科学发展、行健致远，具有重要借鉴意义。

晚清铁路的发展，经历了痛苦的思想解放、观念变革的过程。在有识之士力倡兴建铁路的同时，反对修路者在愚昧落后、封闭保守思想的长期影响下，视铁路为洪水猛兽，竭力抨击、百般阻挠兴建铁路，严重阻碍和迟滞了中国铁路发展的进程。在经历了反反复复、异常尖锐激烈的论争之后，终于冲破思想坚冰，兴建铁路、巩固国防、发展经济的思想终于被清政府所接受，并开启了“毅然兴办”铁路的新局面。

晚清铁路的发展，经历了艰难的实践探索、曲折发展的过程。在国力衰弱，资金、技术、人才极度匮乏的情况下，兴建铁路，钱从哪里来？技术、人才从哪里引进？困难重重、举步维艰。但是，一些有识之士不畏艰难、开阔思路、大胆探索，积极尝试多种方式推动铁路建设，通过借款筑路、官办筑路、官督商办筑路、商办筑路等实践，推动铁路建设在艰难中起步、在曲折中发展。通过借债筑路，利用外国资金、技术和管理，缓解了制约铁路建设的突出矛盾，建成了京汉、津浦、京奉、正太、汴洛、沪宁等早期干线铁路。同时，借用外债也导致失去一些路权，引发了中国铁路史上著名的路权问题。

晚清铁路的发展，经历了顽强的维权抗争、自主发展的过程。为了

争回由于借款筑路而失去的路权，众多有识之士积极呼吁、据理力争，广大民众群情激昂、奋力抗争，形成了要求自办铁路、维护民族利权的“收回利权运动”。为了掌握路权、扭转铁路发展受制于人的状况，一些爱国精英发奋努力、积极推动自主筑路。1909年，由我国铁路建设先驱詹天佑主持修建的京张铁路建成通车，成为中国人自主建设和运营的第一条铁路。

晚清铁路发展的历程是极其艰难而曲折的。但是，在这一发展过程中所展现出来的不甘落后、创新求变的精神，建路兴国、自强图存的精神，发奋努力、自主建路的精神尤为可贵，不仅有力推动了晚清时期铁路的发展，而且为此后中国铁路接续发展、不断壮大，提供了精神动力。

这一时期铁路建设取得的重要成果是值得肯定的，建成了一批连接国内主要地区的干线铁路和一些支线铁路，初步建立起了总里程达9488公里的铁路网。在困难重重、阻力很大的情况下，能够建成如此规模的铁路，实属不易。

晚清铁路的发展对社会进步的影响是巨大而深远的。晚清铁路的发展，推动了思想解放，带动了社会变革，促进了社会进步。如果没有铁路发展的带动和牵引，中国更难以摆脱生产力水平低下、经济落后、国家贫穷的局面，民族危机会进一步加深。在推进中国社会文明进步的进程中，铁路发挥了不可替代的作用。

为了总结好晚清铁路发展历史的经验教训，2019年底，国铁集团档案史志中心和中国铁道博物馆成功申报了国铁集团《晚清铁路发展史研究》课题，随后组织有关人员进行了系统研究。李子明担纲开展研究工作，主笔起草了研究报告。张耀琨、张维、张梅生、张伟、杨玲、杨溪、夏永丽、程一、叶清、姚岳山、杜悠、周昕、钱岩、吕自强、方芳等人参与了资料收集和整理工作，刘忠民、李春冀、黄虎对书稿进行了审定。全部书稿于2022年7月完成。

本书以通史形式，以铁路在中华民族伟大复兴进程中的发展历程、演进规律及重要作用为主线，大量运用原始资料，系统、客观、准确、生动地记述晚清时期铁路的发展脉络、重大事件、整体变迁，对晚清铁路发展过程中的历史经验教训进行总结。

本书的特点：

一是坚持真实准确反映历史、客观公正评价历史。以史实为依据，在深入挖掘历史资料、认真进行分析论证的基础上，形成观点和结论，真实地还原和反映历史。避免戴着“有色眼镜”看问题、下结论。对有争议的问题，尽量进行中性表达，防止出现畸左畸右、有失偏颇的现象。

二是坚持通史贯通。充分发挥通史类著作综合贯通的优势，系统还原晚清铁路引进过程、观念演进、资金来源、管理体制、规划建设、工程建设、机车车辆、运输经营等整体历程，客观全面评价晚清铁路史上的重大事件和重要人物，突出铁路史与世界史、中国近代史的融合，体现铁路与政治经济发展的互动关系，形成一部脉络清晰的晚清铁路发展通史。

三是注重学术性与可读性相结合。发挥铁路行业管理、文献资源等优势，同时充分吸收百余年来尤其是近几十年铁路史研究的最新成果，保持学术水准、注重学术规范。同时，在表述方式上坚持贴近铁路职工和广大社会读者，注重时代性、可读性，图文并茂，增加内容的亲和力、感染力。

四是突出学术创新，提高学术价值与品位。如对晚清铁路建设前世界铁路发展历程，尤其是建设模式和管理体制以及各国在全球筑路的模式进行综合概述，使读者对晚清铁路的历史定位和发展环境有更准确的认识；对铁路引进中国的过程进行完整清晰的还原；对早期铁路史上一些语焉不详或含混不清的事件，如宣武门小铁路、“龙号机车”形制、唐胥铁路决策过程等进行考辨分析。此外，还对京张铁路由中国自办的历史由来等重大历史事件进行了新探讨。

相信本书的出版将为铁路职工和广大读者了解铁路发展历史、传承和弘扬铁路传统文化发挥应有作用。

刘忠民

2022 年 7 月 15 日

目　录

第一章　中国铁路的开端

19世纪是铁路的世纪。这一时期，世界主要国家纷纷进入铁路时代，建成铁路网。19世纪30年代，铁路知识开始传入中国；60年代开始，西方多国纷纷向清政府提出筑路要求，帝国主义列强将铁路作为对中国进行侵略和掠夺的工具。面对这一新生事物，当时中国人的反应异常复杂。有识之士将铁路视为强国富民的利器，保守官员担忧铁路会动摇其统治根基。赞成与反对、国有还是商办、借外债还是争路权，这些争论伴随了整个晚清铁路史。中国铁路也在这些争议、迟疑、斗争中蹒跚起步、艰难发轫。

第一节　世界进入铁路时代

1825年，世界上第一条行驶蒸汽火车的铁路诞生，标志着世界正式进入铁路时代。这是人类交通工具第一次告别畜力、风力等自然力，开始迈进机器动力的时代。铁路在英国一经出现，立即展示出惊人的魅力；短短几十年内，铁路从英国走向世界，在人类社会各个领域展示着其影响力。大到全球政治经济、国际国内战争，小到人们的日常生活、衣食住行，铁路深刻改变了人类历史进程，推动了社会嬗变。以至于马克斯·韦伯将其称为“有史以来最具革命性的工具”。[①]

一、铁路的起源

铁路是工业革命时代各种新技术碰撞交融的结果：煤炭的大量开采，为铁路进行了燃料准备；焦炭和鼓风机的发明使冶炼钢铁技术取得飞速发展；车床的发明使机器生产成为可能……铁路需要的采煤业、钢铁业、机器工业等均取得突破性进步，为铁路的最终诞生奠定了基础。

铁路是轨道与蒸汽机车的结合。早期，这两项技术是各自发展的。16世纪，欧洲一些矿山开始利用木轨道运输矿石。此后，工程师们又在木轨上铺设铁条，以增加轨道的寿命。1776年，L形铸铁轨道被发明出来，代替了木轨。1789年，鱼肚形铁轨和与之配套的带轮缘的车辆被发明出来，使轨道向现代轨道迈出重要的一步。1820年，低碳钢轨道被发明出来，这种轨道比

---

① 马克斯·韦伯：《世界经济通史》，上海译文出版社1981年版，第251页。

原来的铸铁轨道在强度和柔韧性方面都更好。低碳钢轨道的及时出现，为后来蒸汽机车的发明做了准备。

18 世纪末，瓦特改良了蒸汽机，使蒸汽动力得以广泛应用。用蒸汽机驱动车辆行进的想法随之也出现，法国、英国、美国一些发明家开始探索行驶在马路上的蒸汽机车，不过，这些努力均告失败。这一方面是因为蒸汽汽车本身还很不成熟；另一方面，当时的马路大多还是泥土路，即使 18 世纪初出现了碎石路，也无法承受蒸汽汽车的重量。

回顾 19 世纪初的交通技术变革，当时人类的陆地交通方式似乎走向了关键性的十字路口，几种交通方式如排列组合般出现在人们面前。

首先是蒸汽汽车加马路。如前所说，此时两项技术还都不成熟，要等到 19 世纪末内燃动力汽车、更先进的沥青铺路技术发明后，属于汽车的时代才会到来。

另一种是马路上跑马车。实际上，当时的欧洲，马车交通非常发达，特别是随着碎石路技术的发明，使得马车成为一种常见的交通工具。但是，运输能力不足、价格昂贵是这种交通方式的主要缺点。铁路诞生以后，正如马克思在《资本论》中所说："在陆地上，碎石路已经被铁路排挤到次要位置。"①

还有一个方向是马匹牵引车辆在轨道上运行。这是一种历史非常悠久的交通方式。在蒸汽机车出现前，它已经为人类服务了几百年。即使在蒸汽火车发明后，很多国家修建的第一条铁路——如法国、德国、澳大利亚、日本、中国——还是选择了马匹牵引。在城市交通领域，有轨马车在整个 19 世纪都是欧美国家的重要交通工具。

---

① 马克思：《资本论》第三卷，《马克思恩格斯选集》第一卷，人民出版社 1974 年版，第 85 页。

理查德·特里维希克像

蒸汽汽车、碎石路、四轮马车……各个领域都有先驱者在孜孜不倦地探索着，站在19世纪初历史方位上的人们，很难预测哪种交通方式会独占鳌头。历史在等待着一场奇妙的相遇——铁轨与蒸汽机车的结合。铁轨提供承重性和方向性，解决当时道路承重能力不强、蒸汽汽车太重且难以控制方向的难题；蒸汽机车提供远胜过马匹牵引的强大运输能力。这一关键性创新的贡献者是英国工程师理查德·特里维希克。1803年，理查德·特里维希克建造了史上首台蒸汽机车，并在铸铁轨道上行驶。他创造性的贡献还在于发展了高压蒸汽（区别于瓦特的低功率蒸汽机）的概念，以使机器获得更大的动力。但特里维希克的发明始终没有走向市场，他最终也意兴阑珊，放弃了蒸汽机车的研究。

理查德·特里维希克制造的机车在做运行表演

乔治·斯蒂芬森像

“铁路之父”的殊荣最终属于英国工程师乔治·斯蒂芬森。和特里维希克相比，斯蒂芬森更加坚定、更加执着，他成功将铁路推向市场，并使铁路成为一项世界性的事业。1814年，他在特里维希克的基础上制造出第一台机车。1825年，他主持修建的斯托克顿—达灵顿铁路通车，成为人类历史上第一条运行蒸汽机车的运营铁路。

1830年9月15日，利物浦至曼彻斯特铁路通车运营。该线首次全线使用蒸汽机车运营，运营期间的前18个月，运送旅客达到18万人；不到两年，铁路公司股票上涨一倍；五年后，年净收入达到8万英镑。

“火箭号”蒸汽机车

利物浦至曼彻斯特铁路的成功使投资者倍受鼓舞。铁路的盈利能力、社会效益得到了充分证明。此后，英国铁路迅速发展，19世纪40年代末，英国的铁路网已经形成。

二、英美铁路的发展

从1825年铁路诞生到1925年英国铁路国有化改革，英国铁路采取了私人建设运营的模式。据统计，英国仅在1834—1836年就通过私营公司发行股票的方式，筹集铁路建设资金7000万英镑，到1912年私人投资于铁路的资金累计达到1334122万英镑。铁路建设完全由私营公司按照市场需求进行，政府很少直接干预。英国规定私营公司建设铁路必须得到一项议会法案的批准，这项法案给予私营公司征地等权利。然而，正如《铁路改变世界》所说：这并不涉及政府，只是涉及当选议员。他们的决策过程并不是基于国家需要的战略眼光。获得法案是一个偶然性的过程，常取决于这条线是有利于——或者，不利于——议员们的既得利益。①

① [英]克里斯蒂安·沃尔玛尔著，刘媺译：《铁路改变世界》，上海人民出版社2014年版，第13页。

早期英国铁路建设管理模式的形成，首先是因为长期以来将私人投资作为传统的投资方式；其次是因为英国是铁路的起源地，铁路发展速度快，政府来不及反应，无章可循。再次，也是最重要的原因在于，工业革命以来，英国民间积累了大量资本，私营公司可以借助市场力量获得资金与资源，政府介入的程度较小。

与此同时，英国政府对铁路的“自由放任”也导致了大量问题，如线路杂乱无章、重复建设、分布不均、无序竞争、资金浪费等。一个令人哭笑不得的例子是，作为铁路标准轨距的起源地，英国早期竟然存在 60 多种铁路轨距，以至于 1846 年英国不得不开展统一轨距的工作。历史证明，面对铁路这种全新的事业，政府注定无法缺席，统一的规划、完善的政策、适宜的管理是促进铁路健康发展的重要条件。因此，英国的铁路管理模式很少被别的国家仿效——除了美国。

从交通的角度而言，19 世纪无疑是铁路的世纪。前期，英国首创铁路，并将其推向世界，成为世界铁路的播种机和动力源。后期，美国居上，奇迹般地建造了至今未被超越的庞大铁路网。

美国第一条铁路是 1830 年建成的巴尔的摩—俄亥俄的一段长约 21 公里的铁路。1833 年，从南卡罗来纳州的查理斯顿到汉堡全长约 219 公里的铁路建成，成为当时世界上最长的一条铁路。到 1840 年，美国已修筑了大约 4538 公里的铁路，比整个欧洲的铁路还多 1514 公里。从此，美国成为世界上铁路里程最多的国家。1850 年，美国铁路已达 14484 公里。

1862 年，美国国会通过《太平洋铁路法案》，授权联合太平洋铁路公司和中央太平洋铁路公司开始修筑横贯北美大陆的铁路。1869 年 5 月 10 日，全长 3000 多公里的太平洋铁路修通，使太平洋与大西洋通过铁路连接起来；使过去几个月才能完成的旅途，7 天就能完成。从此，美国东西部有了现代的陆路交通。太平洋铁路被誉为自从伊利运河建成以来美国史上运输工程的最高成就，也是人类历史上第一条横穿大陆的铁路。此后，圣菲铁路、南太平洋铁路、北太平洋铁路相继建成。1893 年，大北方铁路完工，标志着美国横贯大陆的铁路干线基本形成。这 5 条铁路干线成为沟通大西洋和太平洋、美国东部和西部的交通大动脉。这些工程的完成，使美国铁路里程急剧增长。到 1900 年，美国铁路营运里程达到 305775 公里，几乎等于世界铁路营运里程的一半。至此，美国铁路网形成。1916 年，美国铁路里程达到 40.6 万公里。

和英国铁路一样，美国铁路建设同样采取私人投资管理的模式。但与英国不同的是，美国政府在支持铁路建设方面发挥了更重要的作用，以至于有研究者指出，没有政府支持，一条铁路都建不成。

美国政府支持铁路的方式有四种：

一是技术支持。在美国修筑铁路初期，民间技术力量缺乏，联邦政府指示军方给予技术援助。以巴尔的摩—俄亥俄的铁路为例，政府应铁路公司请求，派出陆军部 3 支勘测队协助勘测和设计路线。这些勘测队服从铁路公司的安排，工资却由联邦政府支付。截至 1835 年，联邦政府至少援助了 20 条铁路的勘测工作；1838 年以前的大部分铁路都由军事人员帮助勘测完成。

二是直接投资。美国第一个铁路企业——巴尔的摩和俄亥俄铁路公司成立时，资本总额为 500 万美元，分为 5 万股，其中 1 万股分给了州政府，5000 股分给了巴尔的摩市政府，其余向公众开放。在其他铁路修建中，政府也经常成为铁路公司的股东，这些铁路主要集中在早期一些线路较短的铁路中。

三是减免关税、提供贷款。美国 1830—1843 年间对铁路进口器材减免关税达 600 万美元。从 19 世纪 50 年代开始，联邦政府开始给予铁路公司贷款支持。贷款按铁路里程发放，如《太平洋铁路法案》规定：每铺设 1 英里（1 英里≈1.609344 公里）路轨可以得到政府贷款 1.6 万美元，高原丘陵地带为 3.2 万美元，高海拔地区为 4.8 万美元。据统计，联邦政府先后共给铁路公司 6500 万美元的贷款。

四是土地赠予。这是联邦政府对铁路公司最重要的支持，也是美国铁路成功的主要原因。1850 年，美国国会通过了一个赠予伊利诺斯等三州联邦公共土地，以支持伊利诺斯中央铁路修建的土地许可证后，联邦政府开始通过大规模赠地来支持铁路建设。几条横贯北美大陆的铁路更是获得了大量的土地。据统计，联邦政府共赠予各家铁路公司土地约 1.5 亿英亩（1 英亩≈0.004047 平方千米），加上各州政府的赠地，各铁路公司共获得的土地约 2 亿英亩。赠地对铁路公司有很大的帮助，伊利诺斯中央铁路建设费用的六分之五、中央太平洋铁路的 26%、联合太平洋铁路的 34%为赠地收入支付，北太平洋铁路公司的收入更高达 1.36 亿美元，是实际建设费用的两倍多。截至 1927 年，铁路公司已出售土地的收入除去管理费后为 4.87 亿美元。赠地不仅可以出售，更重要的是可以用于抵押贷款、发行股票和债券。政府的赠地和种种优惠政策，增强了国内外投资者的投资信心。大规模的赠地，使联邦政府在 1850 年至 1873 年间对铁路的资助大约占到铁路投资的 30%。①

美国铁路是在政府的大力支持和资本的密集投资之下快速发展起来的。如 1869 年修通的太平洋铁路，被称为人类工业史上的奇迹。线路全长3000多公里，要穿越大量崇山峻岭、荒漠沼泽、无人区，建设难度高、投资巨大。美国政府给予铁路公司大量赠地，为铁路建设发放贷款近 6500 万美

① 朱寿清：《美国 19 世纪铁路建设的特点及影响》，《昆明学院学报》2010 年第 3 期。

元，其他各州也纷纷以提供信贷、购买铁路公司股票、债券等形式给予铁路公司资助。太平洋铁路的成功展示了如何在政府财政不足的情况下，通过土地与资金支持建设大型公共工程的经验。这一经验在后来的加拿大太平洋铁路修建中被充分借鉴。美国早期铁路的成功，既是工业革命的成功，更是资本力量的体现。

英美铁路早期发展史的一个显著差异在于，英国铁路大多是在已有城镇修建，服务于成熟地区。在几乎没有竞争对手的 19 世纪，铁路投资有着丰厚的盈利能力，容易吸引大量民间投资。但在当时的美国，立国未久，大片国土刚刚并入，西部还是无人区，这使得早期美国铁路尤其是那些横贯东西的大干线，充当了开疆拓土的先锋官。正如一位美国铁路史的研究者指出：欧洲的铁路通常是已经建立的村镇的服务者，而美国的铁路却是它们的创建者。[①] 这些铁路，民间资本既无能力也无意愿投资兴建，美国政府必须在铁路建设上发挥更加积极主动的作用。铁路在美国的发展史更加突出地显示出这项事业的特质——铁路是一项投资巨大的公共工程，其对经济社会发展的作用经常体现为“外部性”。单纯依靠民间投资，铁路网很难建立起来。

在运营管理方面，和英国一样，美国坚定采取了私人建设、私人运营的管理模式。早期美国政府甚至还直接投资兴建铁路，建成后低价卖给私人公司。美国政府不参与铁路经营，也没有国家层面统一的铁路规划与管理。到 19 世纪末，美国铁路也出现了数量过多、分散建设、无序竞争等问题。20 世纪以后，美国政府加强铁路监管，再加上汽车等竞争方式的加入，美国铁路逐渐衰落。

---

① ［英］克里斯蒂安·沃尔玛尔著，刘媺译：《铁路改变世界》，上海人民出版社 2014 年版，第 53 页。

1869 年 5 月 10 日，太平洋铁路合拢

三、欧洲大陆铁路的发展

1. 法国

在欧洲大陆，第一个修建铁路的国家是法国。1832 年，法国第一条铁路建成。此后，法国陆续建成一些线路，成立了一些铁路公司。

1842 年，法国通过第一个铁路法。该法制定了以巴黎为中心的全国铁路网规划，而且规定铁路建设由国家收购土地并制造路基和桥梁、隧道，由铁路公司建造轨道、车站，提供车辆等。但此后的十几年，法国铁路进展非常缓慢，到 19 世纪 50 年代初，法国虽然拥有 42 家铁路公司，但只修建了一些互不相连的线路，规划中的国家铁路网尚未实现。

1852 年以后，法国为畅通铁路交通，采取了多项措施。政府废除了 1842 年铁路法中关于国家负责修建路基、铁路公司负责路面和车站建设的强制性规定，使铁路公司享有更多的自由权；另外，把承建公司对铁路享有的专利期限延长为 99 年，使其有利可图；国家统一制定整体规划，把铁路修建权转让给有关公司。1857 年，42 家铁路公司在国家干预下融合成了 6 大铁路公司。1859 年 6 月，法国以法令形式规定，法兰西银行帮助有关铁路公司发行股票，国家保证股金分红，如有必要则给予财政补贴。1865 年起，又批准铁路承建公司自行发行股票，并责令有关省长作出担保。充足的资金，保证了各项铁路工程的展开。法国铁路线总长度从 1851 年的 3248 公里增加到 1869 年的 16465 公里，建成了全国铁路网络，巴黎建成 12 个火车站，成为世界上最大的交通枢纽之一。法国还与邻国铁路连成一线。

法国铁路从一开始就体现出与英国铁路不同的特点。在法国，政府介入的范围更大，程度更深。1842 年铁路法制定的由国家承担基础结构、铁路公司承担地面设施的规定已经充分显示了政府的角色。虽然此规定后来没有完全执行，但其原则却保留了下来。19 世纪 50 年代后，法国铁路形成了“特许制”。即国家负责制定和确定整个铁路系统的规划及分布，将铁路的建造权交给国家特许的铁路公司。铁路公司可以从政府获得财政资助和最低利润保证。铁路公司享有的特许期限为 99 年，期满国家有权将铁路收归国有，在期限未满时有权将经营不善的铁路予以收购；国家有权监督客货运费率和铁路安全，可以向铁路管理部门派驻代表。对有些民间资本不愿意投资但是对社会经济发展有利的铁路，国家也会自行建设经营。

2. 比利时

法国铁路建设经营的特点可以概括为公私合作，而它的近邻比利时，则基本是铁路国有国营。比利时是世界上最早进行铁路网规划的国家，早在1833年就制定了铁路规划；1834年颁布了铁路法；1835年，比利时第一条铁路建成；1870年，比利时铁路网基本建成，通车里程达3000公里，是当时世界铁路密度最大的国家。比利时铁路主要由国家投资，铁路公司是国有企业。民间资本也被允许投资铁路，但主要限于支线。到1910年，比利时铁路实现全部国有化。比利时1830年宣告独立，铁路发展史伴随了这个国家的早期成长史，铁路成为促进比利时国家统一和民族意识形成的一个重要工具。正如研究者指出：没有1830年的革命，铁路就永远不会出现；没有铁路，革命就会妥协。①

3. 德国

铁路的这一作用在德国体现得更加引人注目。18世纪工业革命在英国兴起时，德国还是由三十多个邦和自由市组成的联邦。联邦整体经济水平、交通建设水平都落后于英法。德国第一条蒸汽机车铁路出现在巴伐利亚，于1835年建成，由私人投资。此后到19世纪40年代初，德国各邦国对铁路兴趣均不太高，如在普鲁士，当时正大力发展公路事业，政府担心发展铁路会使公路运输受损。当然，最主要的原因还是铁路投资太大，政府对铁路的未来信心不足。这一时期，德国铁路主要是私人投资，少部分邦国效仿比利时实行国有。这一时期，德国各邦国共修建铁路约500公里。线路根据各邦国利益设定，互不相连，轨距不一，毫无规划，与这个四分五裂的松散联邦相互映照。

19世纪40年代以后，一些铁路的成功极大地增强了政府和民间投资铁

① [英]克里斯蒂安·沃尔玛尔著，刘媺译：《铁路改变世界》，上海人民出版社2014年版，第15页。

路的信心，德国铁路建设进程明显加快。到1850年，德国铁路里程达到5000公里，1860年达到11000多公里，1872年达到22000多公里，超过英法，居欧洲第一，世界第二。这一时期，德国各邦国铁路打破了隔绝，相互贯通。不同于法国以巴黎为枢纽的铁路网，德国形成了多中心铁路网。不仅各邦国连接成网，德国与周边国家铁路网也互相连接，增强铁路的盈利能力。铁路的连接打破了地区界限，促进了经济文化交流，助长了统一的思潮。尤其是，当时的普鲁士是世界上第一个意识到铁路的军事价值并充分利用的国家。利用铁路，普鲁士打赢了普奥、普法等战争，为国家统一扫清了障碍。总之，正是在铁路的帮助下，德国最终于1871年实现了统一。

统一前的德国铁路有相当一部分是由各邦国国家投资经营的；也有部分由私人投资的，但由国家经营。这些铁路在建设过程中获得政府保障利息偿付的担保，因此铁路事务由政府管理；还有一些铁路由私人建设、私人运营管理。统一后，德国铁路存在帝国铁路线、邦国铁路线、私营铁路线、私人所有邦国经营铁路线、邦国所有私人经营铁路线等多种形式。1873年，德国成立帝国铁路总局来协调德国内部各铁路线路的管理和运营。此后，德国开始漫长的铁路国有化历程，到第一次世界大战前，基本实现铁路国有。

显然，铁路对于德国来说，意义更为特殊。工业革命开始时，德国还是一个经济较落后的散漫联邦。铁路对于德国，既是工业革命的先导，承担着在工业化水平上追赶英法的作用，又肩负着促进国家统一的使命。这两项重任，铁路都超乎寻常地完成了。德国铁路在军事上应用的成功进一步强化了政府对铁路标准化和统一管理的要求，并最终实现了铁路国有化。

4. 俄国

俄国早期铁路的发展历程和晚清时期的中国有一些相似，如铁路发展经过了漫长的争论。当然，关于铁路的引进，几乎在所有国家都经过一些争议，但在俄国和晚清时期的中国显得更加冗长而激烈。再如，两个国家财政都无力修建铁路，民间资本也乏善可陈，利用外资成为唯一的选择。但由于利用外资的方式不同，两个国家的铁路走向了不同的发展道路。

最早在中国提倡修建铁路的是外国传教士，形式是零零碎碎的只言片语；在俄国，同样的工作由大学知识分子承担，传播铁路的方式也是公开发表的著作文章。19 世纪 30 年代，俄国一些大学教授、工程师等纷纷撰写著作、发表文章提倡修建铁路。先行者的探索遇到了重重阻力，一些官僚和知识分子坚决反对在俄国修建铁路，他们的观点是，铁路造价昂贵、无法盈利，运输能力也远不如水路。反对派拒绝修建铁路，也畏惧技术变革及可能引发的社会变动。最初，沙皇支持反对派的意见，规定学者不能发表倡导修建铁路的文章。

正如中国晚清时期唐胥铁路的修建在争议中摸索前行一样，俄国第一条铁路——圣彼得堡至沙皇村铁路也在争论中于 1836 年建成。该铁路由奥地利、俄国、德国富商成立股份公司修建。线路长度只有 27 公里，周六、周日由蒸汽机车牵引，其他时间由马牵引。虽然这只是一条没有商业价值的试验性铁路，但却使俄国认识到了铁路的优越性。1851 年，圣彼得堡至莫斯科的铁路建成，线路全长 656 公里，是当时世界上最长的铁路。线路经过之处地形艰险、气候复杂，无论是长度还是建设难度，都是早期铁路建设中的杰作。

圣彼得堡至莫斯科铁路是俄国向国外举债修建的，耗资巨大，政府财政面临巨大压力。但同时，铁路建成后立即成为运输大动脉，俄国逐渐认识到铁路的巨大作用。特别是 1856 年克里米亚战争失败后，俄国更坚定了发展铁路的决心。

面对巨大的资金难题，俄国铁路的成功经验在于利用外资。

1856年，俄国制订了铁路建设计划，1857年成立俄国铁路总公司，公司股东主要是法国人。根据法令，公司要在10年内建造4条铁路干线。1857年，公司股票上市，政府提供5%收入担保。按照原来的规划，发行股票应该吸收外国资本。但由于政府提供收入担保，股票主要被俄国人买走，吸引外资的计划失败。公司大股东热衷于股票投机，对铁路修建本身并无兴趣。俄国铁路总公司的失败导致了大量债务，这些债务由俄国政府负担。到1868年，公司拥有股份资本7500万卢布，欠债1.35亿卢布，其中9200万卢布的债务转嫁给俄国政府。[①] 政府不得不监管公司。此后，俄国开始向国外银行举债，同时发展私营铁路公司，走向了官营与私营相结合的铁路修建模式，铁路建设既有国家资本修建，也有私人修建。国有铁路修建资金主要来自对外发行债券，利用外资。利用民间资本方面，政府与铁路股份公司签订铁路建设和经营协议，铁路建成之后，在一定年限内归私营铁路公司所有，政府不得干预其经营；承租期过后铁路归国家所有。修建铁路时发行铁路公司股票和债券均由政府提供担保，一般保障年利5%。大量私有铁路公司资本的真正来源，不是发行股票，而是在海外发行政府担保的铁路债券。私人投资的弊端在于，私人投资主要来自银行和政府的贷款，导致私人拖欠政府大量债务。各种欺骗、造假、倒卖股票盛行，国家承受了巨大损失。1895年起，俄国恢复铁路官办政策，当年实现60%铁路国有化。19世纪最后30年，俄国铁路建设速度加快。1891年，俄国动工兴建全长7000多公里的西伯利亚大铁路，1904年主体建成通车。到这时，全国已经形成了以莫斯科为中心的铁路网。截至1900年，全国铁路长度超过50000公里，第一次世界大

① 张广翔、逯红梅：《论19世纪俄国两次铁路修建热潮及其对经济发展的影响》，发表于《江汉论坛》2016年第12期。

战爆发前超过70000公里,居世界第二。

俄国铁路修建过程中,政府财政付出了很大代价。国家为吸引铁路投资,为私有铁路股票、债券收益提供担保;减免私有铁路公司关税;为铁路及其相关企业提供贷款等。这些资金支持大多来自俄国在国内外大量发行国债。另一方面,由于私有铁路投资人靠政府担保金和提高预算就能获得巨额利润,因此无心经营和管理,私有铁路公司普遍亏损,建成铁路的成本高、质量低。铁路公司大量亏损,欠国家的债务持续快速增长。为了改善铁路连年亏损状况,政府开始铁路国有化改革。在收购私有铁路过程中,政府高价收购私有铁路股票和债券,取消私有公司所欠的国家债务,国家财政损失很大。

外资在俄国铁路修建过程中发挥了决定性作用。外资流入的主要形式是政府举债修建铁路和收购私营铁路,以及外资购买受政府担保的私营铁路公司债券。在1861—1914年俄国早期铁路建设资金中,约七成资金来自外资。值得注意的是,俄国利用外资修建铁路过程中,外资大部分不是直接投资的,因此无法干预俄国铁路战略方向,也无法干涉铁路建设经营。这是俄国与中国早期铁路的不同之处。

四、亚洲国家铁路的发展

1. 日本

相对于欧美国家,亚洲大部分国家铁路发展都较晚。日本第一条铁路东京至横滨铁路于1872年才开通。早期日本政府认为铁路与军事国防有关,奉行"官设官营"原则,不许民间插手铁路事业。由于铁路投资大,持续时间长,再加上当时日本内外战争较多,财政负担极大,修建铁路资金不足。1872—1881年的十年时间,日本只修建了100公里铁路,发展速度非常缓慢。

1881年,日本的铁路修建思路发生变化,为加快铁路修建,准许民间修建铁路，政府予以支持。1881 年 12 月，日本第一家私营铁路公司——日本铁道公司成立。建设资金由公司筹集，政府提供一定资助。政府无偿提供国有土地，私有土地由政府收买后再低价出售给公司并免予征税。条件非常优惠，实际上带有准官营色彩。日本铁路建设和运营进入官私并存阶段。不久后，私营铁路公司大量出现。1887—1893 年，日本出现第一次铁路投资热潮。1890 年，私营铁路营业里程超过国营铁路。但私营铁路发展也带来一些问题，如建设质量低、施工比较粗糙；选线不合理或重复，影响了铁路建设整体战略布局；私营铁路轨距车辆设备标准不齐，收费不一致，影响了铁路联运发展，铁路效能不能得以发挥。应该说，这些弊端是早期私营铁路中很难避免的。

中日甲午战争后，日本兴起了铁路国有化的思潮。中日甲午战争中，日本通过铁路大量运输军队，在战争中发挥了重要作用。战后日本军界对铁路国有化热情高涨起来。日俄战争中，铁路更是大量用于军运，军方要求铁路国有化的浪潮更加高涨。当然这其中主要原因还有日本明治维新取得成功，同时通过对外侵略战争获得了大量战争赔款，政府财政更加充足。

1906 年，日本通过铁道国有法案。决定从 1906 年到 1915 年将 17 个规模较大的私营铁路公司收归国有。收买价格以近三年的平均利润的 20 倍作为设备投资，加上库存物资折价，相当于原投资的两倍，共计 4.819 亿日元。这些资金用近期公债支付，年利 5%。日本铁路国有化影响深远，此后“国铁”成为主流，为日本的军国主义扩张创造了条件。

2. 印度

印度是亚洲最早修建铁路的国家。1853 年 4 月，英国在印度建成了第一条正式运营的铁路——孟买—塔纳线。此后印度铁路建设速度加快，1865 年印度铁路营业里程突破 5000 公里，1874 年突破 1 万公里，1881 年又增加至1.5万多公里,1886年又迅速突破3万公里,到1909年,已超过了5万公里。第一次世界大战后,印度铁路已经长达55000多公里,居亚洲第一,世界第三。

印度铁路主要是英国殖民政权建设的。为吸引英国资本投资印度铁路,殖民政权提出了担保利息政策,给予铁路公司5%左右的担保利息。在优惠政策的鼓励下,英国铁路公司竞相来印度承包铁路建设。

1869年以前,英国东印度公司以及后来的英印殖民政权,对印度铁路公司采取担保方式。殖民政权与铁路公司签订合同,给铁路公司以5%左右的担保利息,保障铁路公司4.5%～5%的投资利润。如果铁路公司的利润达不到这个比例,不足的部分由殖民政权补贴;如果利润超出担保范围,则由殖民政权和英国铁路公司分成。英国铁路公司以此为前提投资印度铁路,铁路修成后,殖民政权有权在25年后赎回。除此之外,英印殖民政权还采取了种种优惠措施鼓励英国私人铁路公司来印度修建铁路,如长期提供免费土地、免除各种税收等。

这种担保方式主要是对英国资本提供直接的担保,而不是对英国资本进行控制和管理,这就意味着英国资本投入越多,获得的担保利润也就越多,造成了巨大的资金浪费。1869年,英印殖民政权改变政策,直接由政府筹资筑路,同时动员了当时的土邦王公参加其境内铁路修筑。但由于筹款困难,到1882年,英印殖民政府再次调整政策,改为国家、私人筑路同时并举,印度铁路建设进入新担保体系阶段。新担保体系继承了传统担保体系的政策,同时加强了英印殖民政权对铁路修建的管理和控制。

当时,印度主要的铁路公司全部由英国投资组建,主要管理和技术力量都来自英国。印度地形复杂,形成了很多高山铁路,建筑中运用了很多之字形、马蹄形等线路,代表了当时铁路建筑的较高水平。

五、列强的海外筑路

19 世纪末，世界主要大国已经基本完成了国内铁路网的建设，纷纷开始谋求海外筑路。通过修筑铁路，列强可以更好地掌控殖民地和扩大势力范围。正如列宁所说：建筑铁路似乎是一种简单的、自然的、民主的、文化的、文明的事业……事实上，几根资本主义的干线已经用千丝万缕的密网把这种事业与整个生产资料私有制联系在一起，已经把这种建筑事业变成压迫殖民地、半殖民地里占世界人口半数以上的十亿民众和“文明”国里资本的雇佣奴隶的工具。[①] 晚清时期的中国人对于铁路的这种侵略作用显然更加感同身受，时人感叹：盖自帝国主义发生，世界列强拓土开疆，莫不借铁道以实行其侵略主义……是故铁道者，通商之后援，而灭国之先导也。[②] 在亚洲、非洲各地，列强通过修建铁路输出资本、掠夺资源、倾销商品、瓜分世界。

列强对海外铁路的争夺主要是争夺铁路修建权、贷款权、租让权等。通过外交等手段阻止别的列强获得铁路权益，也是铁路竞争的重要方式。如 19 世纪土耳其铁路租让权争夺中，沙俄攫取了安纳托列亚东北部地区的铁路租让权，目的不是修铁路，而是阻止别的国家在这一地区修铁路。[③] 在晚清时期的中国，列强对铁路租让权的这种争夺也非常激烈。

学者钟准对近代大国海外筑路的动机、模式等进行了非常深刻而精练

---

① 列宁：《帝国主义是资本主义的最高阶段》，《列宁全集》第 22 卷，人民出版社 1958 年版，第 182 页。

② 《滇越铁路赎回之时机及其计划》，《云南杂志》第 4 号，中国科学院历史研究所第三所编《云南杂志选辑》，科学出版社 1958 年版，第 480 页。

③ 彭树智、朱克柔：《1908—1909 年土耳其资产阶级革命》，《外国历史大事集近代部分》（第 4 分册），重庆出版社 1986 年版，第 594 页。

的概括。根据钟准的研究，列强在海外获得的铁路利权可分为两类：一类是经济利益，主要目的是通过修建铁路开发沿线资源、扩大商品倾销、获取高额贷款利息等；一类是政治和军事利益，主要目的是侵占领土，代表例子是俄国和日本在中国东北的铁路修建。各列强海外筑路受到本国政治经济体系和国内铁路修建模式的影响，具有不同的特征。根据国家与企业关系、政治与经济互动的不同情况，下文总结出历史上大国海外铁路建设的三种模式：私企主导国家保护模式、国家机构直接执行模式和国家领导企业联合模式。

私企主导国家保护模式以英国、美国为代表，即以私人企业为行为主体（如英国的怡和集团、汇丰银行等），以直接经济收益为目的获得海外铁路合同并提供借款。这一类铁路投资通常出现在人口密集、市场广阔或者资源丰富的地区。在此模式中，本国政府给予企业一定的外交支持，但与企业行动时常不一致。

历史上大国海外筑路的三种模式

模　式	代表国家	主要动机	行为主体
私企主导国家保护模式	英国、美国	贸易、工业、资本输出	私人企业为主，政府提供外交支持和保护
国家机构直接执行模式	俄国、日本	政治、军事、经济掠夺	政府直接参与，外交与建设合一
国家领导企业联合模式	德国、法国、比利时	兼具前两者	国家扶持本国企业，政府通过外交积极开拓

国家机构直接执行模式以俄国为典型代表，以国家机器来修建铁路，几乎没有私人企业的作用。如中东铁路由当时的俄国财政大臣兼铁路部长维特策划，其财政来源是华俄道胜银行“不过是略加伪装的俄国财政部分支机

构”，该银行的大量资金来自俄国的盟友法国。包括中东铁路在内的西伯利亚大铁路经过的大多是人烟稀少、尚未开发的地区，在初期并不能带来直接的经济收入。因此，地缘政治和军事扩张，并进一步以武力实行经济殖民，才是这一模式的主要目的。在此模式中，当时的俄国政府会全面使用外交甚至军事手段配合铁路修建。日本也可归为此模式，当时的“南满洲铁路株式会社”（简称“满铁”）实际上扮演了殖民机构的作用。

处于居间位置的是国家领导企业联合模式，以欧洲大陆的法国、德国和比利时为代表。在该模式下，企业行为与政府意志相结合，政府为扩大本国经济利益提出动议并提供补贴，通过辛迪加的垄断形式（银行财团加上工业企业）在海外修建铁路。以在华修建铁路为例，德国组织了德华银行与克虏伯公司的辛迪加，而法国政府牵头的“滇越铁路公司”则包括法国通用公司、东方汇理银行、法国工商信贷银行等。热衷本国工业扩张的比利时国王利奥波德二世，在京汉铁路上促成了比利时通用公司与法国银行界联手。其中，德国与法国在动机上更接近国家机构直接执行模式下的俄国和日本，胶济铁路和滇越铁路也带有殖民性质，东道国被迫接受而无权参与管理。而比利时作为中小国家，主要以经营合同和借款的形式获得经济利益，因而其修建的京汉铁路也能够被中国赎回。[①] 这些模式分类，对我们理解列强在中国的铁路修建具有非常重要的参考价值。

以上是19世纪前后世界部分国家铁路发展的概况，也是晚清时期的中国铁路发展的全球背景。同样的铁路，没有两个国家的铁路史是完全相同的。各个国家对铁路发展的认识不同，有的果断坚决，见识过铁路的力量后

① 钟准：《从殖民主义到共同发展——大国海外铁路建设的演变》，《文化纵横》，2019年第6期。

立即举国投入;有的迟疑犹豫,铁路发展总要经历漫长的争议。发展铁路的目的不同,有的着眼于发展经济,有的看中了铁路的军事价值,有的将铁路作为实现国家统一的工具。资金来源不同,有的国家主要依靠吸纳民间资本修建铁路,有的则主要依靠外资。铁路发展环境不同,有的国家铁路主要连接成熟市镇,资本争相投资;有的国家铁路承担了开疆拓土的任务,需要政府资助。管理模式不同,有的国家任由私人资本修建铁路;有的则建立起完备的铁路管理部门,铁路建设依照规划展开。管理体制也不同,有的国家实行国有国营,有的国家实行私有私营;有的国家是将铁路卖给私人,有的国家将私人铁路收归国有。100 多年里,铁路的故事各自精彩,铁路发展道路艰辛而坚定。

无论道路如何不同,铁路已经势不可挡地走向全球,改变着各个国家的历史。一些铁路,如太平洋铁路、西伯利亚大铁路,甚至改变了世界的格局。从技术而言,铁路已经实现了无数突破:穿越雪山、荒漠的太平洋铁路,蜿蜒游弋于群山之间的瑞士、印度高山铁路,穿越大片无人区、冻土区的西伯利亚大铁路……在晚清时期的中国开始大规模修建铁路之前,已经有很多伟大的铁路建成。

19 世纪末,铁路终于叩开了中国这个古老国家的大门。此时的中国,内忧外患压力重重、国家财政捉襟见肘、民间资本乏善可陈、科技文化十分落后、外交金融人才严重缺乏、对外关系闭关锁国、思想观念保守落后……这一切都决定了中国早期铁路发展道路更加步履维艰、充满曲折与艰辛。

第二节　铁路的传入与外国人的筑路诉求

1835 年,铁路知识开始传入中国,一些中国开明人士也积极介绍铁路知识。不过，这些早期的铁路知识传播对于铁路发展本身而言，影响力和意义可能并不大。19世纪60年代开始，一些外国人纷纷建议在中国修建铁路，但由于清政府对西方列强向中国内地扩展势力深怀戒惧，采取了坚拒铁路于国门之外的态度。

一、铁路信息的传入

1831年，德国著名经济学家李斯特在法国《百科全书论坛》发表文章，宣传在法国修建铁路。这是铁路知识传入法国之始。在俄国，彼得堡大学物理学教授Н. П. 谢格罗夫是最早提出在俄国修建铁路的知识分子之一。19世纪30年代，他在杂志上发表题为《论铁路以及铁路较其他运输的优势》的文章，强调铁路对于俄国的意义。[①] 相比这么正式的出场方式，铁路知识在中国的早期传播则要零碎而模糊得多。

最早将铁路信息传播到中国的是来华的外国传教士。其中，比较著名的是德国（普鲁士）人郭实猎。此人青年时在德国教会学校读书，1826年被派到东方传教，以后长期在东南亚和中国东南沿海一带活动。他通晓中国官话、广东话、福建话等，着汉服，说汉语，取汉姓，在泰国甚至加入当地华侨郭氏宗祠。郭实猎是早期来华介绍西学的重要人物之一，主编过中文杂志《东西洋考每月统记传》，用中文出版过《贸易通志》《大英国统志》《古今万国纲鉴》《万国史传》等著作。

1835年郭实猎在广州出版的《东西洋考每月统记传》载有“火蒸车”一篇。文章假借一个叫李柱的“唐人”——虚构一些人物以对话形式叙述外国情形是当时传教士写文章的常见方式——记述在英国的见闻。其文谓：

---

① 逯红梅：《1936—1917年俄国铁路修建及其影响》，吉林大学2017年博士学位论文。

“有个唐人，姓李，名柱，驾英船正回本国，有朋友姓陈名成问其国之光景也。柱曰：‘国家不禁，任意进城，逛游山水，遍巡统国。弟亲自驾车到京都，阅殿廷，终无妨也’。成又疑又惊，说道：‘难道大英国不防范国乎？’柱道：‘防范敌仇，交接远客，及厚待之，为国之法度，盖与外国人往来，令本民进艺加文，故准诸国之民任意来往。’成道：‘年兄之说又奇。其人实包大量之心，不与本国规矩相符。’说了便低头不语。柱接言说话：‘弟至京都之际，埠市闹热，甲板数百，从四方进口。但这等平常之事。却那火蒸船只令弟惊觉不平。’成不欢喜道：‘恰似老兄之说，有几分错否？’柱道：‘终不是小弟之说实在。那大英国人进船，两边作机关，推两个铁轮，以蒸之力使之摇桨，若楫一然，不依风，不随潮，自然迅移，大胜我船之速。连这也素常，况且驾火蒸车，一个时间走九十里路，如鸟之飞，不用马，不恃牛，任意飞跑。’成犹沉吟不动身，只说：‘若老兄亲口不说，弟不可信之。’柱道：‘弟讲明白其模样如何？利圭浦海口，隔曼者士特邑一百三十里路，因两邑的交易甚多，其运货之事不止，所以商贾等作平路，钻山浚潴，建桥以推车之转，作两个铁轣辘，备其路平坦，无上无下，及车轮非碍，欲用马拖车，便也。其程甚慢，故用火蒸车，即蒸推其车之轮，将火蒸机缚车舆，载几千担货，而那火蒸车自然拉之。二时之间，诸车走一百三十里路。虽作平坦路的，使用共银四千一百万元，却其益，便胜经费每年银三十二万余元。况生意的事作凡，速来迅去不息。倘造恁般陆路，自大英国至大清国，两月之间可往来，运货经营，终不吃波浪之写。欧罗巴人巧手十分精工，万望作通路，及合四海之兄弟矣。’”①

学者一般认为，以上文字是铁路信息传入中国之始。文字介绍了英国

① 爱汉者等编，黄时鉴整理：《东西洋考每月统计传》，中华书局 1997 年版，第 185～186，215～216 页。转引自朱从兵著《李鸿章与中国铁路》，群言出版社 2006 年版，第 27～28 页。

第一条真正意义上的铁路——利物浦至曼彻斯特铁路的情形，此时距该铁路开通仅过5年。此后，又有一些外国传教士等在介绍国外地理风物的作品中零星提到铁路。1838年成书的《英国论略》(作者不详，一说为息力，一说为新加坡人)记述英国状况，其中记述：又造轣辘路，用火车往来，一时可行百有八十里。[①] 1838年，美国传教士裨治文(高理文)编译出版的《美理哥合省国志略》，记述美国铁路：其外更有火车，不用马匹，内以火力旋绕，日可行千余里。[②]

1840年，郭实猎著述的《贸易通志》，对铁路进行了更为详细的介绍：

“将货载车，使费甚重，经由泥路，千爱万阻，连滞而行也。况且其马食干刍谷豆，亦必费银。然地方无河无沟，如何处之乎？故由水路不通之国，生意惟微，通商不多也。博学名儒，万计千筹，而用法术，致移开所塞者，虽凿险开道，徘徊四顾，欲行欲止，踌躇半筹莫展，毕竟始作新鲜，填平道路，将石碎墁地，打击平坦，两边定铁轨辙，接其辆轮，内磨其光，使之快运如反掌，故此运货不止作速，乃一匹马之力是以成六匹马之工，车走如飞，并无阻也。英吉利人始造轣辘之路，尚加火机，造火车，就像火船一般，车旁查铁筒，煮水压蒸动轮，其后紧缚车数十辆，被火车拉者，如此每时辰四十有余里不等。各动之物中，此乃极快。车无马无驴，到底如若插翼飞驰。远客一视之，莫不景仰其人之伎俩无以加矣。大能高大，才气透达，由是观之。”[③]

需要说明的是，这些传教士多在火车发明前就已经来到东南亚等地和

---

① 魏源：《海国图志》卷51，岳麓书社2011年版，第1424页。

② 高理文著，刘路生点校：《美理哥合省国志略》，《近代史资料》(总92号)，中国社会科学出版社1997年版，第14页。

③ 郭实猎：《贸易通志》，第23页。转引自熊月之著《西学东渐与近代社会》，上海教育出版社2019年版，第19～20页。

中国，长期在东方活动，很可能没有见过真正的火车。他们对于火车的知识大多来自道听途说，其记述也多含糊夸大之词。

1839 年，林则徐在广东禁烟时，为了解西方国家情况，组织幕僚翻译英人慕瑞《地理大全》，编为《四洲志》一书。书中对美国火车进行了介绍："国中运河长三千五百里，疏浚二十年始竣。其不通河道者，即用火烟车陆运货物，一点钟可行二三十里。其车路皆穿凿山岭，砌成坦途，迄今尚未完竣。如值天寒河冻，亦用火烟车驶行冰面，虽不及舟楫，而究省人力。"①

林则徐被革职后，将《四洲志》等资料交给魏源，嘱咐其接力刊印。魏源以《四洲志》为基础，又继续广泛搜罗资料，于 1842 年完成 50 卷本《海国图志》，1847 年成 60 卷本。后又收入徐继畬《瀛环志略》，成百卷本、88 万字的皇皇巨著，是当时开眼看世界之集大成者。百卷本的《海国图志》也搜罗了当时所有的铁路信息。

遗憾的是，正如《海国图志》等书当时在国内影响较小一样，其所传播的铁路信息也未在中国激荡起多少浪花。其传播的铁路信息，多是只言片语，捕风捉影之词。在铁路建设、运输、管理的特点等方面一片空白。除了在汉语中引入"火烟车""火轮车""火车""辙路""铁轣辘路"等新词汇外，对铁路本身引入中国的作用微乎其微。

紧随外国传教士之后，一些最早"开眼看世界"的中国人也开始向国内介绍铁路知识。1848 年，广东人梁廷枏编写的《兰伦偶说》(后编入其《海国四说》)记述英国历史风俗，其中提道："火蒸车用以运载货物，不假人马之力，而驰行特速，可省运费。然必夷平险路，凡山石碍轮之物，不得少留。又铸铁为辙迹，按运道之远近而铁迹随之，工费甚巨。(自兰伦至海港九十里，

① 林则徐：《四洲志》，华夏出版社 2002 年版，158 页。

费至四百万，虽省运费八十余万，而修理之费不赀。）其他不能行车者，亦作铁槽以省马力。”

一般将太平天国干王洪仁玕视为中国倡议修建铁路第一人，其在1859年完成的《资政新篇》中提出：“兴车马之利，以利便轻捷为妙。倘有能造如外邦火轮车，一日夜能行七八千里者，准自专其利，限满准他人仿作。若彼愿公于世，亦禀准遵行，免生别弊。先于二十一省通二十一条大路，以为全国之脉络，通则国家无病焉。通省者阔三丈，通郡者阔二丈五尺，通县及市镇者阔二丈，通大乡村者阔丈余。”①

对于上述文字的认识，有三种观点：一种认为文中指的是火车铁路；一种认为是运行于公路的蒸汽汽车；也有学者认为，前半部分“火轮车”指的是火车，后面的关于通省大路指的是公路。其争议之处在于，如果洪仁玕说的是火车，何以通省、通郡等道路宽度各不相同？如果说的是马路上的蒸汽汽车，这种交通方式当时还远不能实际运用，洪仁玕为什么会大张旗鼓地提倡呢？

可以确定的是，从洪仁玕的经历来看，他并未见过真正的火车，他关于国外交通的知识得之于传闻。当时的欧美，火车刚刚兴起，跑马车的碎石路基本成熟，公路上运行的蒸汽汽车却还远未能实际运用，洪仁玕所指不会是道路蒸汽汽车，他所提倡的应该是火车。只不过，由于没有感性认识，几种交通方式杂糅错乱，洪仁玕本人也只知大概，提出的意见也较为含糊。实际上，从这段文字本身及后面提到的“兴舟楫之利，以坚固轻便捷巧为妙。或用火用气用力用风，任乎智者自创。首创至巧者，赏以自专其利，限满准他人仿作，若愿公于世，亦禀明发行”等文字看，洪仁玕对于西方火车、轮船等

① 许绵永：《中国通史教学参考资料选录（近代史部分）》，湖北省教育学院出版1983年版，第72页。

只闻其名。“一日夜能行七八千里者”之类的夸大之词表明洪仁玕对铁路的实际缺乏了解。

总之，在19世纪60年代以前，关于铁路的零碎信息掺杂在介绍世界知识的书籍、文章里，由传教士等人传播，部分中国先进分子转述。传播者的铁路知识大多得知于传闻而非亲见，信息零碎而模糊。没有人明确提出应在中国引进铁路，更遑论从更高层次论述中国修建铁路的条件、规划等。其介绍的铁路知识，在当时而言，实际影响力微乎其微，如在铁路史上屡屡被提及的《贸易通志》一书，当时国人基本没看过。学者熊月之考察过该书的流传过程，认为晚清时期，该书除了被魏源《海国图志》摘录了一部分外，“在中文读者视野中并不存在。”①该书现在在中国大陆图书馆鲜有收藏，可见当时流传极为有限。就算是如今赫赫有名的魏源的《海国图志》，在当时的影响力也微乎其微。

需要说明的是，以上只是文献中可见的有关铁路信息的传播，似乎并不能代表铁路知识在中国早期传播的真实状况。从19世纪60年代清廷封疆大吏们对铁路的认识来看，他们的铁路知识已经远远超越了上述文献描述的范围，特别是一些沿海地区的官员，对铁路的了解更多。至于这些人的铁路知识从何而来，现在还不为我们所知，最大的可能是外国外交官、传教士、商人等人向清廷官员介绍了铁路。

二、外国人的早期试探与清政府的反应

19世纪60年代前，由传教士传入的铁路知识几乎未在晚清社会掀起任何波澜。19世纪60年代后，一些外国人纷纷试图在中国修建铁路，修建铁

① 熊月之：《西学东渐与近代社会》，上海教育出版社2019年版，第19～20页。

路的要求最先是通过自下而上的方式传递给清政府的。

1863年7月20日，侨居上海的27个外国洋行，联合上书当时的江苏巡抚李鸿章，要求修建上海至苏州铁路的特许权。他们的计划是："拟成公司，取名苏州上海火车局，置造火车铁路。由上海至苏州，其式效外国现行之法度。"同时还宣扬了铁路便于行军、贸易等益处。①

这27家洋行，21家为英国公司（包括怡和、琼记、宝顺、旗昌、沙逊、同孚等洋行），5家为美国公司，1家为法德合资公司。鸦片战争前，清政府实行闭关自守政策，只开放广州一口通商，外国只能在广州一地贸易，只能与政府规定的行商交易，且受到多种约束。鸦片战争后，清政府被迫签订《南京条约》，其中开放广州、厦门、上海、宁波、福州五处为通商口岸。外国商人很快进入上海开设公司，发展到此时，上海已经有近200家洋行，其中大多数由英国人运营。事实上，鸦片战争后的几十年里，英国势力一直是在中国贸易的主流，尤其是对铁路史来说，在19世纪80年代以前，参与进中国铁路史的主要是英国人。

李鸿章，1823年生，安徽合肥人。少年读书，1847年中进士，任翰林院编修。1851年太平天国运动爆发后回乡督办团练，1858年底赴江西投入老师曾国藩麾下充当幕僚。1861年，李鸿章受命编练淮军。次年，率淮军进驻上海，李鸿章被清廷任命为江苏巡抚。1863年，兼署五口通商大臣。

此时李鸿章的主要任务还是镇压太平天国运动。当收到外国人关于开设公司修建铁路的建议时，他不仅果断拒绝，而且表示连建议都不会向朝廷转达。当然，从清政府官方档案看，李鸿章向总理各国事务衙门（下文简称

① 宓汝成：《中国近代铁路史资料》第3册，中华书局1963年版，第1308页。

总理衙门)汇报了此事。总理衙门指示:“铁路与发铜线,事同一律,万难允准。”[①]

出于维护清政府的统治,李鸿章通过不同途径表达了拒绝理由,归纳如下:一、只有中国人自己修建铁路,铁路才会真正造福中国;二、中国百姓的土地被剥夺,他们一定会极力反对;三、上海虽已开放,苏州尚未通商,此例一开,外国势力一定会通过铁路侵入中国内地。最后一点理由显然是李鸿章最担心的。从一开始,李鸿章就没有将铁路作为简单的交通工具,而是将其与主权等联系在了一起。同时,作为兼署五口通商大臣,李鸿章还要求各通商口岸“一体防范”。[②]

这是外国人第一次正式向中国官员提出在中国修建铁路的要求。该要求进行的同时,英国铁路界的一位重要人物——麦克唐纳·斯蒂芬森也开始在华进行相关活动。麦克唐纳·斯蒂芬森曾为印度修建第一条铁路,被称为“印度铁路之父”。1864年秋,在怡和洋行的介绍下,斯蒂芬森来华,在广泛征求了外国商人的意见后,提出了一个建设中国铁路网的计划。该计划以汉口为中心,东通上海,西行经四川、云南到印度、缅甸。又计划从镇江经天津至北京作为长江流域的干线,同时修建汉口至广州线路。此外还有上海至宁波、福州到内地的若干线路。斯蒂芬森有感于英国铁路建设时无系统规划的弊端,一开始就在中国设计了一个综合的铁路修建计划。

这个计划,虽然规模比之前洋行提出的上海至苏州铁路要大得多,但其实质却是相同的。即利用现有通商口岸,通过铁路逐步渗入内地,目的是扩大商品贸易。对于这一点,时人实际已经有清醒的认识。强烈反对修建铁

---

① 宓汝成:《中国近代铁路史资料》第1册,中华书局1963年版,第4页。
② 宓汝成:《中国近代铁路史资料》第1册,中华书局1963年版,第4~5页。

路的刘锡鸿看到计划后感叹:“始知其心非独占埠通商之故智矣”。[①] 晚清时期开明人物郭嵩焘,见到这份计划也为其表现出来的大胆咋舌。[②] 斯蒂芬森将他的计划呈送给了总理衙门官员,当时中国官员表示感谢后便将其束之高阁。

早期试图在中国修建铁路的尝试还有不少,表现形式或私自勘测、或明递建议,均未取得实际成果。为了维护自己的统治,当时清廷对修建铁路的要求,采取了坚决拒绝的态度。1865 年 2 月 12 日,总理衙门致函各地大员:

“海外各国,设立铜线法以通信息,开铁路以利往来二事,皆各国争欲举办之件。……其开设铁路一事,屡经各国公使唔时提及,均经本衙门理阻各在案。原因中国地势与外洋不同,倘任其安设飞线,是地隔千百里之遥,一切事件,中国公文尚未递到,彼已先得消息,办事倍形掣肘。……如开设铁路,洋人可任便往来,较之尽东其亩,于大局更有关系。是以叠经本处力为拒绝。第各口领事官难免不尚存觊觎之心,仍向地方官哓渎;兼恐各国洋人不向地方官禀明,私行设立铜线等事。除通行函致外,所有本处先后阻止各国情形,专肃布闻,即希密为转饬所属,嗣后各国领事如有向地方官请立铜线暨开铁路等事,须查照本处办法,力为设法阻止,以弥衅端而杜后患。”[③]

可以想象,当时各国向清政府地方官要求修建铁路的情况非常多,所以总理衙门特意致函各地大员统一口径、明确政策。文中指出如果允许外国人修建铁路,“洋人可任便往来,较之尽东其亩,于大局更有关系”。

“尽东其亩”出自中国古典《春秋》。春秋时期齐晋鞍之战,齐国兵败求和。晋国要求齐国将南北向的田垄改为东西向,以方便晋国战车从东面进

① 刘锡鸿:《英轺日记》,《小方壶斋舆地丛钞》,第 11 秩,第 160 页。
② 宓汝成:《中国近代铁路史资料》第 1 册,中华书局 1963 年版,第 7 页。
③ 宓汝成:《中国近代铁路史资料》第 1 册,中华书局 1963 年版,第 19～20 页。

攻。总理衙门官员这个用典堪称妙绝。洋人控制了铁路，可不就是控制了中国的交通吗？况且，“于大局更有关系”更是将铁路的危害显得深不可测。函末指出要提防外国不经许可私自建筑电报、铁路等，颇有着先见之明。但十余年之后，上海地方官就被这种事搞得颇为狼狈。

总理衙门文件下达后，各地封疆大吏积极响应，纷纷复函支持。江苏巡抚李鸿章指出：“设铜线法开铁路二事，各国争欲举办，而英国觊觎尤甚；盖其船入中国者最多，此二事于商人最有利益……查铁路费烦事巨，变异山川，彼族亦知断不能允，中国亦易正言拒绝。”（“彼族”是当时朝廷文件中对外国人的常见称谓）从这段文字看，当时李鸿章对外国可能借助铁路扩大侵略是非常警惕的。江西巡抚沈葆桢函称：“至铁路一节，窒碍尤多：平天险之山川，固为将来巨患；而伤民间之庐墓，即启目下争端。”沈葆桢和李鸿章一样，也注意到了铁路对山川地理的改变，他认为，中国古代军事地理以山川关隘为险阻。战国时期，六国攻秦，至函谷关而不能进。如果允许修铁路，这些天然险阻会不会失去效力，修建铁路会不会是自毁长城？时任两广总督毛鸿宾称：“开铁路则必用火轮车，方可驰骋如飞。无论凿山塞水，占人田业，毁人庐墓，沿途骚扰，苦累无穷。而此路一开，遂专为外国火车独行之路，中国车马既难与之并驾齐驱，更不堪其横冲直撞，势将断绝往来，商民交困。”[①]事实上，从后来的实践看，沈葆桢和毛鸿宾等人共同关心的“占人田业，毁人庐墓”的问题反而并不是大问题。而他们指出的铁路可能给中国社会带来的深刻变化却是较为准确的。

1865年，英国人赫德向清政府呈递《局外旁观论》，建议：“凡有外国可教之善法，应学应办，即如铸银钱以便民用，做轮车以利人行，造船以便涉险，

---

① 宓汝成：《中国近代铁路史资料》第1册，中华书局1963年版，第19～20页。

电机以速通信。”次年，英国驻华参赞威妥玛向当时的总理衙门呈递《新议略论》，强调了修建铁路的好处。1866 年 4 月 5 日，总理衙门将赫德二人的建议下发，向各封疆大吏征求意见。

时任三口通商大臣崇厚奏称：“轮车电机等事，各海口洋人，亦曾屡屡言之。中外地势不同，断非急切可办之事。且兴作铁路，必致扰民，有识者皆以为不可。然洋人执拗性成，凡事拒之甚坚者，彼必争之愈力。悉心详度，此等事彼族故神其说，以冀耸听，尚非其最要之务。目下处以镇静，详慎预防，以缓其议而徐图善策。”

大学士湖广总督官文奏称：“至轮车电机等事，论者不一，其显而易见者，则垄断牟利也，其隐而难窥者，则包藏祸心也，奴才私心窃揣，以为此种举动，无论未必能行，其弊亦与轮船等。轮船通行之处，不过江海，其意佥将以轮车辅轮船之不及，而以电机贯彻乎其间，以为天下之利权，尽在乎是。是则洋人之本意，而初非真有他也。”

江西巡抚刘坤一奏称：“轮车电机，益令彼之声息易通，我之隘阻尽失。以中国之贸迁驿传，固无须此；而地势物力，均所不能，断不可从其所请。”[①]

浙江巡抚马新贻奏称：“轮车铁路者，是欲广通其路于中国也。以中国之中，而皆有该夷之兵，皆有该夷之民，皆为该夷任意往来之路。轮船所不能至，轮车皆至之，使无地不可以号召，无地不可以冲突，以重怵我百姓之心。”[②]

山东巡抚丁宝桢奏称：“铁路为害过大，使我之国计民生日耗月削，于冥冥之中不堪设想。”[③]

---

① 宓汝成：《中国近代铁路史资料》第 1 册，中华书局 1963 年版，第 15～16 页。

② 同治朝：《筹办夷务始末》卷 45，第 46 页，转引自夏东元著《洋务运动史》，第 357 页。

③ 丁宝桢：《丁文诚公奏稿》，贵州历史文献研究会出版 2000 年版，第 129 页。

大学士两江总督曾国藩亦奏称:“铁路系洋人夺内地之利,强家夺贫民之利,断不可行。”[①]

从上述几次征求意见的过程我们可以看出,清政府总理衙门从一开始是知道电报、铁路的优势的(“设立铜线法以通信息,开铁路以利往来”)。清政府警惕和反对的主要是电报、铁路由外国人修建,为外国人所用。以威胁其统治。如果电报、铁路是由中国人修建、利用,是不是就不会对中国形成危害呢?1863年,上海外国商人建议修建上海至苏州的铁路,李鸿章为了维护清政府的统治,即提出:只有中国人自己修建铁路,铁路才会真正造福中国。1865年,英国驻华参赞威妥玛同清军机大臣兼工部尚书文祥就修建铁路问题进行谈话,文祥强调中国应该利用自己的资金自建铁路,并由中国自己管理。对于中国官员和中国人民来说,能够接受这个新事物。[②]

就电报事业来说,就在总理衙门发函征求意见后,清政府连续爆发几次边疆危机,在危急处置中,清政府信息沟通滞后的弊端愈发显现。越来越多的人意识到只有自主创办电报才能更好地维护主权。沈葆桢、李鸿章等人最早提出与其费力阻止外国建设电报,不如由中国人自己修建。这层窗户纸一捅破,再加上内外交困的环境,清廷接受电报的阻力很快消弭。1877年,台湾出现中国建设的第一条电报,此后电报以加速度在中国落地生根。铁路与电报相比,投资更多、可能引发的社会动荡更大,“自办铁路”思想的出现也较电报要晚几十年。

从19世纪60年代开始,外国人即向各通商口岸及各地督抚喋喋不休

---

① 中国人民政治协商会议湖南省委员会文史资料研究委员会编:《湖南近150年史事日志1840—1990》,1993年版,第22页。

② [法]约瑟夫·马纪樵著,许峻峰译:《中国铁路金融与外交(1860—1914)》,中国铁道出版社2009年版,第24页。

要求修建铁路，再加上赫德和威妥玛的积极建议，清政府深信，外国人一定会继续提出修建铁路等要求。这些要求将在“修约”时集中涌来。

根据中英《天津条约》第二十七款规定，10 年之后（1868 年）将进行修约。鉴于第二次鸦片战争的爆发源于修约，清政府对此非常重视，早早进行准备。1866 年，清廷派出斌春带领的非正式使团出访欧洲各国；1868 年，又派出蒲安臣使团出访美国和欧洲各国，这是中国第一次派出的正式使团。蒲安臣是一位美国人，此刻他为清政府服务。使团的主要使命是劝说欧美各国不要强行推动中国西化的步伐。正如派遣使团出发时，文祥所声明的：我们给我们使节的唯一训令，是不让西洋强迫我们建设铁路和电报，我们只希望这些事情由我们自己来提倡。[①] 就这个目的来说，使团取得了成功，它使西方列强承诺，在即将到来的修约中采取节制和温和的政策。

除了外交方面，清政府也在内部开始统一思想，所采用的办法还是老一套——发函向各地大员征求意见。1867 年 10 月 12 日，总理衙门上奏朝廷：

“比来各国骎骎乎于条约外多方要索，臣衙门但可据理辩驳，无论如何哓渎，总不轻易允行。即如请观遣使，铜线铁路，以及内地设行栈，内河驶轮船，并贩盐挖煤，各省传教，而横生枝节等事，皆其处心积虑，志在必遂者；平日屡次饶舌，均经坚持定议，再四折辩，未肯稍涉依违。惟转瞬修约届期，臣等私衷揣度，彼必互相要约，群起交争，甚至各带兵船，希冀胁制，务满所欲；若不允准，无难立起衅端。然而臣等仍有所恃而不恐，则以办理洋务，其纲领虽在内，其实事仍在外，彼此同肩斯任，尚可预为之计，互相询谋也。滨海沿江将军督抚，及南北洋通商大臣，懋膺朝廷股肱心膂重寄，经理有年，一切

① 董守义：《中国第一次近代化运动的倡导者恭亲王奕䜣大传》，辽宁人民出版社 1989 年版，291 页。

情形，无不阅历，当次重修条约，凡彼所觊觎要挟，为我所必争者，谅亦思之至熟。……臣等逆料各国来岁种种不情之请，必将纷至沓来。但使无甚关碍，仍当酌度权宜；倘或万不可行，断无迁就之理，纵至决裂，亦非臣等所敢游移。然决裂而不预为之备，不可也；决裂而不共为之备，尤不可也。……所有预料各国必来争执之请观遣使，铜线铁路，以及内地设行栈，内地驶轮船，并运盐挖煤，开拓传教等节，臣等拟先备具条说，密切函寄各该将军督抚大臣，嘱令妥为悉心筹划。”①

总理衙门此奏先是指出外国修约的严峻性——要知道第二次鸦片战争直接起因就是修约不成。同时也指出，近年来外国修筑铁路等要求之多，已经不胜其烦，又无计可施，此次修约对清政府是一大考验。接着又将各地督抚大员大大夸赞一番，指出督抚大员经验丰富，思虑纯熟。洋务之事，中央定调子，地方出经验。总理衙门担惊受怕，地方官员也不能置身事外，要积极献言献策。同日，朝廷上谕令曾国藩等督抚共 18 人提出意见，悉心回复。

从 19 世纪 60 年代开始，类似的讨论已有过两次，一次是 1865 年 2 月，一次是 1866 年赫德的《局外旁观论》和威玛妥的《新议略论》，总理衙门均组织过讨论。此次讨论和上两次比，基本类似。调子是先行设定好的——不是应不应该修建铁路等，而是如何阻止外国人修建铁路等。地方官员不过是依葫芦画瓢，把几年前的奏对之词再重复一遍。当然，此次讨论规模比以前更大，直隶、两江、湖广、两广、陕甘等重要地区总督，重要沿江、沿海地区巡抚全部参与，洋务运动中的中坚人物——曾国藩、李鸿章、左宗棠、沈葆桢等人的态度全部表露。官员们的奏折是就整个洋务事业而言的，兹将关于

① 宓汝成：《中国近代铁路史资料》第 1 册，中华书局 1963 年版，第 21～22 页。

铁路的观点摘录于下。

陕甘总督左宗棠奏称："铁路原因火轮车而设，外国造铁路，抽火车之税，利归国家。我无火车，顾安用此。"左将铁路和火车分为二事，显示了其对铁路知识的缺乏。其他官员的回奏主要围绕以下方面：

一、铁路危害国家安全。如盛京将军都兴阿认为铁路会导致中国"险阻有失，元气愈弱"；三口通商大臣崇厚认为铁路"于中国毫无所益，而徒贻害于无穷"；湖广总督李鸿章认为铜线和铁路"有大利于彼，有大害于我，而铁路比铜线尤甚。"至于具体危害，则有"凿我山川、害我田庐，碍我风水，占我商民生计"，也有人担心"惊民扰众、变乱风俗"，更多人则是担心"妨害小民生计"，危害社会稳定。

二、拒绝洋人的理由。诸大臣除了陈述铁路危害，也为朝廷想好了拒绝洋人修约要求的理由。如两江总督曾国藩说："如果洋人争辩不休，尽可告以即使京师勉强应允，臣等在外亦必以全力争回。即使臣工勉强应允，而中国亿万小民穷则思变，与彼兴愁，亦断非中国官员所能禁止。"李鸿章提出："百姓必群起抗争拆毁，官亦不能治其罪，亦不能责令赔偿，致激民变。彼若以自能劝导防守为词，欲增约内，我则必以百姓抗争拆毁，官不能治罪赔偿等语，载入约内。彼族最多疑虑，当必废然思返。"

三、尽管和前两次讨论一样，主题是讨论洋人修铁路的危害以及如何拒绝其要求，但我们仔细阅读也会发现。一些新的思潮也在悄然萌芽——既然洋人修铁路百害无一益，如果是中国人自己修、自己管理呢？在这次讨论中，湖广总督李鸿章提出了这种想法。李鸿章认为："然与其任洋人在内地开设铁路电线，又不若中国自行仿办，权自我操，彼亦无可置喙耳。"虽然是作为抗拒外国修建铁路的权宜之计被提出，但李鸿章第一个试探提出中国可以自办铁路，水平胜其他官员远矣。不仅如此，李鸿章还认为中国自办铁路的条件:“用洋法雇洋人,自我兴办,彼所得之利,我先得之。但公家无此财力,华商无此巨资。官与商情亦隔阂,势尤涣散,一时断难成议,或待承平数十年之后。”[①]可惜的是,历史终究不会给中国承平数十年的时间,此后的清政府内忧外患更加剧烈,而李鸿章所说的资金问题终结成为困扰晚清时期中国铁路建设的主要问题。

经过商议,清政府于1868年回复英国公使“铁路一节,并非谓其无益,实因与中国情形不宜,前已历次布闻。若使勉强兴修,恐民间以为不便,或别生窒碍情事,转觉有负盛情。总之,贵大臣代筹美意,本爵无不欣谢也。希贵大臣谅之”。并借口“总由中国皇帝自主酌度办理。”[②]此事遂罢。

发生在1865年的杜兰德铁路事件是被铁路史屡屡提及的事件。学者记述该事件一般引用李岳瑞《春冰室野乘》:“同治四年七月,英人杜兰德,以小铁路一条,长可里许,敷于京师永宁门外平地,以小汽车驶其上,迅疾如飞。京师人诧所未闻,骇为妖物,举国若狂,几至大变。旋经步军统领衙门饬令拆卸,群疑始息。此事更在淞沪行车之前,可为铁路输入吾国之权舆。”《春冰室野乘》成书时间为1911年,且为野史笔记类,可信度较差。事实上,记载该事件更早、更权威的史料应为曾鲲化1908年出版的《中国铁路现势通论》,其文谓:“同治四年七月二十八日,英商杜兰德以小铁路一里许,施于北京宣武门外平地上,试驶火车,其快如飞。人皆目为怪物,谣诼蜂起,旋由步军统领命其撤毁。此为铁路输入我国之权舆。”[③]两相对比,两书记载大同小异,前者记述应该沿袭自后者。尽管曾鲲化作为铁路史专家,其记载更为

---

① 上述官员奏折参见宓汝成:《中国近代铁路史资料》第1册,中华书局1963年版,第23~27页。

② 《筹办夷务始末》(第63卷),中华书局1979年版,第86~87页。

③ 曾鲲化:《中国铁路现势通论·庚编·年表》,化华铁路学社1908年版,第1~2页。

可信，但杜兰德铁路事件本身尚有待解之处。一是短短的一段铁路导致“举国若狂，几至大变”是否过于夸张？与之形成对照的是，1872 年，有英国人在天津租界内行驶“土路火车”（即行驶在道路上的蒸汽车）。试运行多日，观者甚多，“观者皆称美”，称赞不绝。天津地方官员与百姓及英国领事一起乘坐，称赞“精美之至”“甚为适用”。天津土路火车事件与所谓杜兰德铁路事件相隔不过几年，京津百姓见识差距也不会太大，何以在北京被视为妖物、举国若狂，在天津却是众人围观、其乐融融？二是这么“举国若狂”的大事件，为什么在发生的当时以及以后几十年间，无一处资料提及，而是在发生 40 多年后才由 1882 年出生的曾鲲化首次记述？[①] 总之，“杜兰德铁路”一事，

① 宓汝成先生主编的《中国近代铁路史资料》、李国祁著的《中国早期的铁路经营》等著作都将李鸿章在光绪十三年（1887 年）六月写给醇亲王的《综论饷源并山东热河各矿函》中“前此铁道一里，轰动都人，惜轨短人推，未能曲尽其妙”与杜兰德铁路归为一事。此说值得商榷。且不说杜兰德铁路是“小汽车”“迅疾如飞”，李鸿章所说铁路是“轨短人推”，两者记载不合；从时间来看，杜兰德铁路发生的 1865 年，李鸿章信函写于 1887 年，相隔已经 20 多年。李鸿章在写给醇亲王的信中怎么会用“前此铁道一里”代指 20 多年前的往事；醇亲王接到信，又怎么可能看得明白？更何况，所谓“杜兰德铁路”事件发生时，李鸿章正任两江总督忙于平定捻军，对京城发生的一段 500 米的铁路故事如何感同身受，以致 20 年后还念念不忘？显然，李鸿章所说并不是所谓杜兰德铁路。李鸿章奏折提到的应该是 1887 年间，李鸿章正筹备在颐和园修建铁路、行驶火轮车一事。这一年里，他陆续将一些铁轨、机车、火轮车从天津经通州，再走北京城内水路运至颐和园。在运输过程中，因为所运物品太重，在水运不便之处搭建了一些铁轨，通过人力推送方式运输。1887 年 12 月 21 日的《申报》记载了相关情形：“近由天津呈进轮船二只、火轮车一两，仍照今春成案，自通州迄海淀以活铁道更递运往送入昆明湖，交海部验收。沿途护送官兵及搬运铁路夫役约有数千人，都人往观者亦繁有徒也。”所谓的“活铁道”即李鸿章所说的“轨短人推”，也就是采用现用现安、持续传递的轨道，以人力拉拽方式推行机车。运输过程中看热闹的百姓“繁有徒也”，即李鸿章所言“轰动都人”。《申报》记载的是 12 月的事，并说明这次运输是“照今春成案”，可见这年春天也如此运输一次。因此李鸿章在六月写的信函中才会提到此事。

略显夸大，且单文孤证，似应谨慎对待。

三、吴淞铁路的擅筑与拆除

《南京条约》签订后，上海作为五个通商口岸之一被迫开放。1845 年 11 月，英国驻上海领事巴富尔以强迫和欺骗手段与上海地方官员签订《上海租地章程》，在上海划定土地设立租界，这是列强在中国设立租界的开端。随后的 1848 年和 1849 年，英、法相继在上海划分租界。1863 年，英、美两国租界合并为"公共租界"。这些租界都设立在当时的上海县城附近。

开埠之初的上海，对外交通颇为不便。一方面是黄浦江航道因泥沙淤积而不断变窄，交通能力受限；另一方面长江与黄浦江的交汇、外轮出入上海的必经之地——吴淞，也因淤沙而阻滞了轮船运输。清政府出于防务考虑，拒绝疏浚黄浦江。大吨位轮船只能停泊在吴淞口，无法直接航行到上海。为解决对外交通问题，以便攫取更多在华利益，从 19 世纪 60 年代开始，列强开始筹划在吴淞与上海之间修建铁路。

早在 1866 年，英国驻华公使阿礼国致书总理衙门："上海黄浦江地方，洋商起货不便，请由海口至该处于各商业经租就之地，创修铁路一道，计三十里，由外国捐资，不避中国相助。浦江淤浅，挑挖不易，铁路修成，水路挑挖无关紧要。"总理衙门经答复"开筑铁路妨碍多端，作为罢论"，[①]拒绝了这一要求。

1872 年，美国驻上海副领事布拉特福出面组织了一家英美合资且以英资为主的"吴淞道路公司"(Woosung Rord Company)，用以筹备吴淞铁路。

---

① 《总署奏上海吴淞铁路须妥筹归宿之法片》，自王彦威、王亮辑编《清季外交史料》卷 5，湖南师范大学出版社 2015 年版，第 86 页。

该公司由英国驻上海领事出面，以建筑一条寻常马路为由，向苏松太道（下辖苏州府、松江府、太仓州的地方官员，驻上海县，亦称上海道）沈秉成提出购买上海至吴淞间地皮的要求，骗得了征地权。有资料显示，尽管在购地要求中，该公司并没有提出要修建铁路，但是沈秉成实际是知情的。但他却表示在任内对这件事将不加阻挠。① 沈秉成还对公司在征地和建筑过程中提供了帮助。② 沈秉成的暧昧态度促成了吴淞铁路的悄然推进，也将无尽的麻烦留给了他的继任者。事实上，当时社会舆论对这一铁路修筑计划也心知肚明。1873 年，《申报》发表一篇文章，标题赫然为《上海至吴淞将造火轮车铁路》，称：车路地基业已办妥，并经上宪出之谕令，乡人毋得违抗等。③

1874 年 7 月，因资金问题，布拉特福将公司转让给英国怡和洋行，新公司名称改为“吴淞车路公司”（Woosung Tramway Company）。新公司继续进行土地收购，从 1874 年 10 月 29 日至 1875 年 6 月 10 日共购得 119 亩土地。④ 除了增购土地之外，新公司还修筑了路基。

1876 年 1 月，吴淞铁路路基基本完工，开始正式进行铺轨。同年 2 月，由英国进口的机车“先导号”（Pioneer）在轨道上运送材料，引发民众围观。3 月，新上任的上海道冯焌光向英国驻上海领事发照会，提出 17 点理由，坚决反对修筑吴淞铁路。其核心理由是：一、修筑铁路事关中国主权，中国并未允准筑路；二、吴淞镇属于宝山县管辖，既不是通商口岸，也不属于租界范围，连上下货物都不允许，更遑论修筑铁路？三、英商之前向上海地方购买

① 宓汝成：《中国近代铁路史资料》第 1 册，中华书局 1963 年版，第 36 页。
② ［法］约瑟夫・马纪樵著，许峻峰译：《中国铁路金融与外交（1860—1914）》，中国铁道出版社 2009 年版，第 44 页。
③ 《上海至吴淞将造火轮车铁路》，《申报》1873 年 5 月 6 日，第 1 版。
④ ［法］约瑟夫・马纪樵著，许峻峰译：《中国铁路金融与外交（1860—1914）》，中国铁道出版社 2009 年版，第 45 页。

地皮声称修筑寻常马路，如今修筑铁路，属于欺瞒，原购地合同作废；四、以往中国条约也规定修筑铁路由中国自主，外国不得擅筑。总理衙门也照会英国公使，要求铁路停工。[①]

随后，英国派出英国驻华公使馆汉文正使梅辉立前往上海谈判。途中，梅辉立在天津拜访了直隶总督李鸿章。吴淞铁路的事本不在李鸿章管辖范围，但李鸿章向来以洋务派著称，梅辉立的拜访既有问计，也有要求斡旋之意。李鸿章在与梅辉立的会谈中形成了由中国购买后自办的设想。李鸿章将自己的设想向梅辉立进行了透露。随后，又写信给两江总督沈葆桢和上海道冯焌光，叙述了事件经过。[②] 梅辉立到上海后，与冯焌光谈判。梅辉立提出可由中国购买铁路但由英国经营，冯焌光坚持由中国购买后拆除。谈判没有取得任何成效。

与此同时，铁路建设也在进行。1976 年 6 月，上海苏州河北岸至江湾徐家花园的一段铁路修建完成。此路是一条窄轨铁路，轨距为 0.762 米(2 英尺 6 英寸)，采用 13 公斤/米的钢轨；机车采用英国进口机车，名为“先导号”，重量仅为 15 吨，速度为每小时 24～32 公里，并采取小型客货车辆。6 月 30 日，上海至江湾站建成通车，并举行通车典礼。7 月 3 日，铁路正式通车营业。运营期间每日单向 6 个车次客车运行，行程 15 分钟。

1876 年 8 月，该公司运行的列车轧死了一名士兵。冯焌光及沈葆桢再次照会英国领事要求列车立即停止行驶，英方均未允许。此时，正逢直隶总督、北洋通商大臣李鸿章与英国处理滇案，清廷随即令其一并处理。冯焌光将事件始末电函李鸿章，并提议购回自办。李鸿章同意其提议，并且告知冯

① 宓汝成：《中国近代铁路史资料》第 1 册，中华书局 1963 年版，第 42～46 页。

② [法]约瑟夫·马纪樵著，许峻峰译：《中国铁路金融与外交(1860—1914)》，中国铁道出版社 2009 年版，第 51 页。

焌光与沈葆桢酌情办理。8 月 23 日，经协商之后，英国使臣威妥玛令该公司停止行驶火车并且停止未完的铁路工程。此时，冯焌光未获悉此事已经商妥，命提督派兵船两艘驶来上海向英方示威。李鸿章唯恐再生事端，即复函称英方已经应允购回自办，此事就此了结。

1876 年 10 月，中英签订了《收买吴淞铁路条款》，由清政府用 285000 两白银赎回吴淞铁路。按照英国人的要求，规定赎款在一年内分三次付清，在未还款一年间仍由“吴淞车路公司”继续行车营业。随后，该公司按照原定计划，继续把铁路修到吴淞镇，并且添置了一台“天朝号”机车加入运行。1876 年 12 月 1 日，从上海到吴淞镇的铁路建成通车，共长 15 公里。1877 年 10 月，清政府付清该路最后一批款项。经协商，列车最后由上海发出，开行至吴淞，之后交由中国接管。该公司备专车以供察看全线，但清政府官员未搭乘列车，而是备轿察看。清政府官员当时就命令工匠拆除铁轨，铲平路基，捣毁站房。吴淞铁路就此拆除，拆下的钢轨和其他器材运往台湾打狗港(今高雄)，以供台湾修建铁路之用。

吴淞铁路是在中国大地上出现的第一条运营铁路。英美修筑吴淞铁路，主要目的是扩大商业贸易，获取更多利益，并以吴淞铁路为示范和突破口，向当时的中国政府和民众展示铁路的作用，从而在中国推广铁路。为此，英美不惜以欺瞒手段建成铁路，在后期谈判过程中也不时以武力进行威胁。

清政府将其赎回后拆除，反映了其守旧的一面，但客观上也与鸦片战争后中国坚决反对外国人在中国修筑铁路的态度一脉相承。无论是最早提出反对意见的上海道冯焌光，还是最终决定吴淞铁路归宿的李鸿章，都以维护清政府的统治来反对筑路。如冯焌光向英驻上海领事所发抗议吴淞铁路修筑的照会所指出：“各国一切公务，以及筑路等事，其权原归各国朝廷掌理。

遍查地球各国，从未有任别国之人开造火轮车路者；即如日本一国，只在他国借债，而筑造火轮车路，仍由该国自主。倘我国竟任他国之人造路，不但为地球内各国所笑，且恐此端一开，各国不依。”[①]其论有理有据，掷地有声。吴淞铁路的争端，关键在于擅自修筑，实质是主权之争，并不能简单以“愚昧”“保守”对清政府地方官员的表现进行指责。

吴淞铁路，1876 年建成，是中国大地上出现的第一条营业性铁路。图为吴淞铁路首趟列车

第三节　自建铁路的争论与实践

19 世纪 60—70 年代，外国人多次向清政府地方官员和总理衙门提出开放修建铁路的要求。吴淞铁路的拆除则显示了清政府反对外国人修建铁路的坚决态度。这一时期，清政府围绕铁路组织过三次讨论。无论是总理衙门还是地方大员，大都对铁路有了一定了解，深知铁路可能会给整个帝国带来改变，对铁路的深刻影响心怀畏惧。三次讨论主要围绕让不让外国人修建铁路，如何阻止外国人修建铁路展开。19 世纪 60 年代，“中国是否应该自主修建铁路”这个议题还未成为一个问题。不过此时自主筑路的思想已悄

① 宓汝成：《中国近代铁路史资料》第 1 册，中华书局 1963 年版，第 42 页。

然萌芽。而到了19世纪80年代,中国是否可以自主修建铁路越来越成为一个需要公开讨论的问题。

一、李鸿章等人的筑路倡议

19世纪60年代,外国的筑路要求遭到拒绝时,李鸿章初步萌生了中国自主筑路的设想。到了70年代前期,在日本侵台事件的直接刺激下,为了维护清政府的统治,李鸿章明确提出了自主修建铁路的主张。

日本自明治维新后,国力不断增强,主动向外扩张领土,侵占台湾是他们的首选目标之一。1874年日本出兵侵占台湾遭到当地人民的强烈抵抗,清廷闻讯大惊,随即以南洋大臣沈葆桢为钦差办理台湾军务。中日双方在台湾剑拔弩张,最终日本在局势不利于己的情况下与清廷谈判,但最终却在英国等的调停下,双方达成《北京专条》,以日军撤兵、清廷向日本抚恤白银50万两而告结束。

日本侵台事件极大震动了清廷。日本曾长期向中国学习,在清廷很多人眼中是蕞尔小国,维新不过几年,竟已露出爪牙。李鸿章感叹:"日人力小谋大,尤为切近之患。"[①]他上奏朝廷,日本近年"改习西洋兵法,仿造铁路火车""其势日张,其志不小……泰西虽强,尚在七万里以外,日本则近在户闼,伺我虚实,诚为中国永远大患"。[②] 对铁路而言,日本侵台事件引发了两个直接影响,一是为了维护清政府的统治,李鸿章首次明确提出修建铁路的建议;二是丁日昌提出修建铁路并得到了清廷允许。

日本侵台所暴露出的海防空虚问题使清政府极为震动,从而认清了加

---

① 李鸿章:《李鸿章全集》,时代文艺出版社1998年版,第3542页。

② 李鸿章:《李鸿章全集》,时代文艺出版社1998年版,第1075页。

强海防的重要性。1874年11月5日，恭亲王奕䜣在代表总理衙门呈上的奏折中提出了"练兵""简器""造船""筹饷""用人""持久"六条切筹海防的战略措施。清廷接到总理衙门奏折后，于当天发出上谕，饬下沿江沿海的军政要员："详细筹议，将逐条切实办法，限于一月内复奏；此外别有要计，亦即一并奏陈。总期广益集思，务臻有济，不得以空言塞责。"[①]从而引发长达半年的海防与塞防之争。

李鸿章是坚定的"海防论"代表，他主张停止收复新疆的军事行动，裁减相关经费，用来专门筹备海防。1874年12月10日，李鸿章在《筹海防议折》中论述了海防建设在当时的重要性和迫切性，指出"今则东南海疆万余里，各国通商传教往来自如，麇集京师及各省腹地，阳托和好之名，阴怀吞噬之计，一国生事，诸国构煽，实为数千年未有之变局""新疆不复，于肢体之元气无伤；海疆不防，则腹心之大患愈棘"。他还提出了筹备海防的具体设想：

"查南北洋滨海七省，自须联为一气，方能呼应灵通。惟地段过长，事体繁重，一人精力，断难兼顾。各督抚未必皆深知洋务兵事，意见尤不能尽同。若责成统帅调度，既恐扞格不行；若会同各省商筹，又恐推诿贻误。从前办粤、捻各贼，何尝不屡简统帅，臣亦曾备位其间，深知甘苦。饷权疆政，非其所操，不过徒拥空名，而各督抚仍不能不问兵事，畛域分则情形易隔，号令歧则将士难从，是欲一事权而反紊也。何况有事之际，军情瞬息变更，倘如西国办法，有电线通报，径达各处海边，可以一刻千里；有内地火车铁路，屯兵于旁，闻警驰援，可以一日数千百里，则统帅尚不至于误事，而中国固急切办不到者也。今年台湾之役，臣与沈葆桢函商调兵，月余而始定，及调轮船分起装送，又三月而始竣，而倭事业经定议矣。设有紧急，诚恐缓不及事。故

① 中国近代史资料丛刊《洋务运动》(一)，上海人民出版社1961年版，第30页。

臣尝谓办洋务、制洋兵，若不变法而徒骛空文，绝无实济，臣不敢明知而不言也。”[①]李鸿章从国防军事角度提出修建“火车铁路”，他是中国明确提出修建铁路第一人。

清廷要求朝廷大员“广益集思，务臻有济，不得以空言塞责”，多数大员们依然是敷衍几句，并无卓见。李鸿章此论经过长期思考，确有见地。但奏折上陈之后，曲高和寡，未引起重视。李鸿章几年之后回忆起来，还满腹牢骚：“自同治十三年海防议起，鸿章即沥陈铁矿必须开挖，电线、铁路必应仿设。……其时文相目笑存之。廷臣会议，皆不置可否。王孝凤、于莲舫独痛诋之。”李鸿章还说，这年冬天，自己拜会恭亲王奕䜣时，“极陈铁路利益，请先试造清江至京，以便南北转输”，虽然奕䜣亦以为然，但却说无人敢主持。李鸿章又请奕䜣有机会“为两宫言之”，奕䜣却说“两宫亦不能定此大计”。“两宫”，已经是当时国家最高决策者，她们都不能定，谁还能定？李鸿章闻言非常愤懑，此后“遂绝口不谈矣”。[②] 很多学者注意到，清廷对于铁路的态度在19世纪80年代以后才逐渐积极起来，具体而言，正是1884年奕䜣因中法战争去职，醇亲王奕譞实际主政（史称“甲申易枢”）以后。奕䜣以办洋务起家，但对铁路明显较为保守，奕譞对铁路则更为支持。

其实，在私下场合，李鸿章早已明确表达过中国必须修建铁路的思想。1872年，他在写给丁日昌的信中就曾说过“中土若竟改驿递为电信，土车为铁路，庶足相持”的观点。他指出：“俄人坚拒伊犁，我军万难远役，非开铁路，则新疆、甘陇无转运之法，即无战守之方。”只不过，李鸿章的言论在当时较为大胆，以至“闻此言者，鲜不咋舌”，尽管如此，李鸿章还是断言“吾谓百

① 李鸿章：《筹议海防折》，自中国近代史资料丛刊《洋务运动》（一），上海人民出版社1961年版，第52页。

② 李鸿章：《李鸿章全集》，时代文艺出版社1998年版，第3691页。

数十年后舍是莫由”。[①]

1877年1月29日，福建巡抚丁日昌在上奏朝廷的《统筹台湾全局拟开办轮路、矿务请简派熟悉工程大员驻台督理折》中，指出“轮路宜于台湾而不必宜于内地。”丁日昌曾长期在曾国藩、李鸿章幕府效力，熟悉洋务，极受李鸿章信任和赏识。在李鸿章大力举荐下曾任江苏巡抚、福州船政大臣，1875年起任福建巡抚。此时台湾还未设省，受福建管辖。自1875年11月起，清廷规定福建巡抚“冬春驻台湾，夏秋驻福州”。在“海防”压力越来越迫切的情况下，台湾的地位越来越重要。

丁日昌经过认真思考，提出加强海防与开发经济相结合的台湾发展计划，修建铁路是他计划的重要部分。在奏折中他详细陈述了台湾没有“轮路、矿务”的十大害处，指出兴办“轮路、矿务”的十大好处，并逐条回答了朝廷关于“轮路、矿务”的“七大虑”。包括轮路矿务不兴，则交通不便、防卫困难、敌兵随处可以登岸而我驻兵进退两难、文报难通、土匪难治、军饷难继、澎湖列岛难于兼顾；轮路矿务创办以后，则全岛军情可瞬息而得、文报无淹滞之虞、军队调动灵便、便于抵抗敌人海上来犯、可免受瘟疫之害、便于治理当地人民、兵勇操练更加方便。所谓七不必虑，包括不必担忧轮路矿务之兴会伤人庐墓，因台湾旷土甚多，轮路不致碍及田庐；不必担忧经费问题，可以逐步进行；不必担忧兴建轮路师法洋人，他日全局要害为洋人所盘踞，因为我雇洋人为工匠，工竣则洋人可撤，中国人可从中一面举行，一面学习；不必担忧台湾兴办轮路以后，中国内地效尤，因为台湾与内地情形不同，况且是中国自行举办，并非如上海系洋人私造等。

奏折结尾他对台湾的形势进行了总结：

---

① 李鸿章：《李鸿章全集》，时代文艺出版社1998年版，第3523页。

“目下台湾疫重兵疲，民穷变亟。防广则营皆散扎，勇不练而岂能精；口多则敌易纷乘，险无定而何能扼！饷将竭而备仍虚，寇已深而谋未定。日本及小吕宋皆逼近台疆，蓄锐养精，机深意险。若不未雨绸缪，速将轮路、电线、练兵、购器、开矿各事分投速办，诚恐该二岛猝然有变，非仅止于虚声恫吓而已。宋臣苏轼有云：‘言之于无事之时，则其言易于有为而苦于不信；言之于有事之时，则其言易于见信而苦于无及。’臣每反复斯言，辄复慨然三叹！伏维圣慈独断，饬下总理衙门筹议有无经费，如何举行，并请特简熟悉工程大员驻台督理，俾靖浮言而收实效。将见台防有磐石之安，即沿海无风鹤之恐，台民幸甚！大局幸甚！”①

丁日昌素以习于洋务著称，他对台湾兴办铁路的分析，有理有据，见解深刻，得到了奕䜣、李鸿章、沈葆桢等人的支持。奕䜣在奏折中说：“即轮路一事，虽系创举，惟台湾海岛孤悬，迥非内地可比。丁日昌缕陈轮路之利，备极详尽；沈葆桢声称铁路一端实为台地所宜行；李鸿章声称铁路、电线相为表里，功用最大：是举办轮路为经理全台一大关键，尤属目前当务之急。并请饬下丁日昌，审度地势，妥速筹策，务当力为其难，俾安内攘外，均有裨益。”②清廷便批准了这一计划，并下令提拨部分关税和厘金供修铁路使用。此后因经费未实际拨付到位，加上丁日昌很快去职，这一计划未实施。

这是清政府第一次批准修建铁路。虽然丁日昌和清政府都将台湾视为特殊之地，同意台湾修建铁路，而非整个中国接受铁路，但却反映了清政府对铁路的认识逐渐深刻，铁路进入中国的步伐逐渐加快。

---

① 宓汝成：《中国近代铁路史资料》第1册，中华书局1963年版，第83页。

② 宓汝成：《中国近代铁路史资料》第1册，中华书局1963年版，第84页。

二、唐胥铁路的修建

进入19世纪80年代，无论是观念上还是现实需求上，铁路都已经愈发成为一种不可阻挡的潮流，具体表现为唐胥铁路的悄然推进和铁路大论争的公开进行。

唐胥铁路，是指唐山到胥各庄约10公里的铁路，这是中国自建的第一条铁路。以往关于这条铁路的经典表述可以总结如下：1879年，李鸿章等人筹建开平煤矿过程中，拟修建铁路向外运煤，因清廷守旧派阻挠，不得已只能开挖运河。然而从唐山至胥各庄一段，地势陡峻，无法开凿运河，于是请求修建铁路，同时因清廷不允许行驶蒸汽机车，不得已以骡马牵引，成为世界铁路史上的一大笑话。

以上表述，见于不少铁路史相关著作、文章，是关于这段历史的经典表述。然而，近些年来，一些学者也提出了不同意见。他们认为，唐胥铁路修建过程中，并没有受到清政府的干涉和阻挠，整个过程都按李鸿章等人的决策推进。被一些人以为笑柄的马拉火车，也是正常现象，并不是受到了守旧派的弹劾。唐胥铁路作为中国自建的第一条铁路，其修建过程是考察中国铁路思想史的关键环节，我们对其修建过程的研究，必须正本清源，系统还原。

所谓唐胥铁路的名称，本身是后人的追认。铁路开建的时候，并没有这个名字。实际上，称之为"开平铁路"可能更符合历史实际。不过为了表述方便，我们还是称之为唐胥铁路。

现在唐山市所处的位置当时叫桥头屯，是一个以农耕为主的村庄，隶属于滦州(县)的开平镇。滦州是当时的地区政治中心，唐朝起建有城池。桥头屯村距离滦州约110公里。这里本是一个默默无闻的小村庄，直到1876

年，一个叫唐廷枢的人的到来，改变了这里的历史。

唐廷枢是广东香山人，从小在香港教会学校接受西式教育。成年后在怡和洋行等地工作，精通英语，熟悉洋务。1873 年受李鸿章聘请主持轮船招商局工作，颇有成效。1876 年，李鸿章又派唐廷枢到滦州开平一带寻找煤田。此时的中国，洋务运动加快推进，轮船机器等都需要大量煤炭。由于中国没有现代采煤业，用煤主要依赖外国进口，费用极其昂贵。李鸿章迫切需要在中国寻找矿源。1875 年，李鸿章已经就仿造西洋办法开采煤矿一事请示朝廷，朝廷允准。

1876 年 10 月，唐廷枢向李鸿章汇报了勘察情况，提出开平煤矿很有开采价值，前景广阔；同时也为李鸿章算了一笔账。结论是，就算采用西式采煤方法，采出的煤往外运输，需要几百辆“大车”(传统畜力车)，有没有这么多大车暂且不说，即使有，高昂的运费也会使煤的终端价格大涨。这些煤运到上海，各种费用加起来，价格与进口煤相比，毫无优势。解决之道，只有修建铁路。唐廷枢指出，“非由铁路运煤诚恐难振作也”“开煤必须筑铁路”。①

唐廷枢对铁路进行了具体规划。他设想从开平修一条铁路到涧河口，长度 100 里。建筑费用共计约白银 40 万两，两年内就可以回本，此后每年可以获利白银 30 多万两。

唐廷枢的筹划和设想有理有据、数据清晰、极有说服力。1878 年 10 月，唐廷枢带领工人和外国工程师在乔头屯开始开凿矿井，建设相关工程。同时，改乔头屯为乔屯镇(1889 年改名为唐山镇)。1881 年秋，煤矿开始出煤。然而，设想中的矿区通往涧河口的铁路并没有同时修筑。一般认为，没有修

① 宓汝成:《中国近代铁路史资料》第 1 册，中华书局 1963 年版，第 122～123 页。

的原因是因守旧派的阻挠。然而，现存清代档案没有任何资料显示曾经存在过这种阻挠。没有修涧河口铁路的真正原因可能是规模太大，费用太高。从地图可知，开平通往涧河口铁路相当于从矿区直接修铁路至海边，这显然是最理想的设计。然而，由于该路线经过的河口较多，清淤工程量较大，初步测算的经费需要白银 40 万两，要知道整个开平煤矿本身建设费用也不过白银 40 万两。再者，涧河口铁路计划需要通过“旗地”，极难获得。如绕开“旗地”，路线迂回，花费更大。

幸好，距离矿区不远就是蓟运河，通过该河可以入海。唐廷枢最初的设想是从矿区修一条运河连接蓟运河。不过，这条路线上，从胥各庄到芦台的一段长 70 里，地形平坦，易于挖掘河道。但从矿区到胥各庄一段，岩石坚硬，地势较高，无法开挖运河。为此，唐廷枢构思了“铁水联运计划”。1880 年 9 月，煤矿正式出煤的前一年，唐廷枢向李鸿章报告了自己的计划：“开河一道，取名‘煤河’，由芦台向东北，直抵丰润属之胥各庄；再由该庄之东北筑一快车路一条，直抵煤厂。”①唐廷枢这里所称的“快车路”没有明言是马拉车还是使用蒸汽机车。可以知道的是，当时煤矿初建，根本没有蒸汽机车，唐廷枢的设想应该是马车轨道。我们在第一章中已经提到过，这种马拉轨道在世界各国煤矿开采中都是非常常见的——即使在蒸汽机车发明之后。

1881 年 4 月，李鸿章向清廷汇报了整个开平煤矿创办情况，奏折末尾用极少的笔墨提及了煤矿交通配套建设：“由芦台镇东起至胥各庄止，挑河一道，约计七十里，为运煤之路；又由河头接筑马路十五里，直抵矿所。”②在李鸿章的奏报里，铁路建设只是作为微不足道的事件顺便提及。事实上，李鸿

---

① 宓汝成：《中国近代铁路史资料》第 1 册，中华书局 1963 年版，第 124 页。

② 李鸿章：《李鸿章全集》，时代文艺出版社 1998 年版，第 1598 页。

章此奏也不是请示，而是一个例行汇报。在现存官方文献里，没有找到守旧派的反对意见，“声明以骡马拖运始获清廷允准”更不见于官方记录。

关于唐胥铁路，还有一个广为流传的说法是，铁路开通后行驶蒸汽机车，被朝廷守旧派纷纷弹劾“烟伤禾稼，震动东陵”，这种说法在清代档案史料中未见提及。

以上就是唐胥铁路筹建的简要回顾，其历史本来是简单、清晰的：清廷为解决开平煤矿运煤问题，因无资金直接修建铁路入海，不得已修建运河“煤河”连接已有运河蓟运河，从唐山到胥各庄的一段因地形原因无法修建运河，而修建铁路连接，最初的设想是以骡马拖运。

然而，从民国时期写的铁路史开始，对唐胥铁路的表述变成我们熟悉的经典表述。据中国人民大学教授潘向明的《唐胥铁路史实考辨》考证，目前所见的关于唐胥铁路建造缘起及使用骡马拉车问题的最早论述出自 1924 年出版的曾鲲化著《中国铁路史》。[①] 该书记载：

“（唐山煤井）于光绪三年动工未数月，出煤极旺，李鸿章乃奏请修筑铁路，以便运煤，经奉旨依议，并派矿务局工程师金达督修；正筹备间，忽奉旨收回成命，盖为守旧派所阻挠也。修路之议不成，矿务局乃谋开运河，东由胥各庄起，西至芦台。而唐山煤井至胥各庄长约七英里，地势陡峻，不宜于河，遂复请修建轻便铁路，又因朝廷禁驶机车，乃声明以骡马拖载，始得邀准，盖实马车铁路也。”

潘向明指出，此后各种著作包括铁路史著作均沿袭此说，似乎成为定论。潘向明经过分析文献认为：“唐胥铁路从筹划到兴建，其决策都只是在

① 通过后面的分析我们会发现，这种说法并不准确。更早的［英］肯德著《中国铁路发展史》已有相关记载。

唐廷枢和李鸿章两人之间进行的，清廷从未干涉其事。传统观点认为清廷一再干预这条铁路兴建之说，实为一种缺乏史实依据的想当然，今后不应该再沿袭，否则有悖于实事求是之义。"[①]此外，铁路史志工作者陈光中所著《铁的路的谜》中也表达了类似观点。他认为："唐胥铁路的修筑，与朝廷一点关系没有，完全是李鸿章自己做主的。"[②]

我们认为，从现存清代官方档案看，确实找不到清廷直接干预、守旧派交章弹劾的资料。潘向明、陈光中的说法有一定道理。然而，我们也不能以此认为唐胥铁路是在毫无阻力的情况下，未受到任何干预直接运行蒸汽机车，这可能也是不符合历史真实的。从现存一些时人记述看，唐胥铁路应该是在一种小心翼翼的状态下推进的。巧合的是，这些资料都出自外国人。

第一个资料是金达(C. W. Kinder)1880年的报告："从矿厂至胥各庄已修成一条单轨的铁路，约长六英里半，轨距四英尺八英寸半，最大斜度为百比一。……轨系钢制。……在矿厂中已制成一个火车头，如果中国人不加反对，即可使用。目前拟先用马在轨上拉车。"[③]显然，矿务当局对直接用机车运行并不是全无顾忌。

第二个资料来自唐胥铁路建成后不久，美国的一篇杂志文章。这篇文章是1887年发表的，时间距离唐胥铁路非常近，应该可信。文章是英国的一位中国铁路史学者皮特·柯睿思发现的。文章明确提到，唐胥铁路修建过程中，1878年10月，政府叫停铁路工程；后来政府勉强同意修建，但是前

① 潘向明：《唐胥铁路史实考辨》，《江海学刊》，2009年第4期。

② 陈光中：《铁的路的谜》，中国文史出版社2017年版，第40～52页。

③ 《英领事商务报告》，1880年，第128～129页，宓汝成：《中国近代铁路史资料》第1册，第124页。

提是以骡马拖运。[1]

第三个资料来自肯德所著的《中国铁路发展史》(1907 年出版)。该书指出:

"在开平和北塘之间没有满意的运输道路,因而产生了一个企图输入铁路的机会。可是在开工之前,必须奉旨允准,这是一件很困难的事……他们以此来反对这个计划。他是不管这些偏见如何,终于及时地奉旨允准,金达(C. W. Kinder)被任命为承办铁路建筑工程的工程师。不幸得很,金达一到工地,刚刚接受训令准备开工时,上谕忽又撤销。北京方面曾作了种种尝试,企图对这个决定收回成命,结果无效。后来,失掉了很多机会以后又作了这样的决定:自煤矿到芦台之间开凿运河,芦台在北塘北面几哩(旧时表英里),是北塘河上距离煤矿最近的地方。可是勘测结果,证明运河无法通至唐山,清政府最后在极度不愿意的情况下允许自煤矿至胥各庄之间修筑矿山铁路,两地相距为 7 哩余。胥各庄本来是计划运河的终点。这条矿山铁路上的车辆拟用骡子拉拽。"[2]

历史就是这么错综复杂。在官方文件里找不到清政府干预阻挠的记载,但是同时代的外国人却言之凿凿,使得这段历史更加扑朔迷离。我们认为,在现存官方文献中找不到清政府干预唐胥铁路的证据,至少证明,在当局眼中,这件事并不是什么大事,守旧派纷纷弹劾之类应属夸大其词。因为守旧派弹劾,不得已以骡马拖运也不符合历史,一方面,正如我们在第一章中的记述,马车轨道在矿区铁路是常见的;另一方面,开平煤矿开始确实是准备以骡马拖运,并不完全是无奈之举。

同时,我们也要看到,外国人的记述也不可能是毫无根据的,他们是当

---

① 皮特·柯睿思:《关内外铁路》,新华出版社 2013 年版,第 17 页。
② 肯德著,李抱宏等译:《中国铁路发展史》,三联书店 1958 年版,第 24～25 页。

时人记当时事，有的是金达本人的记述，有的是采访金达后的记述。唐胥铁路建设过程中很可能受到过来自总理衙门等的压力，不能因为找不到资料就认为清廷完全没有干预。

唐胥铁路按照唐廷枢和李鸿章等人的设想，与煤矿一同筹备，约于1881年年初开始建设，同年6月9日铺轨，11月建成，长约10公里，采用标准轨距(1.435米)。

唐胥铁路，1881年11月建成，后扩展为京奉铁路，是中国第一条自建铁路。图为唐胥铁路运煤列车

晚清时期的唐山矿

三、中国铁路首台机车的诞生

1881年唐胥铁路建成运营后，当局曾制造使用过一台中国最早的蒸汽机车。近几十年来，关于这台机车的形制众说纷纭，聚讼不已，成为中国铁路史上的一大谜团。

唐胥铁路是与开平煤矿一同筹备、建设的。建设过程中，中方曾聘请三位英国工程师工作，其中包括中国早期铁路史中的重要人物金达。1877年11月，金达从日本到上海，遇到开平煤矿的主要负责人唐廷枢，并被后者聘任为开平煤矿工程师。但金达的专长并不是采矿，而是铁路。他曾在日本修建铁路，拥有丰富的经验。

1881年前后，金达组织为铁路制造了一台机车。1907年出版的英国人肯德著的《中国铁路发展史》(原名 *Railway Enterprise in China*，于20世纪50年代在中国出版时定为该名)记载了这一过程：

正当工程进行的时候，金达私下就在开始建造他所谓一种“非常特殊设计的机车”。锅炉是原来一个轻型的卷扬机上的。车轮是当做旧铁买进来的，车架则用槽铁所制，那些槽铁是借用唐山煤矿第一号竖井的架子。造价共计鹰洋520元，大约合70至80英镑，包括人工和所有的旧料在内。

机车尚未造好，准备的情况却传出去了，结果奉到立即停止制造的严厉的命令。可是几星期之后，在这期间曾一度与李鸿章商量，又重新允许继续建造这个庞然大物。1881年6月9日，在乔治·斯蒂芬生(George Stephenson)诞生100周年的纪念日，总工程师薄内的夫人给这辆机车命名为“中国火箭号”(Rocket of China)。[①]

---

① 肯德著，李抱宏等译：《中国铁路发展史》，三联书店1958年版，第25～26页。

上述记载时间相近，且与金达本人所著的《华北的矿山及铁路》记载大同小异，应该可信。现在我们可以明确知道的是，唐胥铁路运营过程中诞生了中国首台蒸汽机车，被命名为“中国火箭号”（Rocket of China）。在很多出版物和宣传作品中，这台车也被称作“龙号”机车。1962年，铁路史专家金士宣撰文《在我国自建的第一条铁道上行驶的自造的第一台蒸汽机车——龙号机车》提道，“在水柜两边各绘有一条龙，所以叫龙号机车。”在1986年金士宣、徐文述著《中国铁路发展史（1876—1949）》中也有类似记载。然而，从历史文献看，“龙号”一词出现似乎非常晚。铁路史志专家陈光中著《铁的路的谜》一书分析了“龙号”名称的可能来源：20世纪50年代，有媒体记载采访一些开滦煤矿的老工人，听说了“中国工人制造第一台机车”的故事，也包括车上有龙形装饰的细节，感到很兴奋，认为这是反映中国工人阶级富有创造力的生动案例，在写文章报道的时候，自作主张地也“创造”了一把，于是便有了“龙号”机车这个名字。[①] 也有专家指出，“龙号”这一称呼的流行，正是源自金士宣的文章和著作。上述说法，应该可信。在晚清、民国时期，“龙号”这一称呼，至少笔者从未见过。民国时人多将该车称作“洛克提”“洛克特”等（均来自英文 Rocket of China）。

因此，我们认为，如果现在将该机车称作“龙号”是可以的；但若认为从诞生之初就有此称号，则是附会之词。在接下来的表述中，我们按照历史本来面目，只将其称作中国火箭号。

中国火箭号的形制——它长什么样——本来不存在问题。从民国开始到20世纪80年代，一般认为都是这台镶有 Rocket of China 和龙形装饰的机车。金士宣、徐文述著《中国铁路发展史（1876—1949）》写道：“在唐胥铁

---

① 陈光中：《铁的路的谜》，中国文史出版社2017年版，第40～52页。

路修筑路基的同时，中国工人凭当时任工程师的英国人金达的几份设计图纸，利用矿场起重机锅炉和竖井井架的槽铁等旧材料，试制成功了一台0-3-0型的蒸汽机车。这台机车，只有三对动轮，没有导轮和从轮，机车全长 18 英尺 8 英寸。”文中提到的这台 0-3-0 型蒸汽机车就是镶有 Rocket of China 和龙形装饰的机车。

镶有 Rocket of China 和龙形图案的中国火箭号，是一台三轴车

然而，到了 20 世纪 80 年代，突然出现了一幅新的图片。这张图片正式公开面世是 1981 年在我国台湾地区出版的《中国铁路创建百年史》，在其彩页中刊载了这张照片，并配上了文字说明“中国铁路第一辆机车（一八八二年）”。只有简单的一张图片和简要的说明，这张图片从哪里来，为什么将这台车称为中国铁路第一辆机车，没有任何说明。此后，这幅图片先后被大陆出版的《蒸汽机车概览》《中国铁道百年画册》《中国蒸汽机车世纪集影》以及

铁路系统一些志书、年鉴所引用，并且都明言图片中的机车是中国首台机车。由于这些图书影响都较大，这幅图片流行越来越广，这种观点也渐趋主流。在这里，一个细微的差别是，有人只将其称作中国第一台机车，有人则不仅将其称为中国第一台机车，而且直接将其称作中国火箭号。

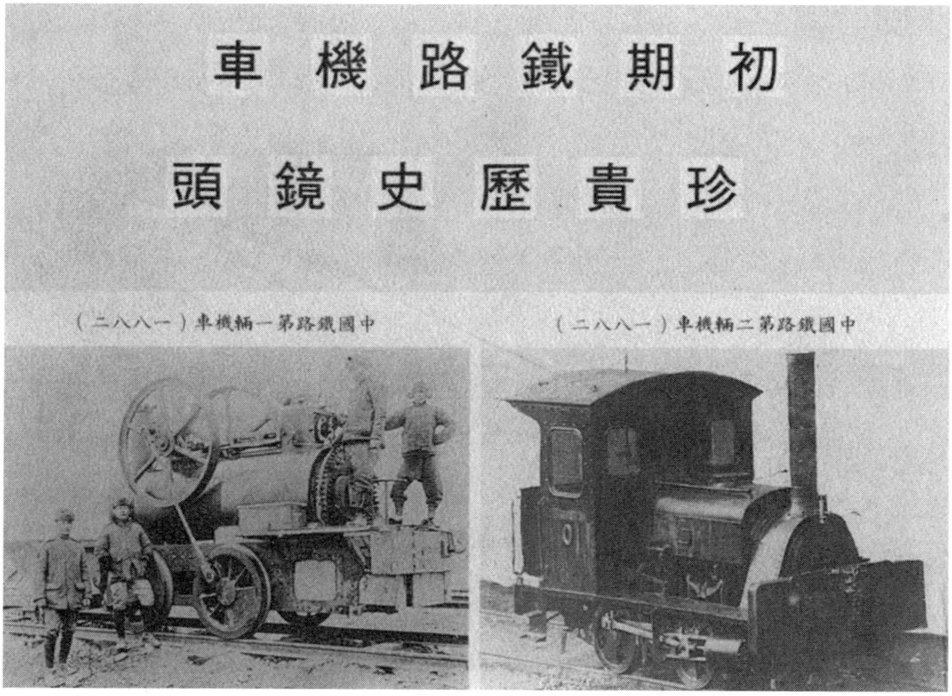

我国台湾地区出版的《中国铁路创建百年史年》彩页将二轴车标注为“中国铁路第一辆机车(一八八一)”，但未明言它就是中国火箭号，后期在流传过程中，也有人将其直接称作“中国火箭号”，更属大谬

为表述方便，我们根据机车特点，将镶刻有 Rocket of China 的机车称之为三轴车，将我国台湾地区流传出来的机车称之为二轴车。目前在学界，支持三轴车和二轴车者皆有之。两派争议的焦点在于：

支持二轴车者认为，三轴车太完美了，从图片看，该车外观精致、工艺精良、结构紧凑、搭配得当，怎么看都不像是工人用废旧材料自己组装起来的。

造型奇特的机车,是一台二轴车

况且史料明确记载该车只花费了520鹰洋,对于这么一台完美机车来说有点太少。而二轴车奇形怪状、结构松散,一看就是因陋就简,拼凑而成的产物。

支持三轴车者认为,二轴车的最大疑点在于其来历不明。该车百年未见,直到20世纪80年代突然被我国台湾学者找出,并赋予其中国首台机车身份。该图片只此一幅,没有确实的文字记载,也没有可信的流传过程。

综合种种证据,我们认为,三轴车应是中国第一台机车——中国火箭号。理由如下:

一、三轴车流传下来大量图片,大多出现在开平煤矿里,也有与金达的合影。这些都是这台车实际服务于煤矿的直接证据。而二轴车存史只有一两张图片,从来没有在开平煤矿工作过的痕迹。且图片中人物服饰、面貌也不符合唐胥铁路初建时情况。

二、19世纪80年代,即该车使用后不久,在美国出版的杂志文章中,已经明确刊载了其图片。

这是19世纪80年代美国发表的杂志文章,记述了金达制造中国火箭号的经过。图片及说明来自皮特·柯睿思的《关内外铁路》。图中配上了三轴车图片,而且明白无误地写着:“FIRST AND ONLY LOCOMOTIVE EVER BUILT IN CHINA”,即“第一台也是唯一一台中国制造的蒸汽机车”。

三、1909年金达退休时,收到了朋友孙锦芳送的一个礼物——一台中国火箭号机车模型,这台模型也是三轴车。

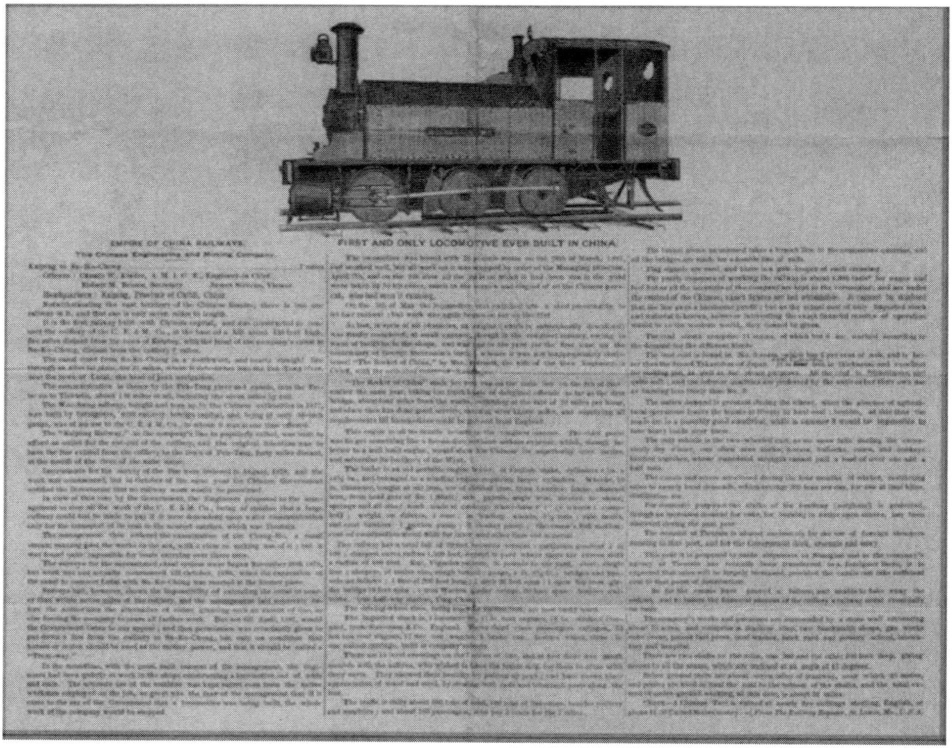
FIRST AND ONLY LOCOMOTIVE EVER BUILT IN CHINA.

EMPIRE OF CHINA RAILWAYS.

The Chinese Engineering and Mining Company.

本图来自皮特·柯睿思《关内外铁路》一书

The model steam locomotive ‘Rocket of China’ built for presentation to Kinder upon his retirement in 1909. The working steam model, which could be fired with real coal was, according to a small brass plate, built by a man known to Kinder as ‘Chop Dollar’. His real Chinese name is signed on the plate as Suen Kam Fong (孫錦芳 Sun Jin-fang).

1909年金达退休时收到的礼物，一台“龙”号蒸汽机车模型。这一工作蒸汽机车模型可用真煤点火，是由金达的熟人“Chop Dollar”使用小块黄铜板制成的，铜板上刻着他的中文名字——孙锦芳。

本图来自皮特·柯睿思《关内外铁路》一书

四、中国火箭号退役后，于1913年前后被送到了当时北京交通博物馆，因为这台车是中国首台蒸汽机车，所以被当作重要展品进行展示。博物馆开办的20多年里（全民族抗战爆发后该馆停办），无数人参观过它，领略过它的风采。如1925年出版的《北平青年》杂志第三期刊登了一篇文章《交通博物馆参观记》，其中提到参观所见种种展品，在介绍该车时提道：中国第一个机车，存于另室，此机车系前清光绪七年（西历一八八一年），开滦矿务局的工程司[①]，英人金达氏（Kihba），利用旧锅炉改造而成，为在中国制造之第一机车，由总工程师薄内之夫人命名曰中国之洛克特（Rocket of China）者，即本乎英国铁路第一机车之名也，当时专供运煤之用，驰行唐山胥各庄之间，民国二三年间，该馆开幕，特由京奉路送来陈列，此亦我国铁路最有历史价值之纪念也。

这段文字给我们提供了一些新信息，即中国火箭号在民国二三年之间即退役转交博物馆展览。类似的游记我们搜集到了很多，内容也大同小异。然而，这还是无法证明文字所说的中国火箭号就是三轴车，如果能找到当时博物馆展览的图片，无疑是更有力的证据。于是，我们又开始在浩如烟海的民国文献中开始了大海捞针般的寻找。

幸运的是，我们真的找到了这样的照片。这是1937年出版的《铁道半月刊》杂志刊载的摄影作品，也是时人参观完交通博物馆后的摄影。不仅有图片，而且图片旁边的说明明

1937年出版的《铁道半月刊》刊载的摄影作品

① 工程司是当时的官职名称，工程师一般是指现在对当时技术人员的宽泛称谓。

确指出这台车就是中国第一机车——中国火箭号。民国时人“去古未远”，他们的记载应非常可信。至此，中国首台机车是三轴车，有文字记录和展览图片记录，应该是毫无争议的。可惜的是，该车在1937年全民族抗战爆发后不知所踪，为中国铁路史留下了一个巨大的遗憾。

与此相比，二轴车的支持证据极为单薄，拿得出手的甚至只有“长得符合想象”一点。如果哪天有人再找个更简陋的机车出来说它才是中国第一，是不是也要给它一个说法?！更重要的是，英国学者皮特·柯睿思经过大量艰辛的寻找，已经找到了二轴车图片的原始出处。该图片出自一本编纂于1901年的相册里，原图片没有标注说明。据皮特·柯睿思多番考证，证明该机车是八国联军进京后，1901年9月英国军方皇家工程师利用从丰台机车库中被毁机车上卸下的车轮和车架制造的临时机车。这台机车当时被士兵称作“蚱蜢”，曾在军队维修北京周边铁道时使用了三个月。站在机车左侧的英国军官就是机车的制造者。皮特·柯睿思还从图片中二轴车边军人服饰证明与1902年前后英国军队服饰类似。

至于反对三轴车证据，也只有一点，即其形象较为成熟完美。实际上，当时中国洋务运动已经办有年，积累了不少技术工人，在开平煤矿工作的不少人就是成熟的技术工人。上文提到的送给金达模型的孙锦芳就是来自广东的技术工匠。据记载，这样成熟的广东工匠有100多人，而且矿区还有10个左右的外国技术人员；金达更是经验丰富的铁路工程师。从装备上说，煤矿当局也从国外采购过不少先进设备，并不是一穷二白、艰难草创。反倒是二轴车，太过简陋，临时使用还行，其能力似不足以牵引运煤车。

至此，我们可以认为，二轴车在中国铁路史上本来微不足道，不知什么原因，首先被台湾地区的出版物认定为中国首台，此后被大陆一些权威书籍认可，逐渐流行，造成了其“鸠占鹊巢”的局面。

四、刘铭传的筑路计划及其引发的争议

就在唐胥铁路于试探中推进的时候，在朝廷内部，一场关于是否修建铁路的争论也在激烈地开展。与19世纪60年代朝廷点名要求相关督抚就如何拒绝外国修建铁路要求不同，这次的讨论是关于中国是否应该自办铁路的正式讨论，参与人员也不是事先指定，而是官员自发发表意见。几十年来有关铁路的信息在中国传播的效果、朝廷官员对铁路普遍的认识和观念、朝廷主要决策者对铁路的态度，都将在这次讨论中得到展示和检验。

争论的发端还是源于军事，首倡者是此时已赋闲十几年的刘铭传。刘铭传与丁日昌一样，出身行伍，但抱有经世济民之志。他早年投身淮军，因军功屡受擢升，成为淮军名将。1871年起，刘铭传归乡养病，开始了十几年的赋闲生活。李鸿章写信告诫他不要饮酒玩乐，而要"多读古人书，静思天下事"。[①] 赋闲期间，刘铭传确实大量阅读书籍，结交文士，尤其是洋务人士和知识分子，如吴汝纶、陈宝琛、徐润、薛福成等人。十年时间，他眼界大开，思想也有了较大变化，从一介武夫转变为关注时局、抱有经世之志的有志之士。刘铭传此时的身份是直隶提督，在级别上已经是武职中相当高的级别。但与一般武将不同，由武改文，主政一方一直是他的夙愿。

1880年，中俄伊犁交涉中，俄国出动陆海军进行威胁，中俄关系愈发紧张。清政府在派曾纪泽谈判的同时，不得已开始做战争准备。同年9月，李鸿章向朝廷推荐刘铭传，指出其"中外局势了然于胸，忠勇谋略冠越诸将"。[②] 清廷接受了李鸿章的推荐，以征询对策之名召刘铭传进京陛见。清廷此举

---

① 李鸿章:《李鸿章全集》,时代文艺出版社1998年版,第3402页。
② 李鸿章:《李鸿章全集》,时代文艺出版社1998年版,第1547页。

是预备万一开战而做的准备，看中的也是刘铭传的军事才能与经验。出人意料的是，刘铭传却呈上了一封关于铁路的奏折。

刘铭传于1880年11月28日抵京，12月3日向朝廷呈上《筹造铁路以图自强折》。在奏折中，刘铭传先是指出俄国修建西伯利亚大铁路对中国的威胁，指出俄国之所以还未对中国用兵，就是因为铁路还没有建成。待铁路建成后，“祸将不测”。同时还有日本，凭借着有铁路，螳臂当车，藐视中国，经常与中国为难。中国再不奋起自强，以后就来不及了。随后，他又从漕运、赈济、商旅、财政收入等角度论述了铁路的好处。尤其是重点论述了铁路对军事的好处，指出，中国国土与俄国大面积毗邻，沿海各口岸又向各国开放。“画疆而守，则防不胜防，驰逐往来，则鞭长莫及。惟铁路一开，则东西南北呼吸相通，视敌所驱，相机策应，虽万里之遥，数日可至，虽百万之众，一呼而集，无征调仓皇之过，无转输艰阻之虞。”他还规划了四条主要干线：南路一条由清江浦（今淮安境内）经山东至北京，一条由汉口经河南至北京；北路由北京，东通盛京，西通甘肃。四条线路可以次第修建，可以先修清江浦至北京线。关于朝廷最担心的资金问题，他指出，民间集商股，速度太慢，借洋债是可行之举。文章末尾，他剀切指出：“事关军国安危大计，如蒙俞允，请旨饬下总理衙门迅速议复。若辗转迁延，视为缓图，将来俄局定后，筑室道谋，诚恐卧薪尝胆，徒托空言，则永无自强之日矣！”①

这是中国铁路史上极为重要的一份文献。其重要意义体现在以下几点：

一是在这之前，虽然也有李鸿章、丁日昌等人倡议修建铁路，但都旁敲侧击，欲言又止。刘铭传的奏折开门见山、毫不含糊。他明确指出，中国只

① 宓汝成：《中国近代铁路史资料》第1册，中华书局1963年版，第86～87页。

有修建铁路奋起，如果不能下定决心，还有犹豫拖延，“将永无自强之日”！这是极为大胆和冒险的言论。我们注意到，无论是刘铭传还是之前的丁日昌，都不是科举正途出身，他们的思想更少受到传统思想羁绊。尤其是刘铭传，长期的赋闲，再加上性格原因，使他的奏折丝毫没有传统奏章的拐弯抹角。据说，刘铭传的这封奏折出自多人之手，除刘铭传外，李鸿章派系的吴汝纶、陈宝琛、张佩纶等人也参与撰写修改，以至于这篇奏折在刘铭传、吴汝纶、陈宝琛三人的文集都有收录，成为学术史上罕见的一幕。我们相信，这些人应该都参与了文稿写作。不过，从这种干脆利索的表达方式看，应该是符合行伍出身的刘铭传的个性的。

二是刘铭传第一次提出了几条干线规划，而且较为科学合理。刘铭传提出的清江浦至北京线，李鸿章早期也提议过。清江浦是京杭大运河的重要枢纽。不过，大运河自清江浦以北，时常淤塞，不得已改为海运，一旦海上有事，漕粮运输将受影响。以铁路运漕粮是非常可行的建议。后期建成的津浦铁路就发挥了这个作用。汉口至北京线，后建为京汉铁路。北京至盛京线，后建为京奉铁路。这些线路，都是中国早期修建的一批铁路。

三是刘铭传首次全面论述了铁路对经济社会的作用，而不是像之前丁汝昌、李鸿章等人一样只专注于铁路对军事的作用。尤其是他提出铁路可以“裕国”，即可以提高国家财政收入，这是极有见地的。

四是提出了铁路建设的资金来源，即借洋债。尤其是他指出集商股“散漫难成”，几乎如预言家一般预测到了晚清时期商办铁路的未来命运。

我们不知道武人出身的刘铭传是如何具备这样的见地的，也不知道他的铁路知识从何而来，有人说刘铭传的奏折是李鸿章授意，甚至奏折文本也是李鸿章安排人捉刀。但我们相信，奏折反映的应该还是刘铭传本人的思想与见识。很可能在赋闲期间，与洋务派人士的交往使其比同时代大部分人更了解铁路，同时，当时国内也出现了大量深入介绍铁路知识的读物，铁路信息的传播跟20年前相比已不可同日而语。

刘铭传奏折上奏后当日，清廷即发布上谕，要求李鸿章、刘坤一就奏折所请试办铁路一事认真研究、回复意见。李鸿章时任直隶总督兼北洋大臣，驻天津和保定；刘坤一为两江总督兼南洋大臣，驻南京。李、刘二人的复奏未到，身处京师的内阁学士张家骧已经近水楼台，在刘铭传奏折上呈20天后，抢先上奏了他的反对意见。

张家骧指出，修建清江浦至北京铁路有三大弊端。一是清江浦修建铁路后，必然获得大发展，从而引起外国人觊觎，万一外国人提出开放清江浦等要求怎么办？二是清江浦到北京线路一千里，势必经过大量百姓田地、房屋、坟墓、桥梁，修建铁路，难道要将这些全都毁掉吗？如果沿着现有的官道走，普通老百姓又走哪呢？三是轮船招商局已经创办，获利极微。南北转运之物、来往之人，只有固定一点。铁路开通，更会使轮船招商局雪上加霜，甚至倒闭，已经投入的资金全打水漂。况且国家财政极为困难，就算投入巨资进入铁路，也未必能获利，危害无穷。①

张家骧是典型的传统士大夫，科甲正途出身，一直供职于翰林院和内阁，曾是同治、光绪两朝帝师。他的第一条意见认为，清江浦发展起来将引来外国人觊觎。第二条意见似乎切中要点，然而在后期的铁路建设中也根本不是大问题。第三点意见认为铁路不会盈利，这是最大的误判，实际上，铁路建成后很快就成了清廷极大的利源。至于他认为货运、人员交流只有固定的数量，是以静止的观点看待问题。

张家骧的反对意见现在看来似乎不值一驳，但在当时代表了朝廷的普

① 宓汝成：《中国近代铁路史资料》第1册，中华书局1963年版，第88页。

遍观念和水平。传统地方治理讲究清静无为，突如其来的大发展、大变化未必是朝廷鼓励的。只可惜，在千年未有之大变局里，这种传统治理思想只能招致挨打。张家骧与其说是保守派的代表，毋宁说他是当时“正统”的代表。

张家骧的奏折使清廷更加举棋不定，朝廷将张家骧的奏折也一并下发至李鸿章处，要求李鸿章一并发表意见。此时李鸿章的幕僚张佩纶给李鸿章写信分析形势，指出“铁路亦仅数人不以为谬”，而且“省公（即刘铭传）非其人，今日非其时”，张家骧的反对也不是简单事件，“内廷做此，必有授之者”。他劝李鸿章“变法当有次第，愿公姑于水师、矿务加意，勿遽言铁路耳。”①李鸿章对此有一定心理准备，不过他还是准备试一试，在给张佩纶的信中，他道：“即使阻于廷议，后世必有踵而为之者，勿令笑我辈之拙也。”②

1880 年 12 月 31 日，李鸿章呈上长篇奏折《妥筹铁路事宜折》。他先指出西方发明铁路和中国古代圣人制作舟车一样，都是一种便民工具，是一种非常自然的事情。接着回顾了火车发明的历史，指出欧美各国因铁路而富强，俄国、日本发展铁路后对中国日益形成威胁。随后，指出铁路“大利约有九端”，如便于增加收入、便于运兵、便于保卫京师、便于赈济、便于转运、便于邮驿、便于矿务、便于招商轮船、便于行旅，论述极为详细。还就常见的反对修建铁路的意见进行了反驳。他还建议中国应成立铁路公司，由刘铭传担任督办。针对张家骧提出的“三弊”，他还特意附上了《议复张家骧争止铁路片》，逐一予以驳斥。李鸿章奏折最有意义的部分在于，他很早就预见了铁路外债及可能导致的路权问题，为此他赞成刘铭传借洋债的建议，但提出了铁路外债三原则，即“不可不慎者三端”：

---

① 姜鸣整理：《李鸿章张佩纶往来信札》，上海人民出版社 2018 年版，第 79 页。

② 姜鸣整理：《李鸿章张佩纶往来信札》，上海人民出版社 2018 年版，第 83 页。

一、为防止外国人把持中国铁路。“宜与明立禁约,不得干预吾事,但使息银有着,期限无误,一切招工购料,与经理铁路事宜,由我自主,借债之人毋得过问。”

二、为防止外国人侵占中国铁路路权。“宜仿招商局之例,不准洋人附股,设立铁路公司以后,可由华商承办,而其政令,须官为督理。所借之债,议定章程,由该公司分年抽缴,期于本利不致亏短;万一偶有亏短,由官着追,只准以铁路为质信,不得将铁路抵交洋人。界限既明,弊端自绝。”

三、为防止铁路外债造成中国财政危机。“宜议明借款与各海关无涉,但由国家指定日后所收铁路之利,陆续分还,可迟至一二十年缴清,庶于各项财用无所牵掣。”①

李鸿章很早就明确指出了“洋债”与“洋股”的不同,即可以借用洋债,但不得直接吸纳洋股。此后的中国铁路建设也确实按这种原则推进。只不过,李鸿章设想的这种单纯的、不损失路权的“洋债”,在未来几十年的晚清铁路史里,是很难实现的。

与刘铭传的奏折相比,李鸿章的奏折论述更为深入全面,堪称早期铁路发展的纲领性文件。几天之后,刘坤一也呈上了他的奏折。刘坤一的态度较为暧昧,观点含糊。他认为铁路确实利于运兵,有利军事。但是其弊病也非常明显,一是妨害“小民生计”,二是会对厘税征收造成影响。他建议先将一切利弊考虑清楚,制定详细规划,再决定修不修铁路。②

关于铁路影响百姓生计和国家税收,是早期反对铁路者的典型观点,和张家骧一样,这是用静止的观点看待问题,后期的铁路史将会证明其错误

① 宓汝成:《中国近代铁路史资料》第1册,中华书局1963年版,第89～94页。
② 宓汝成:《中国近代铁路史资料》第1册,中华书局1963年版,第96页。

性。刘坤一的态度，对后期清廷最终决策有一定影响。

此后，顺天府府丞王家璧、翰林院侍读周德润、通政使司参议刘锡鸿等纷纷上奏。王家璧、周德润等人奏折，无甚高论，甚至以“破坏祖宗成法”“用夷变夏”那套言辞说事，食古不化，让人悲哀。值得注意的是刘锡鸿的意见，以往我们只笼统地将其与其他保守派归为一谈，实际上细读其奏折，在荒谬保守的观点之外，他也确实指出了中国铁路未来的一些深层次问题，值得我们认真研究。

刘锡鸿曾任英国副公使和德国公使，是参与讨论的人士里唯一见过且坐过火车的。他于 1881 年 2 月 14 日上奏，先是指出火车速度快，运输能力大，称赞火车是“古今之奇观，绝世之巧术”，自己坐过以后也是“亦乐其便，冀以施诸中华”。为此，驻国外期间，他多次乘坐火车，考察铁路制造厂，研究日本、土耳其等效法西洋的国家铁路发展道理，经过长期思考，他认为铁路确实是“西洋利器”，但“断非中国所能仿行也”。为此，提出铁路“不可行者八，无利者八，有害者九”。

第一不可行是修建资金难集，西洋各国修建铁路都是民间集股成立公司，不动用国库。而中国民间资本太薄弱，百姓集不出多少钱，就算是网罗天下富室也拿不出这么庞大的资金。即使是官督商办，商民也不会响应。他还举出轮船招商局集股时，最初答应三四分利息，而最后只给了五厘的利息，股东“人皆怨悔，深以为惩”，老百姓心都寒了，怎么还会集股呢？

第二不可行是维护资金无源，如果国家财政出资，他以英国为例测算，中国铁路初具规模需要白银 12 亿两，朝廷哪里拿得出这么多钱？况且铁路后期还有庞大的维护费用，钱从哪出？

第三不可行是铁路惊扰山川之神，导致灾祸。

第四不可行是不法官员可能会从中贪墨。

第五不可行是中国工作人员素来散漫，无法适应严格的铁路管理要求，必然会事故百出。

第六不可行是铁路沿线盗窃难以禁止。

第七不可行是中国税关林立，严格检查则影响火车运行，不严格检查则容易漏税。

第八不可行是西洋各国旅店皆有干净的被褥，旅客出门不用带行李，“故常万里远行而不携一物”。中国旅店不提供被褥，旅客出门“行李笥箧，担负累累”，能运 10 个洋人的车，运 5 个中国人都不够。这些行李怎么收费？不收或少收铁路入不敷出，多收百姓负担不起。

刘锡鸿这“八不可”除了山川迷信那套，确实预见性地指出了后来中国铁路发展的一些问题。尤其是一些具体的问题，如铁路安全、铁路盗窃、旅客行李运输等，一直到民国乃至新中国成立初期，这些都是频出问题，让铁路管理者费尽心思。

接着，刘锡鸿指出，就算有这“八不可”，如果能为中国带来利益，也不应该因噎废食。问题是，铁路根本不可能给中国带来利益，他指出八点理由（“无利者八”）。一是西洋各国铁路可通国外，通过贸易赚钱。中国就算修铁路，也是在国内转，左手倒右手，从整个国家看，收入并没有增加。二是就算将货物通过火车运至口岸可以降低运输成本，但因为中国出口贸易数量很少，也不会给中国增利。三是国人天性不爱出游，火车客源堪忧。四是借债筑路过程中利息太高，难以获利。五是火车无助于朝廷对官员的考察。六是驳斥了修通铁路后，可以裁撤地方军队，只保留京师军队，从而减少军费开支（实际上，我们在铁路支持者中看不到这种观点。李鸿章等人只说有战争时方便调兵，并没有说有了铁路就可以裁撤地方军队）。七是驳斥了铁路方便矿产开采的说法，认为中国自西周就没有火车，几千年来运得好好的，怎么现在就必须用火车呢？传统运输方式足够了。他还“阴谋论”地指出，英国的煤铁马上就要采完了，需要从中国开采，中国造铁路只会方便外国人。八是驳斥了刘铭传等人可以用铁路运输漕粮的观点，认为可以走陆路，不需要修铁路。

如果说“不可行者八”还有一些卓见的话，这“无利者八”可以说见识浅陋，毫无远见，有些甚至是胡搅蛮缠。

随后，刘锡鸿又指出铁路对中国的九大害处，如占用民田影响百姓生计，铁路借债无力偿还可能危及国家安全，货物流通会助长百姓奢侈之心败坏社会风气，铁路运价会转嫁到物价导致物价上涨，铁路会使中国山川险阻失效便于敌人侵略，洋人会借铁路深入内地造成百姓离心，举借外债会丧失铁路控制权，方便盗贼劫掠，试造铁路功效难以立显反而进退维谷。

刘锡鸿最后说，火车如此有害无利，还有这么多人提倡，是因为心怀叵测的外国人蛊惑，而一些中国人“不读诗书而读新闻纸”（当时的铁路信息确实大部分记载在“新闻纸”上）的人附和，一些“黠商捐官”为了牟取暴利，这些人互相怂恿，以至争论到了朝堂。否则，西洋有那么多好东西——如教艺课工、矜孤济贫、禁匪捕盗、恤刑狱、严军今、饬官守、达民情等——不学，为什么偏偏要学铁路呢？西洋人就像暴富之家，举止豪奢，但是不读诗书；但是中国就像是读书世家，只要专注读书，教育子弟，富豪也不敢小视。乾隆时期没有火车，不也国家繁盛，外国效贡称臣吗？只要我们学习列圣先王，明赏罚、劝农工、杜私欲，就可以使大清重新伟大，修不修铁路有什么重要呢？

如果说李鸿章的奏折是支持铁路的重要文献，那么刘锡鸿的奏折则是当时反对修建铁路的集大成者。就当时的守旧派看来，他的奏折论述全面，情真意切，忧国忧民之情溢于纸上。但以往我们一味批评其愚昧、保守、无知，可能是片面的。正如学者指出，刘锡鸿对铁路的态度是“接收而不接受”，其并非不清楚铁路的益处，只是他更偏重于从防弊的角度考量而拒绝火车，“‘中国特色’或‘中国实情’是制约，乃至决定刘锡鸿对于火车等西方科技是否接受的关键因素。”[①]事实上，刘锡鸿的奏折一出立即引起广泛共鸣，不少朝廷重臣都对其言论表示认同。上奏当日，朝廷下旨“铁路火车为外洋所盛行，中国若拟创办，无论利少害多，且需费至数千万，安得有此巨款？若借用洋债，流弊尤多。叠据廷臣陈奏，佥以铁路断不宜开，不为无见。刘铭传所奏，着毋庸议”[②]，暂时结束了这场争端——这个“暂时”时间实际非常短。以往铁路史认为朝廷此谕旨终结了这场铁路争论，使铁路事业受到重大挫折，这有点高估了它的影响力。实际上，此后一直有人就铁路发表意见，铁路事业的实际推进也在加快。

19世纪60年代清廷的几次讨论，主题是如何防止外国人在中国修建铁路；本次讨论的主题虽然是中国可否修建铁路，但背后的实质却是如何防止外国势力借机渗入。刘锡鸿言论之所以在当时获得认可，根本原因在于抓住了李鸿章等人的软肋，即筑路资金问题。国库没钱，民间困乏，只能求助于外债和外国技术，而这将导致外国势力进一步渗入中国腹地，引发一系列国家安全、社会变动等问题，这是清廷最为担心的。显然，对于这种忧虑，李鸿章除了提出根本实现不了的“不可不慎者三端”，实际上也并无良策。在清廷的上谕中，甚至将“李鸿章以经费不赀，若借洋款，有不可不慎者三端”作为“着毋庸议”的理由，这说明李鸿章这样谨慎的态度很难让清廷下定决心。

---

① 李玉：《接收而不接受——铁路知识的供给与刘锡鸿的选择》，《安徽史学》，2015年第4期。

② 宓汝成：《中国近代铁路史资料》第1册，中华书局1963年版，第97～103页。

第二章 清政府铁路政策的形成

1880—1881年的铁路论争以反对派的胜利终结，不过，无论是思想层面还是在实际推进上，铁路进入中国的进程并未停止。尤其是几年之后中法战争爆发，铁路的命运迎来了新转机。

第一节 中法战争后的转机

1883—1885年的中法战争，一方面促使清政府进一步认识到海防的作用，铁路作为一种军事上的助益也被日益重视。战争之后，清政府成立了中国历史上第一个主管铁路的机构——总理海军事务衙门。对海防的重视促使清政府决定在台湾建省并开始真正建设铁路。另一方面，中法战争中，发生“甲申易枢”，主政20多年的恭亲王奕䜣去职，醇亲王奕譞主政。奕譞比奕䜣更加重视铁路，推进起来更加灵活有力。铁路在中法战争后，局面一新，“天时”“人和”皆具。不过，在“地利”——即应该先修哪条铁路的问题上，争端又起。

一、总理海军事务衙门设立

奕譞是晚清政坛中一位重要的人物，他是道光帝第七子，还是光绪帝之本生父，以及后来宣统帝的本生祖父。1861年他与奕䜣一起参与“辛酉政变”，支持“两宫垂帘亲政”。后奕䜣封为议政王，主管军机处、总理衙门。奕譞则任御前大臣、领侍卫内大臣等职，主管神机营事务。同治十一年(1872)奕譞晋封醇亲王，十三年末因次子载湉入承大统为光绪帝，疏请开去一切差使，懿旨允之，命以亲王世袭罔替。光绪六年(1880)，中俄伊犁交涉，受命复出，参与议政，再管神机营。光绪十年(1884)三月，中法战争中，主持全局的恭亲王奕䜣因应对不力，被免去本兼各职，军机处全班易人。奕譞因是光绪帝生父，不便公开主持大政，懿旨命军机处、总理衙门与事与之商议，实际上主政。此事因发生在甲申年，故称“甲申易枢”。此后至光绪十六年十一月二十一日(1891年1月1日)因病去世,奕譞实际柄执朝政近七年。

1881年初,正当刘铭传奏折引发的铁路争论正酣之时,奕譞私下致信李鸿章,对兴建铁路一事表示出兴趣,也提出了一些疑问,如铁路如何生财、如何避免毁坏民间田地坟墓等,同时建议"试行于煤铁之矿,开垦之地,以及屯军设防之一、二口岸,俾见闻习熟,渐推渐广。"①当时的铁路争论,李鸿章一派败像已很明显。奕譞私下里与李鸿章沟通,表示出他与传统官员的不同。他提出的试行于煤矿等,也是非常符合实际的建议。

李鸿章当即复信,跟奕譞说了不少心里话。他先是重申中国要富强必须修建铁路,但也承认此时风气未开,筹款艰难,并不指望得到朝廷的同意。中国真正大办铁路可能得数十年之后。对刘铭传的奏折自己之所以大力支持,只是不想阻断这种趋势,希望通过自己的努力,使舆论更加了解铁路,渐渐消融迂腐的观念。此后,他对奕譞详细解释了自己在奏折中提出的铁路"九利""不可不慎者三端"的观点。对奕譞提出的一些疑问进行了解答,最后对奕譞提出的建议表示认可和感谢。此时的奕譞还未主政,只是在私人通信中表示出对铁路的兴趣,李鸿章也敞开心扉与之进行了交流。后世多认为,正是在奕譞的支持和首肯下,唐胥铁路才于是年年底正式建成。

中法战争结束后,《中法新约》(亦称《中法会订越南条约十款》)签订,中国进一步丧权失利。奕譞主政后,拟进行一些改革。1885年秋,奕譞在给军机处写信讨论军机大事时,明确提出:"东三省地方辽阔,北边蒙古不足恃为屏蔽,求征调简捷之法,无过铁路,拟次第奏请办理。"②这已经是明确提出了自己的政治主张。这也表明奕譞对铁路的认识与以往主政者不同。此后,

① 李鸿章:《李鸿章全集》,时代文艺出版社1998年版,第4540页。

② 中国第一历史档案馆整理:《清醇亲王奕譞信函选》,《历史档案》,1982年第4期。

奕譞多次就铁路事宜向李鸿章、曾纪泽讨教，特别是历经中法战争及光绪十二年巡阅北洋海口的实际考察，深信铁路“本系万不容已之创举”，相关守旧言论是“局外空谈，与局中实际，判然两途”。①

与奕䜣相比，奕譞更加敢于任事。在他主政时期，从清廷中央机构层面对洋务运动的支持力度明显增强。就铁路而言，唐胥铁路的展筑、台湾铁路的修建、将铁路事业定为国策、汉阳铁厂的修建等均离不开他的推动。当然，19 世纪 80 年代铁路事业的发展，根本原因还是中法战争后国防压力的增加、清廷对铁路认识进一步深入、经济社会环境进一步改变等综合变化的结果。然而，对于个人因素在历史发展过程中所起的重要作用也不应该被我们忽视。这也是我们对奕譞的作用特别关注的原因。

除了在清廷中央机构层面有了一个较为积极的支持者，这一时期在清廷中央机构设置上也出现了有利于铁路发展的因素，即总理海军事务衙门（以下简称海军衙门）的设立。清代边防历来注重西北而忽视东南沿海，既无意识也无装备加强海防，导致有海无防、门户大开。鸦片战争以来，英法各国凭借其海上的军事优势，横行沿海，中国处处挨打。此后，清政府逐渐意识到海防的重要性，陆续开始造船、造炮、修炮台、编练水师。19 世纪 60 年代初，清政府为镇压太平天国运动，开始向西方列强购买军舰。1874 年日本侵台事件后，清政府进一步重视海防问题，陆续创建北洋水师、南洋水师，此外还有福建水师、广东水师。但这些水师长期各自为政，清朝中央政府没有督抚大臣对海防的集中统一组织指挥，无法从整体上统一协调抵御强敌。1884 年中法马江战役，是中国近代海军组建以来的第一仗，战争中福建水师

① 参见海军衙门折，光绪十三年二月二十二日，军机处录副奏折，档案号：3-168-9439-25；清醇亲王奕譞信函续选，光绪十四年十二月十九日，《历史档案》1983 年第 1 期，第 43 页。转引自陈先松《海军衙门经费析论》，《清史研究》2018 年第 2 期。

几乎全军覆没。法国舰队乘机重创福建水师后，又攻击封锁台湾，造成沿海七省处处告急。中国海军的事权不一，呼应不灵，没有中央集中统一指挥的弊病暴露无遗。中法战争后，清廷决定“惩前毖后、大治水师”，光绪十一年九月初五日(1885 年 10 月 12 日)慈禧钦派五名王、大臣总管海军事务，谕内称：著醇亲王奕譞总理海军事务，所有沿海水师悉归节制调遣，并派庆郡王奕劻、大学士直隶总督李鸿章会同办理，正红旗汉军都统善庆，兵部右侍郎曾纪泽帮同办理。[①] 海军衙门自此成立。次年 5 月，李鸿章提议，铁路开通可以作为军事上之补救，应将铁路事务划归海军衙门管理，朝廷允准。自此，中国铁路事业有了第一个国家管理机关。

海军衙门除负责海防相关事务外，还负责东北练兵及铁路、电报等事务。这种临时性专务机构，无先例可循，其事权大小、推进力度，与主事者的个人意志与能力大有关系。海军衙门的实际掌控者奕譞、李鸿章、曾纪泽等人都是积极支持修建铁路者，他们的态度会影响其他大员的思想倾向。在实际推进上，尽管朝廷还存在不少反对声音，但以海军衙门出面，灵活推进、巧妙转圜，铁路还是取得了不少实际成绩。

海军衙门对铁路事务的管理，一是筹款，二是审批，三是主持铁路建设。

早期铁路修建，因商款难集，洋债利息太高，初期拟以官款为主修建。光绪十五年(1889 年)议定，由户部每年筹拨白银 200 万两给海军衙门，作为修建铁路专门经费专款。其中，120 万两由部库直接拨给，另 80 万两则由直隶、江宁等 16 省平摊，每省各 5 万两。这笔钱款，由海军衙门随时支取，专供铁路之用。自此，铁路筹款事宜由海军衙门负责。

海军衙门管理铁路，还体现在审批权。这项事权原归总理衙门，海军衙

---

① 《德宗景皇帝实录》卷 215，《清实录》第 54 册，中华书局 1987 年版，第 1023 页。

门成立后将其分出。光绪十六年(1890)十一月两广总督张之洞向总理衙门咨请试办铁路,请示写给了总理衙门。总理衙门转咨海军衙门称:铁路一事关系洋务、防务,应由贵衙门核办,并希于定议后,知照本衙门备案可也。[①]此时距离明确海军衙门管理铁路已经有4年时间,张之洞还是习惯性地将请示打到了总理衙门,显示这一制度安排运行上还不太顺畅。不过,在总体上,海军衙门已经逐渐代替总理衙门,承担铁路审批之权。当然,海军衙门并不能直接决定铁路是否修建,还必须上报朝廷做最后决策。

在海军衙门的主持下,晚清时期铁路建设悄然推进,津沽铁路、台湾铁路、大冶铁路、汉阳铁厂相继完成,卢汉铁路及关内外铁路筹办也由海军衙门完成。海军衙门专管铁路事务,是在铁路还面临较多反对声中艰难推进的,这些铁路建设多以国防名义艰难推进,取得这些实绩,已属难得。

二、台湾铁路的兴建

台湾铁路的筹建,早有丁日昌提倡修建、朝廷允准在前,只不过因为经费无着落没有兴建(详见第三章)。中法战争后,台湾的军事价值更加凸显,在刘铭传的推动下,台湾铁路开始兴建。

1880年底刘铭传进京上《筹造铁路以图自强折》引发铁路争论后,被朝廷以"着毋庸议"定论。刘铭传见事不成,重新回乡归隐。直到中法战争中法国将战火烧向台湾。1884年6月,刘铭传被启用,奉旨督办台湾军务。刘铭传在台湾多次率军击退法国进攻,守卫国土安全。1885年10月,清廷下

① 总理衙门咨海军衙门:《两广总督咨请试办铁路一事应由海署定议由》(光绪十六年十一月初四日),台北"中研院"近代史研究所档案馆藏,档号:01-10-001-06-014。转引自徐笑运《总理海军事务衙门制度建设及其政务运作》,《历史教学问题》2019年第6期。

诏，台湾建省，刘铭传为首任台湾巡抚。刘铭传上任后，注重防务、整顿吏治、创办学堂、开办煤矿、开通电报等，对台湾进行全面开发。作为铁路的坚定支持者，刘铭传自然将兴建铁路作为加强台湾防务、发展全岛经济的重要手段。

1887 年 4 月 13 日，刘铭传上《请准筹办台湾铁路折》，请求在台湾省兴建铁路。刘铭传在奏折中详细陈述了铁路对台湾防务的重要作用，对台湾有加强海防和繁荣商务的重要作用。具体而言：有利于海防稳固。“台湾四面环海，除后山无须办防外，其余防不胜防。基、安、沪、旗四口，现已购炮筑台，可资守御。其余新竹、彰化一带，海口分歧，万难遍布军队，概行设守。……如遇海疆有事，敌船以旱队猝登，隔绝南北声气，内外夹攻，危迫将不忍言。若修铁路既成，调兵极便，何处有警，瞬息长驱，不虑敌兵断我中路。”此外，当时台湾虽然已经建省，但一直没有固定的省城，此时铁路还有便于建立省城的作用。

刘铭传还说，铁路的好处早已深知，只不过由于经费没有着落自己一直没有提出。十年以前，丁日昌的铁路计划以官款为主，因经费原因不了了之。此次刘铭传吸取教训，提出由台湾自筹资金，官督商办方式。当然，刘铭传这么说并非无根之谈。年初已有新加坡等地福建商人要求集商股承修台湾铁路，兴办商务。所以刘铭传在奏折中才信心满满地表示：台湾与内地情形不同，兴建铁路，商民固多乐从，绅士亦无异议。[①] 1887 年 5 月，朝廷允准刘铭传所请。

修路首在经费。早在刘铭传上奏、朝廷同意之前，资金筹备工作已经开始。1886 年，刘铭传派李彤恩和张鸿禄于新加坡设立招商局，在南洋华侨中

① 宓汝成：《中国近代铁路史资料》第 1 册，中华书局 1963 年版，第 138 页。

筹集资金。美国旗昌洋行得知这一消息后，急派士蔑德赶赴台湾，表示愿意承办台湾铁路，劝刘不必外出招商。刘铭传为防国家权益受损，回绝了旗昌洋行的要求。李、张二人到南洋招商后，得到华侨的积极响应。新加坡、西贡等地的闽籍侨商陈新泰、王广余等表示愿意回台修建铁路，兴办商务。在两个月时间内，李、张二人就招股白银 70 万两，收到现银 20 余万两。侨商建议，先用白银 30 万两购买轮船两只，开设轮船公司，以航运所得补铁路之不足。经过多方研究，还议订了官督商办章程，其主要内容是：自基隆到台湾府城（彰化）修铁路 300 余公里，议定工本价银 100 万两，统归商人承办，年利 6 厘，7 年还清，沿途地价，由官府出面代商人发放，修筑工价由商人自给；修路过程，由官府派丁勇帮同施工；所用枕木，先派官轮代运，免收运费；沿途车房由官修筑，站房码头由商自建；路成之后，由官督办，由商经理，铁路火车一切用度归商开支，所收运费官得九成，偿还本利，商得一成，以作铁路用度；铁路虽由商办，将来即作官物。

刘铭传成立"全台铁路商务总局"办理铁路及其他洋务事项。聘请德籍工程师毕克尔为监督，担任设计工作，英人马礼逊为稽查线路主任，负责路线测量。按照计划，铁路由基隆至台南，长达 600 余里。马礼逊制定了分段筑路方案，一段由台北府东向基隆修筑，另一段由台北府西南向彰化修筑。

1887 年 7 月，台湾铁路在台北大稻埕破土动工。但意想不到的是开工 1 年多后，就出现了侨商退股风波。原因有四：一是工程费用超出预期；二是拨营勇代做工程的计划落空，而雇工修造，费用大增；三是勇于任事的李恩彤病故，杨宗瀚也因病假归，主要分管台湾铁路建设的人员一时难以委派。① 一时侨商对投资失去信心，纷纷要求退股，除保留已交现款的 30 余万两白

① 岳鹏星：《晚清台湾地区铁路建设经费主要来源分析》，《中州学刊》2016 年 7 月。

银入股外，其余认购的70万两白银入股合同宣布作废。

1888年11月19日，刘铭传奏请将铁路改为官办。并请将每年从福建拨给台湾的协济银44万两挪作修路经费。得到朝廷批准后，刘铭传又挪用一些其他款项，加上向当地商人随时借垫，才使筑路工程艰难地维持下去。

台湾铁路的台北至基隆段自1887年7月动工，于1891年11月竣工，计程28.6公里，历时4年又4个月；台北至新竹段自1888年6月动工，于1893年12月竣工，计程78.1公里，历时5年又6个月。刘铭传1891年因病离任，后续工程是由继任巡抚邵友濂领导进行的。铁路修到新竹后，耗银已达130万两，邵友濂以续修“经费不足”为由，奏准“截止”，台湾铁路的修建便告一历史段落。1895年中日甲午战争后，清政府与日本签订《马关条约》，其中台湾被迫割让给日本，台湾铁路亦落入日本侵略者手中。

台湾铁路，1887年开始修建，1891年台北至基隆段建成，是台湾省首条铁路。图为运营中的台湾铁路

台湾铁路全长107公里，钢轨采用每米18公斤轻轨，购自英、德两国，轨距为1.067米。该段线路设隧道一处（狮球岭隧道），大、小桥梁24座，涵渠568座。狮球岭隧道是中国最早修建的第一座铁路隧道，位于基隆至八堵间，穿越狮球岭，洞内有一段线路为曲线，两端进出口为直线，1887年开工，1889年贯通，1890年铺轨，1891年运营。

台湾铁路狮球岭隧道，是中国铁路第一条隧道

铁路沿线设有车站16处，均为土造，站内未设信号机，亦无升降场。共有不同型号的机车8台，分别命名为“超尘”“掣电”“摄景”等，还有客车20辆、有盖货车4辆、无盖货车22辆。运行初期每天开车6次，后减为4次。行人在中途遇车，随时可以搭乘，因而没有固定行车时刻表。

三、津沽铁路的修建及展筑

津沽铁路是唐胥铁路的展筑。唐胥铁路于1881年底建成，本是开平矿务局开设的运煤专线。最初设想是通过铁路运煤至胥各庄，从胥各庄用新开挖的运河（煤河）运至蓟运河，从而到达天津等地。运行一段时间以后，发现这种联运方式效率极低。主要原因是新开的煤河运输能力不足，煤船经常需要停靠等待运河通航，“兵船欲多购煤而运不及，矿内积煤日多，欲运煤而路不畅”[1]。因此，1886 年 7 月，开平矿务局当局致函李鸿章，请求将原有的铁路自胥各庄一端展筑至芦台，直接连接蓟运河。

这一请求，未经上报朝廷，仅由李鸿章和海军衙门出面，即予以批准。李鸿章后来写给清廷的报告中汇报了自己批准的理由：一是铁路所经之地，都是矿务局昔年买下的民间空地，而且皆是荒碱地，不是良田，也没有经过坟墓房屋；二是所需经费 15 万两白银，是招集商贾筹集，不动用政府资金，也不需要借洋债；三是工程只雇佣一个洋人，其余都是附近百姓；四是铁路建成后，必将方便运煤，促进煤矿生产，保证北洋海军等用煤需求。李鸿章说，正是考虑到这些因素，才批准铁路“试办”。[2] 从李鸿章的汇报看，对于铁路侵占田地、房屋、坟墓以及铁路外债的担忧，依然是困扰晚清铁路发展的主要问题。

1886 年 11 月，津沽铁路开始兴建，1887 年 5 月建成。至此，唐胥铁路进一步延伸至芦台（阎庄贮煤场）。唐山至胥各庄、胥各庄至芦台两段铁路合为唐芦铁路，全长 44.8 公里。这段铁路更重要的意义还在于，李鸿章在修建过程中，将铁路从开平矿务局买断，分出成立独立的开平铁路公司，由该公司负责铁路修建运营。开平铁路公司总理为伍廷芳，唐廷枢为经理。公司采取招商集股方式筹资，设 2500 股，每股天津行平化宝银 100 两，共计 25 万两，其中唐胥铁路作价股银 10 万两。公司虽称商办，实质受北洋控制，为官督商办性质。

开平铁路公司是中国自办的第一个铁路公司，负责唐芦铁路的修建及运营。铁路以具体线路为单位修建，由铁路公司负责该线的运营及日后的

---

① 《开平矿务局商董致李鸿章请展修铁路禀》，《申报》光绪十二年六月二十六日。

② 李鸿章：《李鸿章全集》，时代文艺出版社 1998 年版，第 3970 页。

管理。此后数十年,铁路建设、经营均依照此模式,即设立公司修建铁路,建成后由该公司(铁路管理局)管理。从铁路在中国的出现到新中国成立初期,铁路建设、管理均以“线”为单位设局,如京奉铁路管理局、京汉铁路管理局。新中国成立后,将建设与运营分开,成立以地区为单位的铁路管理机构,如北京铁路局,专管一个地域范围内铁路,而不是以铁路线为单位。这是早期铁路与现代铁路管理的不同。

开平铁路公司,总理伍廷芳,是近代史上著名的外交家、法学家、实业家。他出生于1842年,祖籍广东新会,出生于新加坡,幼年回粤定居;后到香港读书、工作。1874年自费赴英国留学学习法律,后成为中国第一个法学博士及中国获得外国律师资格第一人。伍廷芳精通洋文、西方法律,是当时中国洋务运动急需人才,受到驻英大使郭嵩焘、驻美大使陈兰彬、两江总督刘坤一等多方罗致。后伍廷芳入李鸿章幕府,负责交涉及法律事务等。开平铁路公司创办后,李鸿章任命伍廷芳为总理,充分显示了对铁路公司的重视。

在伍廷芳的经营下,唐芦铁路效益良好。从通车第一年收支情况看,运煤收入白银33265.255两,其他货运收入10518.708两,客运收入10159.31两,共计收入54893.953两。支出包括养路等经费35196.126两,设备及人员经费等5000两,一年净盈利14698.826两,算下来每股每年得利6厘。[①]唐芦铁路这个盈利能力应该说是非常可观的,但是当时最高当局并未意识到铁路的经济效益,当时铁路归海军衙门管理,朝廷对铁路的好处也大多聚焦于国防军事。

1887年1月,胥各庄至芦台的铁路还未建成,奕譞就写信给李鸿章,提出了进一步展筑问题:闻开平新路可接至阎庄,其由阎庄至沽一段,可否由

---

① 《申报》光绪十四年七月初五日,影印本第三十三册,第2902页。

海署奏明，由贵处筹筑，为调兵运军火之用，名曰试办。[①] 奕譞提出将铁路继续从芦台（阎庄）往西修，抵达塘沽、天津（称“津沽铁路”）。奕譞的提议是从运兵运军火角度出发，李鸿章作为实际操作者，考虑得更全面一些，他回信指出：至由阎庄接修大沽北岸，购地、筑路、采料、兴工约须四十万两之外，于调兵、运军火虽有小益，唯路僻而商货较少，无利可赚，招股不来，容与官绅妥筹，恐难克期集事。[②] 李鸿章很早就认识到津沽铁路筹集商股可能不会太容易，毕竟胥各庄至芦台铁路只招股银 25 万两，还有唐胥铁路以银 10 万入股，实际集股仅需要 15 万两。津沽铁路李鸿章预计的是银 40 万两（后来实际花了 100 多万两），这笔钱显然不会容易筹到。过去的 20 多年里，支持与反对铁路的两派一直就铁路的资金来源争论不休，而津沽铁路将会成为第一次真正的实践。

1887 年 3 月，海军衙门上奏朝廷请求修建津沽铁路。我们注意到，上年修建胥各庄至芦台铁路并没有事先请旨，是自行修建。此次津沽铁路的修建，由海军衙门奕譞、李鸿章、曾纪泽等人会同上奏，极为郑重。这是因为津沽铁路里程较长（近 90 公里），而且切近天津要地，再加上经费较多，海军衙门已经无法自行决定。

海军衙门的奏折写得非常委婉，先是指出关于修铁路的事，近些年来众说纷纭、莫衷一是。奕譞、李鸿章、曾纪泽等人亲自参与边防军务、兴办洋务，认识到铁路确实是调兵运械的利器。中国当然不应该和外国一样遍地修建铁路，但是选择部分国防要地修建铁路，是符合实际的，不能一概否决。接着写道，近日来天津一些地方官员联名要求沿着直隶省海岸修建铁路，理

① 李鸿章：《李鸿章全集》，时代文艺出版社 1998 年版，第 3974 页。

② 李鸿章：《李鸿章全集》，时代文艺出版社 1998 年版，第 3975 页。

由是直隶省从天津到山海关海岸连绵七百里，多处可以登陆，而防守空虚。如果沿海岸线修建铁路，一旦有事，可以驰骋增援，海防将大大增强。近期天津地方官员建议将已有铁路向南北延伸，南至天津、北至山海关。海军衙门认真考虑了该建议，认为可行。提出可先修天津一段，具体工作仍由开平铁路公司办理。同日，该奏折获批“同意”。[①]

随后，津沽铁路筹备工作紧锣密鼓地开展起来。首先是招集商股，1887年4月，开平铁路公司在《申报》发布了招股章程。章程先是回顾了唐芦铁路开办以来，收益良好。此次从芦台延伸至大沽、天津，经营“决不能较开平阎庄一路更少”，商人可以放心投资。之后讲述具体筹资计划是，准备集股1万股，每股100两，合计100万两。鉴于线路延伸，“开平铁路公司”名称已经不合适，改名为“中国铁路公司”。同时指出，铁路由官方支持并主持，“官不勒商，商不瞒官，附股诸君可请放心”。[②] 招股章程写得开诚布公、情真意切，对于未来收益也描绘得非常有吸引力。不过，正如李鸿章预料的，公布以后，只募得10.85万两，招股计划落空。

在李鸿章的支持下，铁路当局决定借用外债。1887年7月，向英国怡和洋行借款63.7万两，德国华泰银行借款43.9万两，总额107.6万两，年息5厘，10年还清。津沽铁路工程于1887年年底开始动工，由英国人金达为总工程师。1888年10月，津沽铁路全线通车。线路从天津府城东门外河岸起，经塘沽至芦台，全线86公里。该路是中国铁路第一次借用外债筑路。借款利息较低，而且没有抵押，除了铁路建设材料由英、德进口外，也没有其他苛刻条件，因而是一笔正常的商业贷款。这次借款是李鸿章早年提

---

① 宓汝成:《中国近代铁路史资料》第1册，中华书局1963年版，第130页。

② 宓汝成:《中国近代铁路史资料》第1册，中华书局1963年版，第133页。

出的借款“不可不慎者三”的一次成功实践。

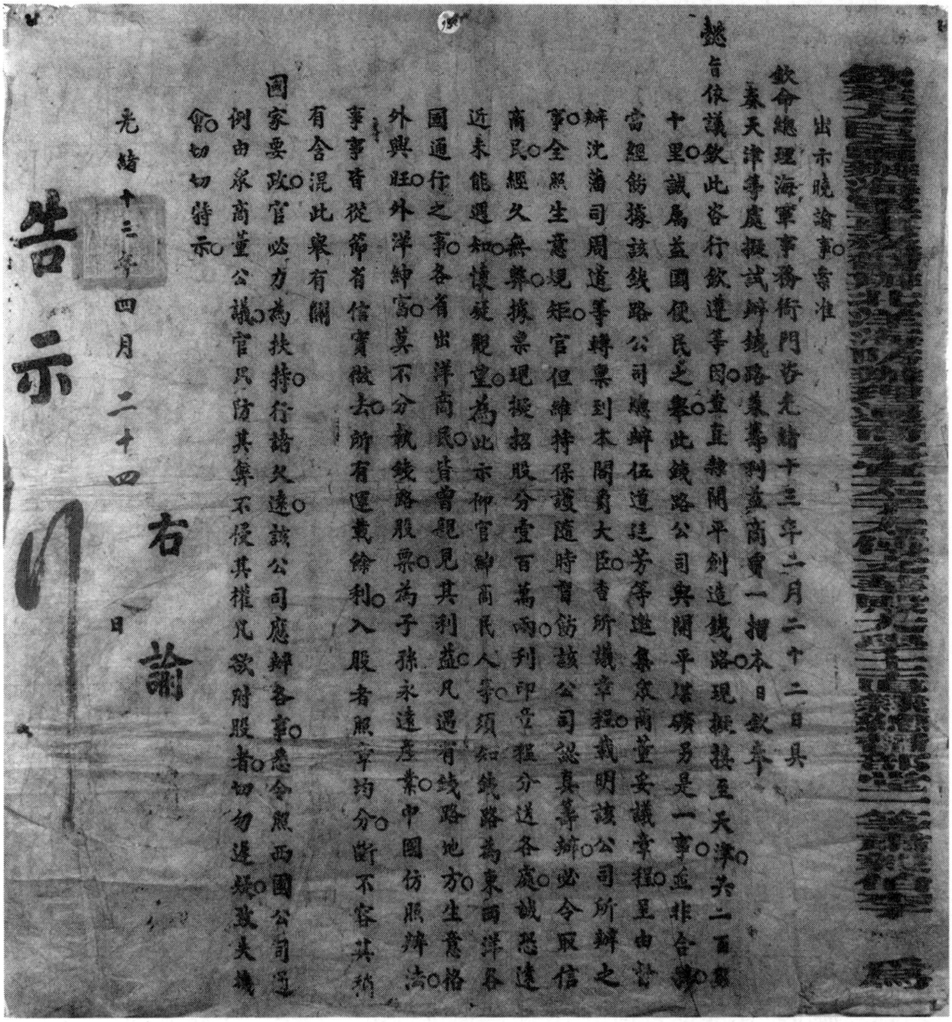
出示曉諭事。當准
欽命總理海軍事務衙門咨光緒十三年二月二十二日具
奏天津等處擬試辦鐵路兼籌利益商費一摺。本日欽奉
懿旨依議欽此咨行欽遵等因。查直隸開平創造鐵路。現擬接至天津。共二百數
十里。誠爲益國便民之舉。此鐵路公司與開平煤礦另是一事。並非合辦。
當經飭據該鐵路公司總辦伍道廷芳等邀集衆商董妥議章程。呈由督
辦沈藩司周道等轉稟到本閣爵大臣。查所議章程。載明該公司所辦之
事。全照生意規矩。官但維持保護。隨時督飭該公司認真籌辦。必令取信
商民。經久無弊。據稟現擬招股分壹百萬兩。列印股摺分送各處。誠恐遠
近未能遍知。懷疑觀望。爲此示仰官紳商民人等。須知鐵路爲東西洋各
國通行之事。各省出洋商民。皆曾親見其利益。凡遇有鐵路地方。生意格
外興旺。外洋紳富。莫不分執鐵路股票。爲子孫永遠產業。中國仿照辦法。
事事皆從節省。信實徵去。所有運載餘利。入股者照章均分。斷不容其稍
有含混。此衆有關
國家要政。官必力爲扶持。行諸久遠。該公司應辦各事。悉令照西國公司定
例由衆商董公議。官只防其弊。不侵其權。凡欲附股者。切勿遲疑。致失機
會。切切特示。
光緒十三年四月二十四日
右諭
告示

津沽铁路招股告示

津沽铁路开通后，从唐山至天津 130 公里铁路连为一线。此时，铁路继续延展有两个选择：一是向东至山海关以至关外，二是向西至通州。前者军事价值更大（可抵御沙俄、日本），后者经济意义更大。李鸿章考虑东出山海

关线路客货收入清淡，而西通通州的路线经济发达，铁路效益良好，决定先修津通线，以津通线收益修建山海关线。孰料，在筹备津通铁路过程中，清廷再次爆发大争论，而中国铁路的命运也在这次争论中尘埃落定。

四、津通铁路大争论

从1880年刘铭传奏折引发的争论被清廷以“着毋庸议”定论后，十余年间，朝臣关于铁路的讨论并未停歇。支持修建铁路者，如光绪十年(1884)五月，詹事府代递左中允崔国因奏称：建设铁路，则调兵转饷运漕，均可迅速，且通商惠工，可夺外洋之利。[①] 反对者也不少，如1884年，京师盛传朝廷准备修建从西山到德胜门铁路以方便运煤，引发言官群起攻讦。内阁学士徐致祥于光绪十年九月十三日(1884年10月31日)专折条陈铁路之害，列举铁路之八害，例如，“若以铁路转运，工程亦须三年……商船歇业，饥寒迫而盗贼兴”，“夷人他日于中国要地，广开铁路，四通八达，靡不周历，山川关塞，尽失其险”。清政府认为其“并不平心论事”，“殊属妄诞”。尽管如此，同年陕西道监察御史张廷燎也奏请停修铁路，认为“西山并非通衢，不关运道；非边要，不关防务”，认为“西山之试办铁路，乃履霜冰坚之渐”，对修建铁路表示反对。太仆寺少卿延茂也上奏清政府，罗列了不得修建铁路的四条原因，最后认为修建铁路“祸患隐伏于中国”，建议清政府不可开办铁路。值得注意的是，延茂提出的反对理由中“防借债难偿也”，列举了土耳其因借英法两国外债筑路后无法偿还以至“不得已割地以偿之”的例子。[②] 站在时人的角

① 《崔国因奏速筹铁路折》，顾廷龙、戴逸主编《李鸿章全集》(10)，安徽出版集团2008年版，第470页。

② 宓汝成：《中国近代铁路史资料》第1册，中华书局1963年版，第103～109页。

度，这确实是非常值得警惕的。土耳其“以债倾国”的教训是当时中国人讨论借债筑路时经常提起的一个例子。

中法战争结束后，支持修建铁路的人逐渐多了起来。光绪十一年(1885)七月，闽浙总督左宗棠病故，临终遗折谓：铁路宜仿造也。外洋以经商为本，与中国情形原有不同，然因商造路，治兵转运灵通，无往不利。其未建之前，阻挠固甚，一经告成，民因而富，国因而强，人物因而倍盛。有利无害，固有明征。天下俗论纷纷，究不必与之辩白。[①] 左宗棠早期对铁路了解不多，对铁路建设也不热心，此时认识到铁路之大利，且主张朝廷开办，说明其对铁路的认识逐步深入。左宗棠的态度对清廷无疑有较大的影响。有论者认为，中法战争后至 1888 年，清廷有过关于铁路的第二次争论。但实际上，这些言论并没有特定的主题，也无你来我往的交锋，更未形成规模，不能算作一次真正的争论。

1888 年秋，津沽铁路建成后，李鸿章即致函海军衙门请求修建津通铁路。他的主要理由是，津沽铁路虽然建成，但毕竟地处偏僻，如果能修通至通州这样的繁盛之地，铁路收益必然增加，商人也更乐于参股，所得收益反过来还可以为海防提供经费。1888 年 11 月 30 日，海军衙门以此理由向朝廷奏请修建津通铁路。当日，慈禧懿旨同意。此后，津通铁路的筹备工作立即开展起来，包括在路线勘察、购地购料、在《申报》刊登招股广告等。到了 1889 年 1 月，路线基本确定，前期准备也已就绪，就等着开春后开工兴筑。一切似乎都很顺利，孰料此时朝廷上却突然争论四起。

此次津通铁路大争论，与之前的争论相比，参与人数更多、参与人的级别更高、持续时间更长、对后世影响也更大。在观点上，此次争论主张也较

① 左宗棠：《左宗棠全集》(奏稿八)，岳麓书社 2014 年版，第 545 页。

多，绝不是简单的赞成与反对修铁路这两派，更多的争论集中于应该修哪条铁路。铁路史学者朱从兵总结参与此次争论的，主要有五种人物，一是主建津通者：主要有李鸿章、刘铭传和以奕譞为首的海军衙门。二是反对修建津通铁路并提出具体的规划者：这主要有屠仁守、徐会沣、翁同龢、孙家鼐、黄彭年、张之洞和德馨等人。但他们的规划主张又各不相同。三是反对修建津通铁路而无规划主张者：这主要有恩承、奎润、游百川、王文韶、汴宝第等，但他们本质上并不反对铁路。四是不发表意见或虽发表意见但并不作明确结论者：这主要有崧骏、陈彝、安定、庆裕、曾国荃等，他们对建筑铁路持比较谨慎的态度。五是不但反对建造津通铁路而且反对在中国建筑任何铁路者：这主要有盛昱、余联沅、洪良品、文治和奎斌等，这些人自始至终地坚决反对铁路。[①] 为表述清晰，我们以列表形式将这次争论进行总结。

津通铁路大争论廷臣意见表

人名/职务	上奏时间	言论摘录	主要观点
盛昱(国子监祭酒)	1888 年 12 月 14 日	(铁路)施之荒漠广远之区则有利无害，施之人烟辐辏商股通行之路则有害无利 铁路之举，享利在官，受害在民；官之利有限，洋人之利无穷。	反对修建津通铁路，认为津通一线本就是往来大道，修铁路会妨害小民生计，引发失业；修铁路过程中可能暗藏洋人股份
余联沅(河南道监察御史)	1888 年 12 月 24 日	(李鸿章等)作此奇巧之物以上贡于朝廷，即令出自私囊，此心已不堪问。	铁路是奇巧之物，铁路大兴会破坏“崇实黜华”的传统品德

① 朱从兵：《李鸿章与中国铁路》，群言出版社 2006 年版，第 217 页。其中对曾国荃的归类值得商榷，从曾国荃奏折看，他是坚决支持铁路的。

续上表

人名/职务	上奏时间	言论摘录	主要观点
屠仁守（御史），康有为参与了撰写	1888年12月	夫铁路为自古所无，行于西国亦在数十年，国争富强，人趋利便，日推日广，其势渐及于中土，此其中有天运焉，有人事焉。岂能阻哉！	认为铁路是大势所趋，但李鸿章等人提倡的津通铁路是“失策”，应修建京师至清江浦的铁路，才能达到“控天下”“固京畿”“广生计”三大利
余联沅（河南道监察御史）	1889年1月9日	夫中国之害，外洋之利也，朝廷之害，奸民之利也。中国自隆古以来，政教修明，库府充溢，无所为铁路也。	铁路对中国朝廷、百姓无益，只对外国有益，一些中国人提倡修铁路也是为了私利。要求朝廷不要听信李鸿章等人之言，而应该毅然停止修建铁路
洪良品（户科给事中）等	1889年1月19日	今设一铁路火车于此（通州），寅发卯至，孰有近于此者？是自溃其防而为敌人施缩地之方也。	反对修建津通铁路，认为不利于京师安全。其他地方修建铁路也有害于国防
徐会沣（御史）等	1889年1月19日	外国设铁路以通远方，中国设铁路口以迫禁近。	反对修建津通铁路，主张可以试造德州济宁铁路以通南北运河
奎润（礼部尚书）等28人	1889年1月22日	民间庐墓迁徙，生业渐失，谣言风起，深恐畿辅重地，激生事端。	从迁徙坟墓和导致百姓失业论述铁路之害
翁同龢（户部尚书）等	1889年1月22日	（铁路）可试行于内地，而不可遽行于腹地。边地有运兵之利，无扰民之害，腹地则坏田庐、平坟墓，民间哗然。未收其利，先见其害矣。	反对修建津通铁路

续上表

人名/职务	上奏时间	言论摘录	主要观点
游百川（仓场侍郎）	1889 年 1 月 22 日	今洋人铁道之修，径行直遂，无顾上宜，惟其戎车是利。天津创办于先，他省或亦踵行于后。倘一旦偶有嫌隙，彼挟其火炮、火枪尽载之轮车之上，电掣雷奔，瞬息百里，其将何以御之？	除论述铁路对小民生计和毁坏田庐坟墓外，指出了铁路在国防上的威胁
文治（内阁学士）	1889 年 1 月 22 日	（修铁路）乃臣下之利；非君上之利；乃外洋之利，非中国之利；乃一二人之私利，非千万人之公利也。	指出铁路有五害：损己利敌、开门揖盗、迁移坟墓、百姓流离、失天下之人心

与之前一些争论比，此次争论上奏者级别更高，言论更为密集，动辄几十人会奏，其规模声势都较为罕见。尽管言论汹汹，但我们也应看到，其反对意见依然集中在毁坏田庐坟墓、导致小民失业、威胁国防安全、败坏道德人心等，没有什么新意。其水平、认识远不如近十年前刘锡鸿的奏折。其中一些意见不赞成津通铁路，但支持其他边地铁路的修建，也反映了铁路观念的进化。

如潮的反对意见令朝廷当局难以决断，只能一次次将这些奏折下发，令群臣讨论。1889 年 1 月 22 日，慈禧懿旨命海军衙门会同军机大臣一并回复意见。奕譞是海军衙门和军机处实际主持者，他的意见至关重要。奕譞实际是支持津通铁路的，不过，面对如此剧烈的反对声，如何回奏，颇费思量。1 月 23 日，李鸿章给奕譞写了封长信，驳斥了大学士恩承、礼部尚书徐桐的函件，提出了自己的意见，并请求奕譞将其给恩、徐及其他议论铁路的大臣看。1 月 29 日，李鸿章又给奕譞写了一份长信，对在京官员各种阻挠铁路的意见一一驳斥。[①]

朝廷大员们端坐朝堂，不通世情，让李鸿章尤其愤懑。在信件末尾，他写道：办天下大事，贵实心，尤贵虚心，非真知灼见不能办事，亦不能论事，贵耳贱目，最足误事。鸿章老矣，报国之日短矣。即使事事顺手，亦复何补涓埃？所愿当路诸大君子务引君父以洞悉天下、中外真情，勿徒虚名而忘实际，狃常见而忽远图，天下幸甚，大局幸甚，鸿章一片愚忱，一腔热血，不自知其言之过也。

李鸿章写信时已是农历腊月二十八，此后各衙门开始过年，争论暂歇。1889 年 2 月 13 日（光绪十五年正月十四），海军衙门和军机大臣终于拿出了自己的回奏意见。奏折将反对铁路的意见概括为“资敌”“扰民”“失业”三大类，并逐一进行了驳斥。如为了证明铁路不会导致失业，还列举了铁路中大量新增的工种：修路、扫轨、升旗、听电、收票、验坐、查輠、敲轮、运煤、添水、搬货、运行李、卖新闻、贩茶果、伺应店客、巡察栈货。当时中国还没有多少铁路，海军衙门能列举出这么多铁路工作职位，可见下了极大功夫。奏折还指出修建铁路的目的在于“专主利于用兵”。分析了铁路对军事的意义；指出突然停止修建铁路也有“失信于民”和“虚掷有用之财”两个害处。[②] 奏折整体文风具体务实，与士大夫们坐而论道的风格形成了鲜明对比。

尽管海军衙门这封回奏写得非常详尽，但奕譞等人也知道，单凭一封奏折不可能让最高统治者下定决心。于是，在奏折末尾，奕譞等人提出了一个新的建议：“至于事关创办，本属不厌详求，然局外浮谈，恒多失实。查防务

① 宓汝成：《中国近代铁路史资料》第 1 册，中华书局 1963 年版，第 150～157 页。

② 宓汝成：《中国近代铁路史资料》第 1 册，中华书局 1963 年版，第 157～161 页。

以沿江、沿海最为吃紧，各该将军督抚，利害躬亲，请求切实，可否将臣等此奏，并廷臣各原奏发交各该将军督抚按切时势，各抒所见，再行详议以闻。届时仰禀圣慈，折衷定议，尤为审慎周妥。”当时朝臣一边倒反对津通铁路，海军衙门提出，光内廷朝臣议论还不够，还需要地方督抚等官员发表意见，再由朝廷定夺。这是一招妙棋：相比京官，地方官员接触洋务更多，想法更加开明务实，支持铁路的官员也更多。将争论由内廷官员引向地方官员对铁路是有益的。从 1889 年 2 月开始，地方官员开始奉旨上奏，各抒己见。我们同样以列表形式表述。

津通铁路大争论地方督抚意见表①

人名/职务	上奏时间	言论摘录	主要观点
王文韶（湖南巡抚）	1889 年 2 月 27 日	中国铁路创自开平，津沽次之。现拟接办津通一路，名为推广，实与试办无异，原非谓调兵、利运诸大端得此便收全效也。而此路迫近京畿，众情之所谓资敌、病民者，实以此为第一必争之地。夫以试办而适中人情之所最忌，苟非情见势迫，似可不必首及于此。	主张先修建漕运铁路，待取得成功经验、时机成熟后，再推广到包括津通的其他地区
曾国荃（两江总督）	1889 年 2 月 28 日	泰西铁路之利，各国皆同。中国所欲模仿而收其利权者，已非一日。臣愚窃以为不开于今日，必开于将来，势必为之也。与其毁已成之股票而不足取信，不若坚自强之定见，而先立始基。	支持修建津通铁路

① 依据《洋务运动文献汇编》（第 6 册）和《中国近代铁路史资料》制定，两者不一致的，以前者为准。

续上表

人名/职务	上奏时间	言论摘录	主要观点
奎斌（湖北巡抚）	1889 年 2 月 28 日	一有火车，则水陆皆归垄断，舟车两业及肩挑负贩之众，游手成群，何以度日？……至陆路行军，原属中国制胜之技，并不弱于外洋，何必添此铁路，转多牵制。	以轮船运行后造成湖北大量失业的事实，反对修建铁路。且铁路会造成中国陆军行军优势的丧失
崧骏（浙江巡抚）	1889 年 3 月 2 日	窃维铁路之开，建议昔时，自属奇创，骇人听闻。行之至今，风气所趋，正与轮船、电线相辅而行，此海军衙门之所以独排众议，力任其难……而诸臣所奏，度必确有所闻，似非敢故作危词，上渎天听。	总体上支持铁路。但建议李鸿章就朝臣担忧的妨害百姓生计、田庐坟墓、洋债等事详细调查、通盘考虑
陈彝（开缺安徽巡抚）	1889 年 3 月 3 日	既开铁路，所有尖站、宿站店铺贸易人等，非搬移迁就，不能赶趁买卖，资本素薄，岂易舍旧谋新？窃恐豪富得利者十之二三，穷苦失利者十之七八。	虽然表明自己不敢妄议，但通过自己亲身经历的轮船导致小民失业的事例说明铁路的危害
卞宝第（闽浙总督）	1889 年 3 月 11 日	（外国）夺我铁路，或至措手无及。千虑一失，何可不防。	从京师安全、小民失业等角度反对修建铁路
黄彭年（江苏布政使）	1889 年 3 月 13 日	今日欧亚通商之局，从古所未有也。中国风气因之而开亦四千余年未有之变局也。当其未闻，不能强之使闻；及其既开，不能遏之使不开者，势也。轮船、电线、军械、学堂既事事讲求，期尽敌人之长技矣。所未行者，独铁路耳。轮船利行水，火车利行陆，电线以通水陆之气，三者西洋各国长驾远驭志术也。英、法、俄诸邦，皆有铁路，国势骎骎日强，而谓独不可行于中国，亦非知时变之论也。	支持修建铁路。将铁路分为宜先办者、可缓办者、不妨试办者。边防和漕运铁路是宜先办者；腹地及沿江沿海铁路是可缓办者；津通铁路属于不妨试办者。但他也提出修建铁路过程中要防止借洋债，而要召集商股；防止借重洋匠，要培养自己的人才

续上表

人名/职务	上奏时间	言论摘录	主要观点
定安（盛京将军）	1889年3月14日	奴才生长边方，所有津通一路及津海各防，既未熟知；而铁路机要，平昔亦为讲求。事关国政，实不敢凭空揣摩，附会其词。	表示自己对铁路没有丝毫了解，不敢奏陈。这也显示一些封疆大吏对铁路丝毫不了解
德馨（江西巡抚）	1889年3月16日	先由腹地创建，统俟试行有效，再行推广尽利，庶舆情安而浮议息矣。	主张先修建腹地的保定至王家营的铁路，既可避免外国窥伺，又可收铁路利权。待取得经验后，再在其他地区推广

上述奏折先后送达朝廷，奕譞和李鸿章也一一看过。地方督抚中，有熟谙洋务者，也有不通世情者，李鸿章心里大体有数，他点评这些奏折："各省如卞、陈、奎迂谬，曾、黄、王、裕、崧、德调停其词。"[①]李鸿章最期盼的是台湾巡抚刘铭传和两广总督张之洞的奏折。由于地方远，这两人的奏折来得最慢。刘铭传的奏折于3月29日发出，正如李鸿章所期盼的，刘铭传和十年前一样坚定地支持铁路，态度鲜明、毫不含糊。他对代表性的铁路弊端一一进行了驳斥，并指出："夫物之精粗，经用而始显；事之利害，亲历而后知。今之訾议铁路，必为异时赞美铁路之人。伏愿皇上宸断独操，宣示大计，俾天下晓然铁路一事，为安内攘外刻不容缓之急图；使知非一隅之利，乃四海之利；非一时之利，乃万世之利；非一二人之私利，乃千万人之公利。"[②]

刘铭传的奏折令李鸿章大为满意。几天之后，两广总督、署广东巡抚张之洞的奏折终于姗姗而至，这就是中国早期铁路史上极为重要的文献——

① 李鸿章：《李鸿章全集》，时代文艺出版社1998年版，第5653页。

② 宓汝成：《中国近代铁路史资料》第1册，中华书局1963年版，第161～164页。

《请缓造津通改建腹省干路折》[1]。

奏折洋洋数千言，主要观点如下：

张之洞着重论述了铁路的经济价值，突破了奕譞等人只论军事价值的局限。他指出："窃以为今日铁路之用，尤以开通土货为急。盖论中外通商以后之时局，中国民生之丰歉，商务之息耗，专视乎土货出产之多少，与夫土货出口较洋货进口之多少以为断。近数年来，洋货洋药进口价值，每岁多于土货出口价值者约2000万两。若再听其耗漏，以后断不可支。现在洋货洋药之来源无可杜遏，惟有设法多出土货、多销土货以救之。此乃王道养民立国之本源，并非西商争利会计之小数。中国物产之盛，甲于五洲，然腹地奥区，工艰运贵，其生不蕃，其流不广。且土货率质粗价廉，非多不利，非速不多，非用机器、化学不能变粗贱为精良，化无用为有用。苟有铁路，则机器可入，笨货可出，本轻费省，土货旺销，则可大减出口厘税以鼓舞之。于是山乡边郡之产，悉可致诸江岸海壖而流行于九州岛四瀛之外。销路畅则利商，制造繁则利工，山农泽农之种植，牧竖女红之所成，皆可行远。得价则利农，内开未尽之地宝，外收已亏之利权，是铁路之利，首在利民。"利民之外，铁路也能利国。利民与利国相辅相成。

反对修建津通铁路，主张修建卢汉铁路。张之洞认为，铁路若想利国，就必须先择四达之冲衢，首建干路，以为经营全局之计，以立循序渐进之基。而津通铁路无法起到这样的作用。张之洞同意津通铁路离京师太近，容易危及京师安全的观点。同时认为津通铁路太短，无法吸纳失业百姓，同时该路沿线水运发达，铁路价值不大；军事上意义也不大。

张之洞也驳斥了翁同龢提出的修建边地铁路，以及其他大臣提出的修

---

① 宓汝成：《中国近代铁路史资料》第1册，中华书局1963年版，第167～170页。

建漕运铁路等建议，在奏折中提出了一个全新的思路，就是修建卢沟桥至汉口的铁路。他提出修建该路有七利："内处腹地，不近海口，无引敌之虑。利一。南北二千余里，原野广漠，编户散处，不如近郊之稠密，一屋一坟，易于勘避。利二。干路袤远，厂盛站多，经路生理既繁，纬路枝流必旺，执鞭之徒，列肆之贾，生计甚宽，舍旧谋新，决无失所。利三。以一路控八九省之冲，人货辐辏，贸易必旺；将来汴、洛、荆、襄、济、东、淮、泗，经纬纵横，各省旁通四达不悖，岂惟有养路之资费，实可裕无穷之饷源。利四。近畿有事，三楚旧部，两淮精兵，电檄一传，不崇朝而云集都下；或内地偶有土寇窃发，发兵征讨，旬日立可荡平；征兵之道，莫此为便。利五。中国矿利，惟煤铁最有把握。太行以北，煤铁最旺而最精，然质最重，路最艰。既有铁路，则辇机器以开采，用西法以煎熔，矿产日多，大开三晋之利源，永塞中华之漏卮。利六。海上用兵，首虑梗漕。东南漕米百余万石，由镇江轮船溯江而上，三日而抵汉口，又二日而达京城。由卢沟桥运赴京仓，道里与通州相等，足以备河海之不虞，辟飞挽之坦道，而又省挑河剥运之浮糜。较之东道王家营一路，碍于黄河下流者，办理最有把握。利七。"

张之洞还指出了修建卢汉铁路的具体构想。不同于其他诸臣只提建议毫无实际，张之洞不仅提出修建卢汉铁路，而且构想了修建的步骤。他指出，干线应该分段修筑："拟分自京至正定为首段，次至黄河北岸，又次至信阳州为二、三段，次至汉口为末段。中原地势平衍，工力可省，若令承办员匠核实撙节估计，大约每里不过五、六千金，一段不过四百万内外。合计四段之工，须八年造成，则款亦八年分筹。中国之大，每年筹二百万之款，似尚不至无策。开办之始，先就首段估造。俟本段工竣，余段以次推广。其筹款之法，除由铁路公司照常招股外，应酌择各省口岸较盛，盐课较旺之地，分别由藩运两司、关道转发印票股单，设法劝集。集股多者，股商及承办之员优予奖励。并准该公司援照前案，暂借商款垫解，以资周转。”关于修建铁路所需铁轨，他也有设想：“至购买铁料，取之海外，则漏卮太多，实为非计。查山西之铁，产自平定、盂县者，可运致于获鹿县。产自泽、潞者，可运致于清化镇。铁轨非同船炮，取材不在至精，土炼之产，虽逊洋铁，亦足济用。即使价值略贵几微，其财仍散在中国，不宜斤斤计较。应一面迅速于正定、清化分置炼铁机炉，以供取用。除首段动工，参购洋料外，其余悉用土铁，以杜外耗，庶几施工有序，而藏富在民。”

张之洞，1837 年生，祖籍直隶南皮，科甲正途出身，1863 年曾中殿试一甲三名（探花）。此后进入仕途，长期作为清流健将。中法战争前任山西巡抚，后任两广总督兼署广东巡抚。在担任督抚之前，张之洞作为清流，对洋务并不熟悉。担任山西巡抚后开始致力洋务，被称为洋务运动“殿军”。有论者认为，张之洞反对津通主张卢汉是与李鸿章争权，虽未必准确，不过张之洞作为洋务运动的后起之秀，想在洋务方面有一番作为是肯定的。

张之洞出身清流，极善于写文章。他的奏折宏大精深，论述全面，对清廷产生了很大影响。1889 年 5 月 5 日，朝廷下旨：“前因筹议铁路事宜，谕令沿江沿海将军督抚各抒所见，以备采择。嗣据陆续复奏，详加披阅。其偏执成见，不达时势，及另筹办法，尚未合宜者，毋庸议外，张之洞、刘铭传、黄彭年所奏，各有见地。而张之洞所议自卢沟桥起，经行河南达于湖北之汉口镇，划为四段，分作八年造办等语，列为详尽。此事为自强要策，必应通筹天下全局。海军衙门原奏，意在开拓风气，次第推行，本不限定津通一路，但冀有益于国，无损于民，定一至当不易之策，即可毅然兴办，毋庸筑室道谋。着总理海军事务衙门即就张之洞所奏各节，详细复议奏明请旨。张之洞、刘铭传、黄彭年折各一件，均着钞给阅看。”[①]至此，修建铁路成为清王朝“毅然兴

① 宓汝成：《中国近代铁路史资料》第 1 册，中华书局 1963 年版，第 170～171 页。

办”的“不易之策”，关于是否应该修筑铁路，再无争论。

五、关东铁路的修建

朝廷支持张之洞缓建津通铁路改建卢汉铁路的主张，奕譞、李鸿章等人也只能附和。1889 年 8 月，湖广总督裕禄“力陈不可”，清廷将其调离，委派张之洞为湖广总督，令他与直隶总督李鸿章一道“妥筹开办”卢汉路。同月，张之洞离粤赴鄂，由两广总督改任湖广总督，目的就是督办卢汉铁路（南段，北段由直隶总督李鸿章督办）。同年 10 月，张之洞向朝廷上筹办铁路意见折，提出了自己的筑路方针。

张之洞指出：就今日铁路一事论之，则不外耗为本，计利便为末，储材为先，兴工为后。在张之洞看来，向外国借洋债、买洋铁会形成大量利息损耗，导致“外耗”。而铁路本来是用来制造利源的，利源未至，外耗先至，舍本逐末。因此，张之洞提出不借洋债、不买洋铁，筹建铁路的次序应该是：积款、采铁、炼铁、教工四事为先，而勘路开工次之。当时估计整个卢汉铁路花费需要银 3000 万两左右，如何积款呢？张之洞提出：“试就海署原奏需款三千万，限期十年之数计之，若将郑工新改海防捐例再酌减一二成，每年可收一百万以外至二三百万。洋药税厘除户部指拨外尚有盈余，每年亦可指拨一百万，此两款每年将及三百万，由户部提存专储为铁路之用。若仍不敷，竣工稍展一二年似亦无妨。”每年积款三百万两，十年差不多能积完。

积款需要漫长的时间，铁轨也需要自己准备。张之洞筹建了汉阳铁厂。该厂于 1891 年开工，1894 年投产。然而，正如研究者指出：汉阳炼铁厂在从筹备到开工以及此后经营的过程中，违背客观规律和经营法则的情况屡屡出现，严重影响了建厂速度，产品质量和经济效益也无法保证。[①] 汉阳铁厂

---

① 冯天瑜、何晓明：《张之洞评传》，南京大学出版社 1991 年版，第 115 页。

并未起到张之洞设想的开利源的结果，反而造成了大量浪费；其所造之钢也因含磷过高而无法制造铁轨，当然这已经是后话。张之洞还提出培养铁路人才，他指出，目前宜即拣派曾经出洋学生一二十人，分赴铁路各国专习此艺，待两年回华指授工匠，展转传习，则工作并可无需洋匠多人。

无论是积款、炼铁还是储材，都需要耗费大量时间。张之洞提出：前六七年积款、积铁，后三四年兴工建造，两端并举，一气作成。至此，张之洞的筑路总方针可以概括为：储铁宜急，勘路宜缓，开工宜迟，竣工宜速。①

应该指出，拒用洋债、洋铁并非张之洞一个人的主张，当时朝廷当政者"皆以洋债为虑"，对洋债的担忧弥漫了整个上层统治者。然而，不借洋债、不买洋铁，铁路何时才能真正修建呢？历史没有给卢汉铁路太长的时间，就在张之洞紧锣密鼓筹备的时候，1890年春，中国铁路的局势再次起了变化。

李鸿章对张之洞的筑路主张本就不以为然，认为其"抑扬铺张""大言无实"②。他的专注点还是山海关内外铁路。1889至1890年间，李鸿章组织将天津至唐山铁路向东扩展，经开平至古冶，长15公里，又修建古冶至林西矿支线9.2公里。此时，沙俄正在修建西伯利亚大铁路，日本也加紧侵略朝鲜。为应对东北日益紧张的局势，维护其统治，1891年3月，清廷颁发上谕，批准总理衙门兴办东三省铁路（即关东铁路）的奏请，着该衙门会同李鸿章妥筹具奏。当年，李鸿章派津沽铁路工程师金达、柯克斯等前往关外进行线路踏勘。次年2月，李鸿章派员进行第二次踏勘。原议以营口为起点，珲春为终点，中间经过盛京、吉林。经两次踏勘后，认为由吉林至珲春，人烟稀少，山高岭峻，工大费巨，并且珲春地处图们江右岸，逼近俄境，安全保障较

---

① 宓汝成：《中国近代铁路史资料》第1册，中华书局1963年版，第185～186页。
② 宓汝成：《中国近代铁路史资料》第1册，中华书局1963年版，第185～186页。

弱，该段宜留待将来再建。从而提出，修建关东铁路，应先从古冶林西镇起，将唐津铁路展筑至山海关。然后出关经锦州、新民至盛京，再至吉林；另从盛京建一支线以达营口。这样由内达外，渐及于远，方为可取。即依此定为线路方案。

1891 年 4 月，清廷颁发上谕，决定缓建卢汉铁路，先修关东铁路，着派李鸿章督办一切事宜，并派裕禄会同办理。所需经费，着户部将原议修建卢汉铁路每年筹拨之银 200 万两，自本年起移作关东铁路专款。计划中的关东铁路总里程为 1160 公里，整个预算高达白银 2050 万两。同年，清廷成立北洋官铁路局修建关东铁路，从而使该路成为中国第一条官办铁路。关东铁路兴办后，山海关内外铁路形成了"官商两轨"的格局。由天津至古冶段，历时十年，已经建成，由中国铁路公司集商款建成，是为商路；筹备中的关东铁路，即古冶以东，为官款官修，是为官路。由于官商分局，旅客乘坐火车到古冶需要另换车票，非常不便。① 直到 1896 年，将商办的天津至古冶铁路改为官办，将中国铁路公司与北洋官铁路局合并，更名为津榆铁路总局。

早在 1890 年关东修路工程就已经从古冶开始向东修建了。该段地势平坦，但是滦河大桥长 670 米，因河床沙层很深，桥墩建成后被洪水冲走。后来采用了詹天佑工程师提出的气压沉箱法施工问题才得以解决。此外，由于移拨的卢汉铁路的官款未能按时拨付，工程进展缓慢。光绪二十年(1894 年)天津至山海关通车。关内铁路通车后，关外铁路继续修建，同年修至中后所(今辽宁绥中)，已东出山海关 64 公里。1894 年，中日甲午战争爆发，关内外铁路工程被迫停工。

---

① 宓汝成：《中国近代铁路史资料》第 1 册，中华书局 1963 年版，第 196 页。

滦河桥施工(1894 年)

詹天佑主持修建的关东铁路滦河大桥

据朱从兵先生的统计，至中日甲午战争爆发前关东铁路建设停工，共计使用经费白银500万两。[①] 从1881年唐胥铁路的修建到中日甲午战争前，整个山海关内外铁路，西起天津，东到中后所，一共建成348公里，后来延伸为“关内外铁路”“京奉铁路”和“北宁铁路”（建设过程详后）。

关东铁路修建过程中，支持铁路事业的醇亲王奕譞于1891年1月1日病逝，终年51岁。奕譞柄政七年间，在强大舆论压力下，支持铁路、电报、海防等事业，推动了中国近代化事业的发展。同时，他也对慈禧言听计从，耗费财力修建颐和园工程等，对朝政败坏应承担部分责任。是非功罪，历史自有公论。

中日甲午战争之前，中国修筑铁路总里程约485公里，分别是唐津铁路及关东铁路348公里，台湾铁路107公里，大冶矿区铁路30公里。

铁路的知识和信息自19世纪30年代开始传入中国；60年代，一些外国商人试探在中国修建铁路，同时，清廷内部对是否修建铁路展开讨论，如1880—1881年、1888—1889年的两次朝廷大规模讨论，其间还有很多学者著书立说，讨论铁路利弊。1889年5月，清廷下诏将铁路定为“自强要策”“不易之策”，结束了这场持续几十年的争论。

在此过程中，对铁路的支持与反对意见，似乎不能简单以守旧、开明两派划分畛域。反对铁路的意见里固然有以破坏风水、败坏社会风气为理由

① 朱从兵：《李鸿章与中国铁路》，群言出版社2006年版，第315页。

者，但并不占多数。揆诸历史文献，两派的真正焦点实际在于资金与路权问题，即以清廷拮据的财政收入如何应对庞大的铁路建设支出。没有资金，如借助外债，如何保证国家利权不受损失。这一点即使是铁路的支持者李鸿章、张之洞也含糊其词。刘铭传在台湾铁路设想以官督商办，由商人集股兴办，实践不到一年即告失败，不得不改为官办，艰难维持。随着铁路定为国策，对铁路的政策观念问题已经解决，但资金问题依然存在。对于步履蹒跚的晚清时期的中国铁路来说，真正的挑战才刚刚开始。

第二节　甲午战争后清政府铁路政策初步形成

1894 年，中日甲午战争爆发，战争的惨败给中国带来了深重灾难。战争对铁路史的影响也极为深远。从外部来说，战争使中国国际地位急剧下降，列强在华划分势力范围，开始直接修建经营铁路；对内而言，战争的失败也深深刺痛了国人，朝野纷纷将修建铁路视为当务之急。张之洞那种愚公移山般的筑路思路再也没有人耐心地去等待，快修、大修成为主流思潮。清廷起初属意商办，但因民间资金匮乏，招股无力，只得大举借用洋债。清廷成立铁路总公司，通过向外国借款修建卢汉铁路，正式确立“以路权换资金”的借债筑路模式。戊戌变法期间，清廷成立矿务铁路总局，希望通过扶持商办铁路扭转太阿倒持的局面。

一、卢汉铁路筹款

1895 年初，中日甲午战争结束，清廷苦心经营十余年的北洋海军全军覆没。同年 3 月 12 日，海军衙门被裁撤，其兼管的铁路事务重归总理衙门掌管。此时的总理衙门大臣是 1894 年被重新启用的奕䜣。历史仿佛又回到了20年前，不过一切已物是人非：奕譞已经离世；李鸿章因甲午战败失势；奕䜣被废黜十年后重新启用，早已无心作为。至少对于铁路史来说，这些曾经的"风云人物"已经不再重要。

1895年7月19日，清廷颁发上谕，宣布"力行实政"。此时光绪帝已经亲政，上谕里充满了年轻皇帝知耻发奋的紧迫感："自来求治之道，必当因时制宜，况当国事艰难，尤应上下一心，图自强而弭隐患。朕宵旰忧勤，惩前毖后，惟以蠲除痼习，力行实政为先。叠据中外臣工条陈时务，详加披览，采择实行。如修铁路、铸钞币、造机器、开矿产、折南漕、减兵额……"[①]修铁路被视为新政之首，朝廷要求各地方官员一个月内就本地情形筹划实施办法。

同一日，张之洞上《吁请修备储才折》，奏折建议"宜亟造铁路也"："方今地球各国，无一国不有铁路，千条百道，交错纵横，军民农商，事事称便。至各国专设有铁路学堂，并设有各国铁路公会，每两年大会一次，互相讲求。即以日本论之，该国变法才二十年，而国势日强，几与各大国抗衡。寻其收效之著，实莫如铁路一端。盖版图既广，其利不能兴，弊不能去者，皆由地势阻隔，不能相通故也。铁路成，则万里之外旦夕可至，小民生业靡不流通，朝廷耳目靡不洞达，山川之产靡不尽出，风俗之陋靡不尽除。使中国各省铁路全通，则国家气象大变，商民货物之蕃息当增十倍，国家岁入之数亦增十倍。至于调兵捷速，可省多营；转漕无阻，可备海梗；民间省差徭科派之困，官吏无驿站办差之累。"

具体到修筑路线，张之洞还是提出应先修建卢汉铁路，他指出："中国应开铁路之地甚多，当以卢汉一路为先务。此路南北东西皆处适中，便于通引分布，实为诸路纲领，较之他路之地处一偏，利止一事者，轻重缓急，大有区

---

① 宓汝成：《中国近代铁路史资料》第1册，中华书局1963年版，第199～200页。

别。若巨款大举而不先造此路，以后物力愈绌，恐难再举。”只不过，张之洞不再坚持自己几年前的筑路思路，而是提出三年修成。关于最重要的资金问题，张之洞提出：可使洋商垫款包办……成后准其分利几成，年限满后，悉归中国。[①]

1895年年底，清廷发布上谕指出：铁路为通商惠工要务，朝廷定议，必欲举行。[②] 措辞之坚决，史无前例。对于铁路作用的认识，也到了其“通商惠工”的程度，不再局限于军事价值。上谕宣布了两条铁路的修筑计划：一是津芦铁路，使用官款修筑（建设过程详后）；二是卢汉铁路。对于卢汉铁路的修筑计划，上谕指出：“至于卢沟南抵汉口干路一条，道里较长，经费亦巨，各省富商如有能集股至千万两以上者，著准其设立公司，实力兴筑。事归商办，一切赢绌，官不与闻。如有成效可观，必当加以奖励。将此宣谕中外知之。”

上谕发布后，立即引起很多外国商人的兴趣，“各国洋人纷纷赴京向其公使处营谋承办铁路，不下数十人”[③]。一些买办、掮客也纷纷活动。张之洞此时坚决反对华商集股兴办，他在写给总理衙门的电文指出：“此乃国家大政，华商断无此巨款，且亦不可令商操此道路之权。若请集股者，必系洋商托名附股。所有自请集股者，必系洋商托名附股。所有自请集股承办之官员，报效包揽之洋商，皆系贪狡妄人，务望驳斥不理。”此时，张之洞似乎推翻了自己几个月前提出的“洋商垫款包办”的思路，而是主张向外借款：外洋惟借款修铁路最为乐从，款巨而息轻，以为此债最稳固也。即可以本路作押，

① 宓汝成：《中国近代铁路史资料》第1册，中华书局1963年版，第200～201页。
② 宓汝成：《中国近代铁路史资料》第1册，中华书局1963年版，第205页。
③ 宓汝成：《中国近代铁路史资料》第1册，中华书局1963年版，第222页。

无须海关作保。[1] 在张之洞看来，对外借款修路最为划算，而且以铁路作为抵押而不是以海关收入作为抵押，也是一项优势。

1896年4月，已有在籍道员许应锵、商人方培尧、候补知府刘鹗、监生吕庆麟四人号称已经集股千万，申请修路。4月24日，朝廷上谕：卢汉铁路，关系重要。提款官办，万不能行，唯有商人承办，官为督率，以冀速成。王文韶、张之洞均系本辖之境，即著责成该督等，会同办理。道员许应锵等，分办地段，准其自行承认，毋稍掣肘。并著该督等，详加体察，不得有洋商入股为要。[2] 朝廷上谕表达了三层意思：一是，卢汉铁路使用官款是万不可能的，必须招商股修筑。许应锵等四人既已集款，就让他们分段承办。二是命王文韶（此时接替李鸿章担任直隶总督）、张之洞会同办理。之前李鸿章与张之洞政见迥别，导致卢汉铁路拖延7年，迟迟无果。王文韶则与张之洞政见相合，这是建造卢汉铁路的积极因素。三是不得有洋商入股，这种思路早在近30年前李鸿章就提出过。

朝廷对筹集商股似乎信心十足，王文韶和张之洞则不以为意。他们都不相信许、方、刘、吕四人能筹集到千万巨款，都怀疑背后有洋人插手，而这也是朝廷上谕要求提防的。随后，王、张二督组织对四人进行面询、调查，到1896年8月，调查结果出来：方、刘、吕三人背后均是西洋股份，许号称已经集款700万两，但并无实据。商股商办卢汉铁路的计划实际上已经无法推进。当然，这或许正是王、张希望的结果。因为在此之前，他们已经与晚清铁路史上的另一个重要人物频频通电传书，谋划起了与朝廷谕旨完全不同的筑路计划，这个人就是盛宣怀。

---

① 宓汝成：《中国近代铁路史资料》第1册，中华书局1963年版，第222页。

② 宓汝成：《中国近代铁路史资料》第1册，中华书局1963年版，第225页。

盛宣怀(1844—1916),江苏武进人。1870年入李鸿章幕府,深受李鸿章赏识;1879年署理河间兵备道,1884年署任天津海关道,1886年实授山东登莱青道兼烟台海关监督,1892年接任天津海关道兼津海关监督。盛宣怀一直致力于洋务事业,先后创办湖北煤铁开采总局、督办轮船招商局、中国电报总局,总管华盛纺织总厂。在李鸿章的支持下,盛宣怀成为洋务事业的重要参与者。中日甲午战争后,李鸿章失势,盛宣怀地位也岌岌可危。不过,新任的直隶总督兼北洋大臣王文韶与盛私交很好,盛以师礼待之。王文韶继续眷顾、保护盛宣怀,使盛不仅逃过了可能的被黜,反而事业更上一层楼。当然,王保护盛也并非仅仅出于私交,更重要的是看中了盛的洋务才能。盛宣怀与张之洞也早有来往,中日甲午战争前,二人即有合作。只不过当时盛还属于北洋系,与张之洞交往不深。

朝廷商办卢汉铁路的上谕发布后,盛宣怀立即与王文韶、张之洞联系,宣扬自己官督商办、借洋债修路的思路,经过几个月的频繁通电,三人思想达成了一致。许、方、刘、吕四人并无筹款能力的调查结果出来后,三人更坚定了自己的主张。

1896年9月2日,张之洞、王文韶会奏《卢汉铁路商办难成另筹办法折》。[①] 折内详细汇报了查验四起商资的过程和结果:“是四人者,其行径不必尽同,而全恃洋股为承办张本则无不同,分地承办各节,均可毋庸置议。”这就否定了朝廷原来设想的商人商办卢汉铁路的设想。张、王二督提出如下设想:

一是官款无资金,商股难以筹集,惟有暂借洋债造路,陆续招股,分还洋

---

① 张之洞:《卢汉铁路商办难成另筹办法折》(光绪二十二年七月二十五日),苑书义等主编:《张之洞全集》第2册,河北人民出版社1998年版,第1183~1188页。

债之一策。

二是铁路借用“洋债”，但杜绝“洋股”。洋债与洋股迥然不同：路归洋股，则路权倒持于彼；款归借债，则路权仍属于我。希望既借款又能保持路权。

三是中国修建铁路，必须“专设大员，官督商办”。建议朝廷设立一个卢汉铁路招商公司，“专设大员，官督商办，并准由公司一面招股，一面借债”。他们推荐盛宣怀总理该铁路公司，先造卢汉干路，再统筹全国铁路。

王、张二督的奏折实际上改变了朝廷既定的商股商办的政策，转向借债官督商办的方向。因兹事体大，朝廷不得不三思而定。1896 年 9 月 15 日，总理衙门命盛宣怀即刻来京，以备咨询。

盛宣怀随后进京，在京城多番活动，取得一些重要朝臣的支持。1896 年 10 月 12 日，总理衙门向朝廷上《奏请设总公司统筹南北铁路折》，并附盛宣怀说贴。奏折奏请设铁路总公司，令盛宣怀督办。拟从卢汉铁路办起，接着再办苏沪、粤汉铁路，以统一事权。至于经费，由公司招商股 700 万两；借洋债 2000 万两，商借商还；拨借官款 1000 万两；南北洋入官股 300 万两，由官、商并力举办。10 月 19 日，光绪帝召见盛宣怀，盛宣怀向光绪陈述自己的主张。10 月 20 日，清廷颁发上谕，授盛宣怀以四品京堂候补的官衔，命其督办铁路总公司，依照总理衙门所奏办理。[①]

至此，张之洞、王文韶、盛宣怀筹划半年多的新筑路计划取得阶段性成功。清廷最初设想的商股商办方针被否定，借债筑路成为定策。新设立的铁路总公司不仅督办卢汉铁路，而且取得了督办其他铁路的权力。对盛宣怀个人来说，从天津海关道升迁为四品京堂候补，掌握了督办全国铁路的权

---

① 宓汝成：《中国近代铁路史资料》第 1 册，中华书局 1963 年版，第 256～261 页。

力。未来十几年的中国铁路史，盛宣怀都将是极为重要的角色。

二、铁路总公司的成立

1897 年 1 月 6 日，清政府礼部所制“铁路总公司”印章正式启用，标志着铁路总公司正式设立开办。铁路总公司总部设在上海，先拨南北洋官款 300 万两作为开办经费，着手修建卢汉铁路卢沟桥至保定段及苏沪铁路的上海至吴淞段，立下公司根基，以有利于招股借债。

铁路总公司在体制上实行官督商办体制。官督商办在中日甲午战争前已经是兴筑铁路的主要形式，在轮船、电报等领域也均采取了这种形式。铁路总公司的“官督”首先是中央部门如总理衙门（外务部）、矿务铁路总局（详后）、商部（详后）等铁路管理机关对铁路总公司的督率，铁路总公司重要事项应向其汇报；其次是地方督抚如张之洞、王文韶等对铁路总公司的督导。督导范围朝廷也有明谕：“如勘路购地及设栈造桥等事，条绪极烦，该督等不得因荐举有人，遂尔稍宽责任，作事谋始，务策万全。”[①]但实际运行过程中，张之洞对铁路总公司借款、勘测等重要事项多有插手。

铁路总公司的“商办”体现在公司的筹款、购地、买料、修工等具体事务上的自主权。盛宣怀是铁路总公司存在十年间唯一的督办，掌握公司管理大权。铁路总公司下设 36 人组成的总董、帮董，类似“董事会”。实际运行中，“董事会”主要承担招股、监督等事项，其作用与现代董事会不可同日而语。此外，公司职能部门与人员配置为：造册处，领薪职员 5 名；收支处，领薪职员 4 名；稽核购地处，领新职员 4 名；复核汇票凭单处，领薪职员两名；

---

① 《光绪皇帝上谕》（光绪二十二年九月十四日），《清实录 · 德宗实录》卷 395，中华书局 1987 年版，第 57 册，第 156～157 页。

华文案处，领薪职员9名；电报处，领薪职员3名，另有法文翻译3人，洋帐翻译1人；还有负责工程的外籍总工程师上海公事房，洋参议、工程参议若干人。①

铁路总公司是官办公司，公司资金主要来自官款和国外借款，尽管成立之初公司也曾试图筹集商股，但并不理想。铁路总公司的成立，既是晚清铁路官办、借款修筑政策确立的标志，也是实现晚清铁路政策的主要方式。其设立初衷和职责并不是成立一个统一管理全国铁路的机构，而是掌管部分铁路借款、修筑及业务的机构。正如学者李国祁分析："铁路总公司虽无实在资本，却具有一种特殊的功能，即是使铁路事业在名义上转变为商营，作为减轻政府责任，抵制外人干预的工具，而实际上一切事务仍由政府主持。这即是盛宣怀所自称许的：'稍助公家之力，隐消萌蘖不少''且可泯各国窥伺之心，断却无数葛藤'。不幸这一套戏法并不能骗到外国人，洋人不相信盛宣怀或铁路总公司，所相信的只是中国实在的权益，而这些权益都须清廷切实予以承诺或担保，因此日后一切责任，一切交涉，仍须清政府出面承担。"②

铁路总公司存在期间(1897—1906年)，清廷先后成立了矿务铁路总局、商部等中枢铁路管理机关，但同时总理衙门、外务部等也有铁路管理职能。铁路总公司的主要职能是借款筑路，并不承担铁路审批等行政管理职能。在铁路总公司借款筑路的同时，关内外铁路、山西铁路等也分别由各地官员督办，与总公司无涉。正如铁路专家凌鸿勋所说："(铁路总公司)只是统一向外借款的筹划，其时尚有关内外铁路等仍独自设立督办大臣，不在总公司

① 孙凯：《盛宣怀与清末铁路总公司研究》，苏州大学2011年硕士论文。

② 李国祁：《中国早期的铁路经营》，台湾商务印书馆1977年版，第147页。

范围之内。故当时铁路总公司只略具总机构的雏形，究其实尚不是全国业务的总机构。”①

铁路总公司获得承办权的卢汉、粤汉、沪宁、正太、道清、汴洛等十余条铁路，在公司被裁撤前建成的只有京汉铁路。铁路总公司负责借款和购料，工程由债权方承办。即总公司与外国公司、银行签订借款合同之后就将该路的工程建设委托给债权方，由他们组织建设，这就是借哪国款用哪国人承办、运营的原则，这是在中国当时缺乏必要的铁路工程技术和人才形势下的无奈选择。② 同时，铁路总公司也自建了卢汉铁路卢保段，沪宁铁路淞沪段，株萍铁路萍醴段、醴株段等部分线路。

对铁路总公司的评价，历来褒贬不一。其存在近十年间，在内外交困、官款有限、商股无着的情况下，修筑了京汉、正太、沪宁、道清、粤汉路广三段、汴洛、株萍铁路的里数达到 1446.5 里，占到这一时期全部铁路里数的 40.81％。③ 尤其是建成了京汉铁路这样筹备多年而不得的长大干线，极大推动了中国早期铁路事业的发展，其筑路成绩应该得到肯定。但在筑路过程中，由于借款管理，造成铁路建筑权、经营权等大量丧失。但正如前文所说，当时承办铁路的机构除铁路总公司外，尚有关内外等铁路是由其他官员承办，其借款合同也与总公司签订的合同大同小异。这样看来，将丧权失利责任全部归于铁路总公司有失公允。

铁路总公司的筑路模式对于中国铁路史来说，还有一项特别意义：在铁

---

① 凌鸿勋：《中国铁路志》，沈云龙主编：《近代中国史料丛刊续编》第九十三辑，文海出版社，第 33 页。

② 孙凯：《盛宣怀与清末铁路总公司研究》，苏州大学 2011 年硕士论文。

③ 肯特著，李抱宏等译：《中国铁路发展史》，三联书店出版社 1958 年版，第 179 页。转引自孙凯：《盛宣怀与清末铁路总公司研究》，苏州大学 2011 年硕士论文。

路总公司成立之前，中国零星修建的铁路多是分段修筑，并无长远规划。铁路总公司的筑路则从一开始就从长大干线着眼，建设卢汉铁路这样的跨省干线。改变了过去由地方官员专注一地筑路的模式，这也是铁路总公司这样的全国性机构的意义所在。从日后的铁路史回看，这种筑路模式是符合中国国情的发展道路的。铁路总公司裁撤后，商办铁路风潮兴起，各省纷纷成立公司自办铁路。然而，各省铁路公司地方主义思想浓重，线路规划往往省界分明，互不相连。正如1906年5月商部在《请统筹全局线路折》中所描述的："各省所定之路线，往往省界分明，各存畛域。而揆之枝、干之若何维系，轨道之若何贯通，则各省官绅类未统规全局，通盘筹画。"[①]将铁路建设管理囿于省域范围，这显然是一种历史的倒退。

20世纪初，在收回路权自办的风潮之下，以借款筑路为主要业务的铁路总公司已经无法自存，遂于1906年裁撤。

三、"借债筑路"模式的确立

盛宣怀最初设想的资金筹集模式分为三种：商股（700万两）、官债（1000万两，视同商股，公司赢利后连本带息归还）、洋债（2000万两），另南北洋拨官股300万两作为启动资金。铁路总公司成立后，资金成了制约其发展的重要因素。

铁路总公司以"公司"命名而没有采用当时流行的"局"，有仿效西方股份制公司制度的含义。筹集民间资本修建铁路，这是世界铁路的主流发展道路，也是当时清廷的主要思潮。铁路总公司也积极筹集商股，不过正如张之洞、盛宣怀等人早已预料到的，在当时筹集商股非常难。据孙凯的研究，

---

① 宓汝成：《中国近代铁路史资料》第3册，中华书局1963年版，第1152页。

铁路总公司筹集商股主要有向各省招股、向华侨招股、以银行(中国通商银行)招股的方式三途,可惜这三种方式均不理想。[①]

官款是铁路总公司资金来源的一个重要环节。盛宣怀的设想是:“先请求朝廷入官股三百万两,拨官款一千万两投入卢汉铁路的前期工程建设。盛宣怀认为朝廷注资的作用,首先在于作为表率和保证,以此可以吸收商民入股;其二,建成的铁路可以作为抵押品,以此方便筹借洋债;洋债借得之后,卢汉铁路建成在望,那时商股自然愿意大量依附,然后再以商股来还洋债。政府的资金投入是整个筹款链条的起点,没有这笔启动资金,不但商股难招,而且洋债也难借。”[②]最终,铁路总公司共接收官款共计约 935 万两,其中 560 多万两用于建设卢汉铁路卢保段,其余用于建设淞沪、株萍铁路之用。[③]

商股落空,官款不足,铁路总公司只有借洋债一条路可走。在铁路总公司成立前后,张之洞等人已经陆续形成了借债筑路的几个重要原则:一是“路权第一”。张之洞曾谓,“借款之举,路权第一,利息次之。”铁路所有权、经营权的不丧失是张之洞考虑的重要问题。二是“商借商还”,即以铁路总公司为主体,款由公司借,债由公司还,所有债务与清政府政权无关。三是选择“小国远国”借款,认为小国远国野心小,不会过多索取权利。然而,处于劣势的中国,这些原则能够坚守吗?

确定贷款筑路后,盛宣怀先后接触了美、英、法、德等国。他起初于 1896 年 11 月 11 日与美国合兴公司(American-China Development Co.)代表柏

---

① 孙凯:《盛宣怀与清末铁路总公司研究》,苏州大学 2011 年硕士论文。

② 同上。

③ 金士宣、徐文述:《中国铁路发展史(1876—1949)》,中国铁道出版社 1986 年版,第 99 页。

许达成草议，委派该公司工程师李治进行卢汉铁路线路的初步勘测。此后美国人提出了苛刻的条件，盛宣怀无法接受。英国中英银公司与盛宣怀接触也较为频繁，其提出的条件较美国宽松，但是提出粤汉铁路也要借英国款修筑，如此一来，整个卢汉、粤汉就将被其控制，也为张之洞等所不取。此外，与德、法等国谈判均未有实效。

谈判期间，"欧洲小国"比利时逐渐引起了张之洞等人的兴趣。1897 年 3 月 17 日，比利时驻汉口领事法兰吉来见张之洞，声称奉比利时君主之命而来，愿意为卢汉铁路借款，称"比系小国，不干预他事，较诸大国为胜"。于是张之洞对比利时很有好感，选择比利时也符合他"小国远国"的原则。于是张之洞提出了借款的五项条件：第一，息只四厘；第二，丝毫无扣；第三，物料各国投标，物好价廉者定，不能必用比料；第四，比国丝毫不得干预；第五，借款唯有以路抵押，先借银，后造路。对于这些要求，法兰吉除第一项要求利息五厘五毫外，其余要求完全承诺。张之洞随即电告盛宣怀，与比商议借款合同，认为"比小国，流弊少"。[①] 张之洞认为比利时是小国，中国受到的干预威胁较少，这是当时选择比利时的主要原因。

1897 年 5 月 25 日，清政府督办铁路大臣盛宣怀与比利时银行工厂合股公司代表在武昌签订了《卢汉铁路借款草合同》。其主要内容是：借款 450 万英镑，利息 4 厘，九扣付款，期限为 30 年，国家批准，以路作押，五年竣工，用人行政权概归铁路总公司，督办用比籍工程师，其他外籍工程师人员由比公司选任，督办委派购办外料给佣金五厘，并可包办一半外料。合同期内，比公司不得由他国干涉，也不得将权力让与他人。

比利时以较为宽松优惠的条件与清政府签订了草合同。然而，在此后

① 宓汝成：《中国近代铁路史资料》第 1 册，中华书局 1963 年版，第 286 页。

的谈判过程中，比利时逐步露出獠牙，变诈百出、百般刁难、一次次推倒重来，条件越来越苛刻，清政府骑虎难下、节节退让，最后签订的正式合同与草合同相比极为苛刻。[①] 1898年6月26日，经过一年多的谈判，盛宣怀与比利时合股公司代理人俞贝德签订了正式的《卢汉铁路比国借款续订详细合同》及《卢汉铁路行车合同》。

合同规定：借款总额为450万英镑，年息五厘，按九折交付；偿还期为30年；以本路及其所属一切产业为担保；由比国银行团派员监督铁路修建和经营；修路所需材料，除汉阳铁厂提供一部分外，皆由比国银行团承办。

《卢汉铁路行车合同》共10款，规定借款期间一切行车事务由比利时公司代理。比利时人掌握行车大权。在代办行车期内，每年提取2/10余利给予比利时公司作为酬金。也就是说卢汉铁路以后赢利了得先给比利时二成。

卢汉铁路借款合同使清政府损失巨大，主要体现在：

一是年息5厘，在当时国际金融市场已经属于高息；9扣意味着中方借款450万英镑，实际仅能得到405万英镑，事后却需要按450万英镑向债券持有者清偿本息。

二是卢汉铁路卢沟桥至保定段是铁路总公司使用官款修建的，比利时借款修建的只是保定至汉口段。可是在担保抵押时抵押的却是卢汉铁路全线，建成后比方提取行车余利也按全路计算。

三是李鸿章、张之洞等人一直反对洋股，主张洋债。股者，投资也，可以直接从收益中获利；债者，借款也，借款人只能获得利息收入，不应觊觎未来

① 具体谈判过程可参照金士宣、徐文述：《中国铁路发展史（1876—1949）》，中国铁道出版社，1986年，第86～96页。

收益。可是,比国借款合同明明是借债,比方却可以享受入股才有的权利(提取二成余利)。这种"债转股"的行为形同劫掠。

卢汉铁路合同是铁路总公司成立后签订的第一个合同。合同签订之前,晚清借债筑路政策只限于理论探讨,并无实际,朝廷甚至对商办还念念不忘。此合同的签订,标志着晚清借债修路政策在实践上正式形成。有学者指出,卢汉铁路借款交涉"其结果是一步步地脱离张之洞等人所设计的模式,成为列强在19世纪末攫取铁路利权、瓜分势力范围的蓝本。"[①]卢汉借款合同签订后,"大举借债之潮流,乃如黄河横决不可遏抑矣"[②]。1897年至1906年的十年间,中国与外国签订的铁路借款合同共计有12个,除了1897年7月签订的关内外铁路关外段的合同和1899年9月签订的津镇铁路借款草合同外,其余十个合同都是盛宣怀以铁路总公司的名义与各国签订的,兹将这些借款合同列表如下。

铁路总公司签订的铁路借款合同表

序号	合同名称	签订日期	签约对方	主要内容
1	卢汉铁路比国借款续订详细合同	1898年6月26日	比利时银行工厂合股公司	借款总额为450万英镑,年息5厘9折交付,债期30年,以路做抵;修路所需材料,除汉阳铁厂提供一部分外,皆由比国银行团承办。(另订有行车合同)
2	苏杭甬铁路草合同	1898年10月15日	英国怡和洋行	比照《沪宁铁路草合同》办理(1908年3月6日,外务部、邮传部与英国中英银公司签订正式合同)

① 马陵合:《晚清外债史研究》,复旦大学出版社2005年版,第175页。

② 曾鲲化:《中国铁路史》,北平燕京印书局1924年版,第97页。

续上表

序号	合同名称	签订日期	签约对方	主要内容
3	浦信铁路草合同	1899 年 1 月 6 日	英国怡和洋行	比照《沪宁铁路草合同》办理(该合同后未实施)
4	广九铁路草合同	1899 年 3 月 28 日	英国怡和洋行	比照《沪宁铁路草合同》办理(1907 年 3 月 7 日外务部与英国中英银公司签订正式合同)
5	粤汉铁路借款合同	包括 1898 年 4 月 14 日签订的《粤汉铁路借款草合同》和 1900 年 7 月 13 日签订的《粤汉铁路借款续约》	美国华美合兴公司	借款 4000 万美元,九折交付,年息 5 厘,提取 20%余利,债期 50 年,工期 5 年,附加沿线煤矿开采权,以路做抵,债权方在债期内有筑路及行车管理权
6	正太铁路借款合同	1902 年 10 月 15 日	俄国华俄道胜银行	借款 4000 万美元,债期,年息 5 厘,9 折交付,以路做抵。(另订有行车合同)
7	沪宁铁路借款合同	1903 年 7 月 9 日	英国中英银公司	贷款不超过 325 万英镑,年息 5 息,债期 50 年,9 折交付,以路作抵,提取余利 20%(1898 年 5 月 13 日,铁路总公司曾与怡和洋行签订《沪宁铁路草合同》,主要内容是:借款额不得超过 300 万英镑,年利 4.5%,期限 50 年,提取余利 20%)
8	汴洛铁路借款合同	1903 年 11 月 12 日	比利时铁路合股公司	借款 2500 万法郎,利息、期限及完工后代管行车、余利等,均依照卢汉铁路比债成例规定(另订有行车合同)
9	道清铁路借款合同	1905 年 7 月 3 日	英国福公司	借款 70 万英镑,9 折交付,年息 5 厘。以其中的 61.46 万英镑拨交福公司,作为抵付修建道清铁路已用款及息银镑亏,剩下的 1.54 万英镑留作行车经费(另订有行车合同)

由此，中国铁路路权大量丧失的时代正式开始了。概言之，这些借款合同一是丧权过大，二是失利过多。

丧权方面主要有：

(1)管理权。即修路管理权、行车管理权均由借款公司代办。

(2)用人权。如总工程师、会计师、行车总管等均由借款公司指派。

(3)购料权。铁路所需材料由借款公司代为定购。

失利方面主要有：

(1)折扣。各路借款多照九折实收，而还本付息则按虚值。

(2)余利。如每年以各路余利的十分之二付给借款公司。

(3)经纪费。如购料要付2%酬金，还本付息要付佣金2.5%。

(4)贴水。如先期还款每百元加2.5元。

卢汉铁路开启的“丧权失利”借款模式，是晚清时期的中国在国力衰微的情况下发展铁路的无奈选择。借债筑路模式条件虽然苛刻，但是就铁路建设本身来说成效快(如卢汉铁路1905年即全线贯通)，铁路所有权依然属中国所有(与直接由外国建设经营的中东铁路、胶济铁路、滇越铁路有本质区别)。在当时的情况下，借债筑路模式对中国早期铁路网的形成起到了一定积极作用。张之洞选择“小国远国”比利时，虽然被其狮子大开口，索取多种利益，但在后来赎回卢汉铁路过程中，毕竟因比利时是小国而成事较易(过程详后)。

四、矿务铁路总局的兴废

中日甲午战争后，中国铁路建设陡然加快。然而，问题也随之出现：一方面是铁路总公司成立后借债修路，导致丧权失利，引发无穷后患；另一方面，外国列强在华划分势力范围，直接建设经营铁路，直接侵犯主权。列强以铁路为工具进一步侵入中国腹地，甚至瓜分国土，这是从早期论争时就一直被担忧的问题。如今，担忧变为现实，清廷为维护其统治不得不予以防范。

光绪二十四年(1898)三月，盛宣怀在写给张之洞的信中提道："救分裂之弊宜合纵。故铁路莫妙于专设机关，由国家借各国巨款，设总公司。"①盛宣怀从战国时期六国合纵的典故中汲取智慧，提出国家设立专门的铁路机关，统一管理借款等铁路事业，希望通过国家总体顶层设计，打破各列强分裂蚕食中国铁路的现状。盛宣怀设想的这个"总公司"，显然不是1897年已经成立并由自己担任督办的铁路总公司。铁路总公司虽然成立，但是朝廷并没有明确赋予其统管全国铁路的权力。实际情况是，除了铁路总公司筹办的卢汉等铁路外，顺天府尹胡燏棻督办的关内外铁路，工部侍郎许景澄督办的中东铁路，1898年5月，山西与俄国华俄道胜银行签订《柳太铁路借款合同》准备建设太原至柳林堡的铁路，同月，日本逼迫清政府取得在福建修建铁路的特权，容闳也在积极引入外资修建津镇铁路等。这些活动都是铁路总公司之外的筑路活动。

铁路总公司虽有"总公司"之名，但并没有总揽全国铁路的权力，而盛宣怀设想的正是这样一个总揽全国铁路权力的机构。

同时期，清政府詹事府官员黄思永上奏朝廷，也表达了类似的意思："由国家速设铁路、矿务两大公司，所有中国之路、矿两项，统归总公司筹款主持，无论华商洋商，皆准附股。勿专借一国之债，专附一国之股；亦不允一国自专一处之路，自指一处之矿。股本统由公司招集，转发各省，次第兴办。所得之利，亦皆汇归公司，按照定章，均分平给。不以一处之路矿计其盈亏，不以一事之兴衰定其作辍。而一切管辖之局，朝廷主之，公司任之，各国不得干预。"②

① 宓汝成：《中国近代铁路史资料》第2册，中华书局1963年版，第523页。

② 宓汝成：《中国近代铁路史资料》第2册，中华书局1963年版，第523页。

此论极为宏阔，设想也极为宏大，不具备操作性。不过，其主要思想似乎被清政府接纳。1898年6月，清廷下《定国是诏》，开始维新变法。变法期间，光绪下令取消詹事府、通政使司、光禄寺、大理寺、太仆寺等机构，设立农工商总局、京师大学堂等机构。矿务铁路总局也于这一时期设立，具体日期为1898年8月2日。是日，清廷下诏："铁路矿务，为时政最要关键，现在津榆、津卢铁路，早已工竣。由山海关至大凌河一带，亦筹款接济。其粤汉、卢汉两路，均归总公司建造。是干路规模，大段已具……惟路、矿事务繁重，诚恐各省办法未能画一，或致章程歧出，动多窒碍，亟应设一总汇之地，以一事权。著于京师专设矿务铁路总局，特派总理各国事务王大臣王文韶、张荫桓专理其事。所有各省一切公司事宜，俱归统辖，以专其成。"[①]

不同于盛宣怀、黄思永设想的筹建全国铁路的总公司，朝廷设立的是一个统管全国铁路事务的行政机构。随后，总理衙门立即照会各国驻华使臣："中国开矿造路等事，借用洋款，必须有矿务总局准办明文，方能作准。其有未经总局批准，私与洋商订立合同章程，无论办矿办路，成本若干，一概视同废纸。"[②]同时，也下令要求各省筑路借款前要报朝廷批准。

1898年11月19日，矿务铁路总局会同总理衙门奏定《矿务铁路公共章程》。此章程关于铁路的主要内容是：①矿、路分官办、商办、官商合办三种，以商办为主；官府不得干预公司事务。②集股以多得华股为主，必须已集华股三成，方准招集洋股或借用洋款；铁路管理权必须由华方掌握。③借用洋款，必须先禀明总局核准。[③]

这是一个令人印象极为深刻的文件，它的主要内容似乎与这个时代正

---

① 宓汝成：《中国近代铁路史资料》第2册，中华书局1963年版，第524页。
② 宓汝成：《中国近代铁路史资料》第2册，中华书局1963年版，第527页。
③ 宓汝成：《中国近代铁路史资料》第2册，中华书局1963年版，第527页。

在如火如荼进行的铁路建设现状格格不入：当时的卢汉铁路、粤汉铁路等条约均已按照借款筑路模式签订，章程却以商办为主，款从何来？从李鸿章到张之洞都一直反对洋股参建中国铁路，而章程则将洋股作为资金来源，这将如何保障路权？从章程本身来说，也是自相矛盾：华股三成就可开办，剩余七成比为外资，但章程又规定管理权必须华方掌握，如何实现？

尽管有种种缺陷，但我们还是应该对《矿务铁路公共章程》予以肯定。矿务铁路总局的设立和章程的颁布，核心使命就是希望通过行政手段扶持华商资本，控制外资入侵。只不过限于当时内外交困的环境，它的职能使命没有充分发挥。需要注意的是，清廷将路矿并提，共设一局，也并不是信手而为。路矿联系紧密，一些列强在商定借款合同时，会索取铁路沿线开矿权，如俄国借修建中东铁路取得沿线开矿权、美国借粤汉铁路借款取得沿线开矿权等。一些矿产企业取得开矿权后会夹带修建铁路权，不仅运送矿物，也试图兼以载客。因此章程规定："矿路本系两事，准分办不准合办。凡铁路公司所有沿路开矿章程，不得援案请办。即矿山准造支路到水口，以便载运矿产，亦只准造至最近水口，并不得搭客载货，侵占铁路利益。其有应造支路运矿之处，并须先行绘图，报明本总局查核。"既不允许铁路公司借修铁路开矿，也不允许矿业公司借机修建铁路。这一规定洞察时弊，针对性非常强。

《矿务铁路公共章程》颁布不到一个月，慈禧重新"垂帘听政"，维新变法被停止。矿务铁路总局虽然没有被裁撤，但是支撑其存在的"商办为主"思路根本无法执行，此后中国铁路继续借债修路，不断丧权失利。矿务铁路总局本身也变成了一个平庸的铁路管理机关。庚子事变后，清廷将总理衙门改为外务部。矿务铁路总局管理的所有路矿事宜随之改隶于外务部的考工司。矿务铁路总局被撤，但 1902 年重新设立。1903 年 8 月，商部设立，矿务铁路总局再次被撤。

矿务铁路总局在中国铁路史上的象征意义远大于其实际意义。它的出现，在一定程度上反映出清廷对西方各国掠夺路权的反抗，这也为后来的收回路权运动奠定了一定的法律基础。对铁路来说，它也反映了朝廷对商办铁路模式一直心怀好感，念兹在兹，这也为几年后商办铁路模式的正式出台奠定了基础。

中日甲午战争后，清廷决意大修、快修铁路。最初朝廷寄希望于民间资本筑路，但在实际运行中，因民间无力筹集巨款，同时也因张之洞、王文韶、盛宣怀等人的积极推动，清廷成立铁路总公司，开始借款筑路的模式。虽然借款筑路模式，丧权失利，但铁路核心所有权并未丧失，这一模式客观上推动了铁路的发展。清廷高层则似乎一直对商办模式念念不忘，在铁路总公司成立次年，即成立矿务铁路总局，希望通过行政手段扶持民间资本筑路。但该机构未能发挥作用。

以上是铁路管理体制方面的变化。从铁路建设的实际运行层面而言，中日甲午战争之后十余年，中国铁路建设有两条主线：一是以铁路总公司为主要组织者进行的借款筑路；二是列强直接建设经营铁路。

第三节　清政府的借款筑路

中日甲午战争后清政府的铁路建设，从资金而言包括两部分：一是借债筑路，主要是铁路总公司组织修建，这类铁路有卢汉铁路保定至汉口段、正太铁路、汴洛铁路、沪宁铁路、粤汉铁路、广九铁路、道清铁路等，另外还有关内外等未经铁路总公司之手而借债筑路的；二是使用自有资金自办铁路，主要有卢汉铁路卢保段、淞沪铁路、株萍铁路、西陵铁路等。其中，借债筑路无疑是主要的资金来源。

本节主要记述上述铁路建设情况。在具体记述方式上，将以线路为中心，而不是以资金来源进行划分，如卢汉铁路既有自有资金修筑的卢保段，也有借比国贷款修建的路段。以线集中，以免分散。

一、卢汉铁路的修建

卢汉铁路由北京卢沟桥至湖北汉口。1900 年八国联军入侵北京，法、英、比三国侵略军于 1901 年 3 月 16 日将其起点延筑至正阳门西侧，改称京汉铁路(为叙述方便，以下还称卢汉铁路)。该线由北京前门西站起向南，经保定府、枕头(石家庄)、顺德府(邢台)至河南省彰德府(安阳)，经新乡、郑州、许州(许昌)、信阳，穿过豫鄂两省交界的大别山脉鸡公山后进入湖北省，经花园、孝感，至长江北岸的汉口玉带门，干线全长 1214.49 公里。

卢沟桥至保定段由英国工程师主持修建，汉口至滠口段由德国工程师主持修建，其余均由清政府向比利时借款，由比利时工程技术人员主持修建。此线于 1897 年 4 月开工修建，1905 年 11 月全线建成，1906 年 4 月 1 日正式通车，工期历时近 10 年。该线全线建成通车后一直由比利时负责经营、管理，直到 1909 年 1 月清政府赎回，才成为国有铁路。

该线的勘测设计和施工均分为四段进行：卢沟桥至保定段、卢沟桥至北京段、保定至滠口段、滠口至汉口玉带门段。

1. 卢沟桥至保定段

该段长 132.73 公里，由英籍总工程师金达承办，采用英制标准，复线路基，标准轨距。1896 年 12 月开始草测，1897 年 3 月完成定测。路基、桥墩台按双线施工单线铺轨。路基顶宽 9.75 米，边坡 1∶1.5；路堑面宽 11.28米(包括水沟)。路基工程于 1897 年 4 月开工，1899 年 1 月完成铺轨，同年 2 月 1 日通车。所用钢轨有 48 公里购自英国，其余全为中国汉阳铁厂制造。

2. 卢沟桥至北京前门西站段

该段长 14.8 公里。1900 年八国联军入侵北京时，由法、英、比三国共同将卢保段从马家堡展至北京西便门和前门西，1900 年 12 月开始勘测，于 1901 年 3 月 16 日建成通车。

3. 保定至漯口段

该段长 1044.87 公里，1898 年 6 月清政府与比利时公司订立建筑卢汉铁路全线及代办行车合同后，比利时公司于 8 月组织南北两个测量队从保定及漯口分头初测，同年 10 月开始定测。为节省费用，该段改为单线路基，至 1901 年完成全段定测。线路限制坡度保郑间为 4‰～6‰，郑漯间为 4‰～15‰；最小曲线半径 400 米；桥梁载重等级为 E-10～E-50；钢轨重量 37～42 公斤/米，木枕。保定至漯口段施工是从南北两端分段进行：南端 1898 年 12 月开工，北端 1899 年 10 月开工。北端保定至窦妪段于 1899 年 10 月至 1900 年 3 月间开工。1901 年 3 月铺轨至定县，同年 6 月通车；1901 年 5 月铺轨至正定，1902 年 3 月通车；1902 年 8 月铺轨至窦妪，1903 年 4 月通车。窦妪至邢台段于 1901 年 5 月开工，1902 年 8 月至 1903 年 3 月完成铺轨，1903 年 4 月通车。邢台至安阳段于 1902 年 5 月开工，1903 年 3 月至 12 月完成铺轨，1904 年 3 月通车。安阳至潞王坟段 1902 年 10 月至 12 月开工，潞王坟至詹店间于 1903 年 5 月开工，1904 年 1 月至 9 月完成安阳至詹店间铺轨，1904 年 12 月安阳至潞王坟间通车，1905 年 3 月潞王坟至詹店间通车。南端荥泽（今广武）至郑州段于 1903 年 5 月开工，1904 年 4 月完成铺轨，1905 年 3 月通车。孝感至漯口段于 1898 年 12 月开工，1902 年 1 月至 3 月完成铺轨，同年 9 月通车。信阳至孝感段于 1900 年 12 月开工，1902 年 3 月至 8 月完成铺轨，1903 年 10 月通车。遂平至信阳段于 1902 年 6 月开工，

1903年5月至1904年1月完成铺轨，5月驻马店至信阳间通车。郑州至遂平段于1903年3月开工，1904年1月至11月完成铺轨，其间，1903年12月郾城至驻马店间通车；1904年3月郑州至郾城间通车。詹店广武间于1903年开工，需跨过黄河，黄河大桥于1903年9月开工，1905年11月15日建成。南线与北线在詹店接轨。

4.滠口至汉口玉带门段

该段长23.58公里。1896年张之洞聘德国工程师测量，采用标准轨距和复线路基(路基顶宽10米，后改为单线路基)，采用公制标准。此段地势平坦，采用坡度4‰；最小曲线半径500米；钢轨42公斤/米，木枕；桥梁载重E-10～E-50。工程于1897年7月开工，同年12月完成铺轨，1898年5月通车。当时草测曾达信阳，关键地段是勘测穿过武胜关垭口，并曾勘测由武汉转西北上，沿随县、枣阳、樊城到郑州及襄樊到洛阳等比较线，最后张之洞决定采用穿过武胜关到信阳线，线路经武胜关越岭地段采取长大陡坡。1897年3月至10月进行武汉至孝感的路线定测。

卢汉铁路原计划需库款平银4000万两，拟定由户部拨款1000万两，南北洋存款项下拨给300万两，招商股200万两，另一半则举借外债。实际筹资情况是，户部3次分别拨库银365万两、80.5万两、214万两，加上南北洋筹款276万两，共拨官银935万两。上述官款中，仅有562万两用于卢汉铁路，其余移建淞沪、株萍两路。据民国时期的统计①，京汉铁路修建过程中，共投入资金银元8963.4万元，其中建设经费为银元6797.7万元(折合白银约4500万两)。平均每公里造价银元53482.82元。

① 《交通史路政编》第7册，第1432～1433页，第1438～1439页，转引自金士宣、徐文述《中国铁路发展史(1876—1949)》2000年版，第83～98页。

京汉铁路(卢汉铁路加卢沟桥至北京段)沿线共修建桥梁 1178 座 18883 延长米,其中铁桥 975 座,石桥 202 座,木桥 1 座。桥梁设计载重等级为古柏氏 E-50 级。郑州黄河大桥是京汉铁路中的著名工程。该桥位于郑州市北郊邙山头,全长 3.015 公里,共 102 孔。自北京端起为 26 孔 31.5 米下承钢桁梁,52 孔 21.5 米上承板梁,24 孔 31.5 米下承钢桁梁,为单线铁路桥。设计载重等级合 E-35 级。1903 年 9 月开工,1905 年 11 月 13 日竣工。郑州黄河大桥是中国第一座横跨黄河南北的钢体结构铁路大桥。

卢汉线建有 2 座隧道。北段(北京至郑州)地处华北平原西部,地势平坦,地表一般为第四系地层,以黄土类土壤为主,很少修建隧道,只是在郑州以北黄河南岸穿越邙山时,建有一座邙山隧道,长 324 米。南段(郑州至武汉)在河南与湖北交界处的鸡公山区,建有武胜关隧道一座,长 341 米,是卢汉铁路第二座隧道,也是卢汉线最长隧道。

卢汉铁路,1906 年建成。图为卢汉铁路首趟列车开进北京城

卢汉铁路北京西站

卢汉铁路郑州黄河桥，1905 年建成，是新中国成立前最长的铁路钢桥

二、正太铁路的修建

正太铁路是华北重要交通干线之一。线路由石家庄西行，通过华北平原的西部边缘，经井陉，沿绵河河谷西进，穿越娘子关，进入山西境内。线路所经之处，地势起伏较大，河谷狭窄，山势陡峻，经过煤都阳泉，溯桃河而上，跨越海拔1100多米高土陉岭分水岭，沿潇河而下，绕经榆次，西抵达太原，全长243.3公里。

山西省矿产资源丰富，早在1898年，张之洞就曾提出开采山西的煤矿，炼制钢轨，以供修建卢汉铁路之用。当时山西巡抚胡聘之也很支持张之洞的建议，于1896年年中奏请清政府准予由山西商务局借外债兴建太原至正定的铁路，与卢汉衔接，以便运销山西的煤炭。同年，清政府决定修建卢汉铁路，并且以该路为干线，邻省可修建支线与之衔接。但在国力日衰的情况下，山西巡抚不得不于1897年5月提出向俄国华俄道胜银行借款的请求。上奏得到了清政府的批准，华俄道胜银行抢先取得了贷款权。

1898年5月21日，山西商务局曹中裕与华俄道胜银行代理人璞科第在北京签订《柳太铁路借款合同》。为了进一步压缩成本，合同约定：将正太铁路东端起点从正定城南移至柳林堡(今石家庄市桥东区柳林铺)，全长约500华里，工期三年，借款2500万法郎，年息六厘，25年本利还清。该合同第四条规定：铁路之宽窄、何处应设车站以及车站大小、火车客货车辆之多少等事均由银行代为酌核。而此时新上任的山西巡抚毓贤根据范宗泽等人提出“山西不宜修铁路”的观点，向总理衙门请求暂行停办，又因1900年八国联军侵华和义和团运动爆发，修路之事中辍。

义和团运动失败之后，俄国政府就指使华俄道胜银行璞科第以《柳太铁路借款合同》前约为据，于1902年6月向总理衙门提出申请，催促开办正太铁路。后来璞科第又致电山西巡抚岑春煊，要求将已订立的柳太铁路合同比照卢汉铁路合同予以修改。因事关重大，岑春煊未敢决断，遂上奏清政府将此事交外务部、矿务铁路总局及督办卢汉铁路大臣盛宣怀共同协商办理。9月7日，外务部和路矿大臣奉旨研究后复奏，决定由原来的商借商款改为官借商款，并请卢汉铁路大臣盛宣怀，按卢汉铁路办法与俄商妥订详细合同。1902年10月15日，盛宣怀奉命与华俄道胜银行驻上海分行总办佛威郎谈判。经磋商双方拟定了《正太铁路借款合同》28款和《正太铁路行车合同》10款。主要内容包括：向华俄道胜银行借款总数为4000万法郎，用于修建“正定府至太原府之铁路”，年息五厘，三年之内全路竣工，中国按所付利息数额的0.25％向华俄道胜银行支付酬金。

正太铁路合同签订后，不到两个月，华俄道胜银行代表佛威郎即于12月上旬致函盛宣怀，提出将正太铁路转让给法国巴黎银公司承办。原因是俄国正忙于东省铁路，无暇兼顾。清政府遂于1903年1月初准其所请。

1903年2月正太铁路准备开工时，清政府的官员才发现受聘的法国工程师坚持要用窄轨，当即提出反对。而璞科第以正太铁路“地势险阻、工程艰巨”为借口，坚持采用窄轨；外务部、盛宣怀以正太为卢汉分支，要“一气衔接”，坚持使用标准轨距。法国总工程司勘测后提出若修准轨需再追借6000万法郎。而华俄道胜银行坚决不允再加借款，双方相持达一年之久，最后清政府让步。

1903年，由法国总工程司组成测量队进行初测，按石家庄至井陉、井陉至上湖、上湖至太原三段进行勘测。

(1)石家庄至井陉长56公里，其中石家庄至获鹿长16公里，地势平坦，限制坡度为10‰。获鹿至井陉，线路甚陡，最大坡度达22‰，最小曲线半径为100米。自17公里至35.5公里，曲线达26处。抵46公里处后，线路纵坡改为向太原方向5‰的下坡，蜿蜒曲折至南张村站后，线路转向西北而达井陉。法国总工程师挨士巴尼在勘测线路时，为避开滹沱河大桥工程，缩短减工程量及费用，将正太路起点由正定府改至振头(石家庄)，名称仍为正太铁路。

(2)井陉至上湖长124公里，其间山河综错，险峻异常，尤以井陉至娘子关为甚。为了节省投资，缩短线路，由井陉折向北，绕山腰，就曲取直者达80多处方抵娘子关。娘子关至阳泉，线路改向西南，循绵水南岸至下盘石，跨绵水，循其北岸而行，至此，地势渐高，最大坡度达15‰，线路穿过10座隧道，四越绵河，抵达阳泉。阳泉至测石，线路行经河滩。测石至寿阳间山势骤升，坡度最大达18.4‰。过寿阳后线路下坡，沿寿水而行至上湖。

(3)上湖至太原长63公里，线路下坡，最大坡度为12‰，最小曲线半径100米。线路循寿水北岸而行，两跨寿水后改向正西，循涡水而抵榆次。过榆次后，地势平坦，线路平易，直至太原。

正太铁路主要技术标准：轨距，1000毫米；曲线半径，除石家庄至获鹿间及榆次至太原外，区间最小曲线半径为100米；坡度，太原方向的最大坡度为18.4‰，石家庄方向为15.8‰；桥梁荷载有E-24.5及E-35两种；钢轨全部为法国威昂式，28公斤/米；枕木，多为美松，每根钢轨配置11根枕木；道岔，正线10号，站线8号；股道有效长250米；路基宽度4米；全线路堤占54.6%。

该线施工由正太路第一任法国总工程司挨士巴尼统管。第一段：石家庄至乏驴岭，1904年4月正式开工，1905年7月竣工，同年9月开通。第二段：乏驴岭至下盘石，1905年4月开工1906年8月竣工，同年9月开通。第三段：下盘石至平泽村，1905年6月开工，1906年8月竣工，同年9月开通。第四段：平泽村至韩家城，1906年2月开工，1907年2月竣工，同年5月开通。第五段:韩家城至段廷,1906 年 3 月开工,1907 年 8 月竣工开通。第六段:段廷至太原,1906 年 5 月开工,次年 9 月竣工开通。

全线工程除石家庄至乏驴岭、乏驴岭至下盘石两段由外国人承包外,其余绝大多数工程均由中国包工承建。中国人实际参与了正太铁路的设计、测量,并担负了全线桥梁、隧道和一切附属物建筑的修建工作。1907 年 10 月,正太路全线竣工,共用三年半时间。建成后,线路总长 243 公里,设车站 35 个、桥梁 1200 多座、隧道 23 座。总长 3345 米,最长的隧道长 640 米。该线共投资银元 2072 万元,原借款 4000 万法郎,9 折交付,实收 3600 万法郎,折合银元 1500 万元,不够建设费用。法国提出继续借款,中国不允,后由清政府拨官款补充,至 1909 年共拨款银元 533 万元。

正太铁路石家庄站

三、汴洛铁路的修建

汴洛铁路由汴梁(今开封)至洛阳,是作为卢汉铁路的支线修建的。1904 年 10 月开工,以卢汉铁路的郑州车站为起点,分别向东西两个方向施工。汴洛铁路于 1909 年 12 月竣工,1910 年 1 月 1 日正式通车,全长 183.8 公里。汴洛铁路后成为东西大干线陇海铁路的一部分。

1899 年 5 月,清政府与英德两国签订了《津镇铁路借款合同》(详后)。铁路总公司盛宣怀认为该路与卢汉铁路争利而坚持抵制此举,于同年 12 月上《预筹干路还款并保全支路折》,奏请清政府借用比利时款修建开封府至河南府的铁路,作为卢汉铁路的支路,归入铁路总公司。[①] 因开封府旧称汴梁,河南府即洛阳,所以该路被称为汴洛铁路。

不久,义和团运动兴起,清政府无暇顾及,此事被搁置。时局稍定,盛宣怀在比利时铁路和电车公司的催促下,会同河南巡抚陈夔龙奏请清政府修建汴洛铁路,当即获准。1903 年 11 月 12 日,盛宣怀与比利时公司代表卢法尔分别代表中国和比利时签订汴洛铁路借款合同及行车合同,借款为 2500 万法郎,利息、期限及竣工后由比公司代管行车、分取二成余利等项条件,均以卢汉铁路为例。同时还规定了该路日后向西安展修时比公司具有优先承办权。这也是 1912 年比银团夺取陇海铁路权益时所谓的根据。

该路工程的后期,由于资金不足,于 1907 年 3 月奏准清政府向比公司续借 1600 万法郎,九五五扣,分两次拨款。

《汴洛铁路借款合同》签订后,比公司代聘比籍技术人员为总工程司,连

---

① 宓汝成:《中国近代铁路史资料》第 1 册,中华书局 1963 年版,第 320 页。

同一批外籍人员于1904年4月11日在郑州成立汴洛总局，筹办该线。中国方面派有总办一名驻郑州。汴洛铁路于1905年6月开工，1908年底初步竣工，1910年1月1日正式通车，全长185.4公里。通车后，比国公司代理人继续管理行车业务。

汴洛铁路以郑州为中心，郑州至开封是黄河的冲积层，地势平坦，郑州至洛阳为黄土地质。线路沿黄河南岸修建，大致与河平行。最小半径为350米；最大坡度为10‰；全线共修建10米以上钢梁桥37座1947延长米，其中黑石关伊洛桥全长320米，为该线最长桥梁，桥梁设计载重为E-35级。

该线路基标准参照卢汉铁路，正线路基面宽5.5米。轨距为1435毫米，轨重为37.7公斤/米。轨枕用木枕，道钉用螺纹道钉，道床为碎石道床。正线一般为10号道岔，站线用8号道岔，均为单开道岔。没有固定信号设备，亦无联锁装置。区间行车采用电话闭塞方式，使用木质路签。汴洛铁路每公里造价为银元8万元。

四、关内外铁路(京奉铁路)的修建

关内外铁路起自北京正阳门东车站，止于奉天城(沈阳)站，干线长843.1公里，另建支线数条。这条铁路的修建，从1881年唐胥铁路的修建直到1912年全线通车，历时30年，先后兴工10次，名称不断更迭，成立官办、商办等不同机构多个，历经坎坷，终成早期东西大动脉。

1881年由开滦矿务局建成唐胥铁路，1887年展修至芦台，称唐芦铁路。其间，铁路从开滦煤矿分出，成立官督商办性质的开平铁路公司。1888年展筑至天津(津沽铁路，借洋款修建)。其间，开平铁路公司改名为中国铁路公司。此后，在计划向通州展筑(津通铁路)过程中，清廷爆发争论，张之洞缓修津通改修卢汉提议被采纳。李鸿章则继续专营山海关内外铁路，1890年建成唐山至古冶铁路。1891年，为应对东北俄日之患，清廷同意将卢汉铁路款移拨修建关东铁路，计划线路是从古冶林西镇起，出关经锦州、新民至盛京，再至吉林。关东铁路为官办，清廷成立北洋官铁路局。中日甲午战争爆发前，修筑至中后所（今辽宁绥中），从天津至中后所共长348公里。1896年，将商办的天津至古冶铁路改为官办，将中国铁路公司与北洋官铁路局合并，更名津榆铁路总局。上述演变经过，已在前几章详述。

中日甲午战后，清政府首先把天津、北京间的铁路列入铁路建设的议事日程。津京间开通此路，不仅将大大便利两地人员、货物的往来，而且使北京与东北三省以铁路相连，意义明显。为了避免因铁路与大运河平行，致使水运萎缩而引发问题，同时准备使津京间的铁路与卢汉铁路相连，便改变了1888年定下的铁路走向，将终点由通州改为卢沟桥，时称津卢铁路。1895年12月6日，清政府命广西按察使胡燏棻为督办大臣，主持津卢铁路局，聘英国人金达为总工程师，修路款项由户部及北洋大臣拨付。

津京之间地势平坦，没有大的河流，铁路施工进展较快，1897年6月竣工通车，干支线共156.7公里。由天津东站起，途经杨村（今武清）、廊坊、大兴（即黄村）、丰台，至卢沟桥。铺设43公斤/米的钢轨，标准轨距。1900年八国联军进入北京时，英军将其自马家堡站展修至北京正阳门。

清政府原打算津卢铁路铺单线，预算用银240万两，但实际却按金达之设计，路基按双轨标准施工，实际用银414万两。胡燏棻向英国汇丰银行借款90万两，向英国麦加利银行和俄国华俄道胜银行各借20万两，欠英国怡和洋行代购铁路材料款24万两。所借外债属一般商业借款。

1897年，津卢铁路开通后，清廷筹备修建中后所至新民屯（今新民县）铁路及沟帮子至营口支线，改津榆铁路总局为关内外铁路总局，同时将津卢铁路局并入。

以胡燏棻为督办，准备借用英款，仍以金达主持铁路施工。

俄国获悉之后，随即于1897年8月17日由驻华公使巴布罗夫照会总理衙门，声称“锦州迤北一路……此工为俄国之邀，修造之时，必不能置俄人于度外，应先与俄国相商”，同时要求雇用俄国工程师，借用俄国款项。英国也不甘示弱，于同年8月21日，由英国使臣窦纳乐(C. MacDonald)面告总理衙门：“除非认为山海关向北延展的铁路是一条俄国的铁路，俄国便没有理由反对中国政府雇用他所愿意的任何一个国籍的工程师。”清政府既欲借英抑俄，但又不敢直接拒绝俄国的要求，便向俄国外交部解释说“金达的国籍和他之所以被选用实在没有什么关系”。英俄认为单纯依靠向清政府施加压力，并不能使问题得到解决，于是两国撇开清政府在伦敦进行直接谈判。同时，两国公使则在北京互相进行面对面争辩。

英国政府一直为了达到自己的目的而进行活动，于1898年4月，由其控制中国的最大金融机构英商汇丰银行与英国对华贸易的最大商行怡和洋行联合组成一个专门从事获取中国路矿权益的中英银公司。1898年6月7日，在英国的活动下，督办关内外铁路的大臣胡燏棻与英商汇丰银行代表，中英银公司代理人希里尔签订了《关内外铁路借款草合同》。为促使合同转为正式合同，英国政府则以“如借英款修路，无论何国与中国有征战之事，英国必愿相助”①等承诺进行诱骗。俄国得知后立即向总理衙门提出抗议，双方相持不下。英俄的斗争最终以互相妥协的方式解决(详见第五章中“京张铁路的修建”一节)。

中英两国的《关内外铁路借款合同》于1898年10月10日正式成立。其主要内容为：①借款总额为230万英镑，其用途为修筑中后所至新民厅的铁

① 宓汝成：《中国近代铁路史资料》第1册，中华书局1963年版，第337页。

路及营口、南票两支线，以及归还津榆、津卢两路旧欠外国各银行的债务和为天津至山海关的铁路添建工程、增造车辆；②此项借款的本息，均由清政府作保，并以北京至山海关已成之路的财产和营业收入以及拟修之路的营业收入为抵押；③在借款期内，总工程师限定用英人，其他各部分办事首领应用欧洲人，并设有“洋账房”统揽全路一切财政大权；④全路一切进出款项，均由天津汇丰银行经管，该银行收取按每年还本付息款额的 0.25%的经手费；⑤借款期限定为 45 年，年利 5%，折扣 90%，但遇债券市场行情不佳时，即自动将折扣改为 88%。

义和团运动期间，英、俄两国都力图控制这条通向北京的关内外铁路，乘机加紧扩大对中国的侵略。1900 年 9 月 30 日，英国侵略军占领了山海关，10 月 2 日，俄国侵略军从营口登陆，立即接管了关内外铁路关外段，并接修绥中县至锦州和营口的铁路工程。1900 年 6 月 16 日，天津和塘沽沦入八国联军之手，铁路由各国瓜分侵占。俄国控制了大部分关外铁路的举动损害了英国的利益，遭到了英国的强烈抗议，1901 年 1 月 17 日，侵略者之间经过磋商，共同决定：由德国接防后转交英国当局，俄国在北京以及北京至天津的铁路沿线驻军退到东北，并准许它带走全线五分之二的机车车辆。俄军在撤离时，把山海关桥梁厂、唐山机车厂及沿线各段的机器设备拆除殆尽，从海上运往当时俄国的租借地旅顺。

1901 年 2 月 21 日，英国接管北京到山海关的铁路，成立了英国铁路局，任命金达为总工程师。1901 年 9 月 7 日《辛丑条约》订立，北京和山海关铁路沿线 12 个车站准许各国派兵驻守。

1902 年，慈禧出逃西安后回到北京，派袁世凯、胡橘棻办理收回关内外铁路交涉事宜。4 个月后，先是在 1902 年 4 月 8 日，中俄之间签订了《交还东三省条约》；紧接着中国又与英国于 1902 年 4 月 29 日订立了《英国交还关内外铁路章程》共 10 条,《关内外铁路交还以后章程》共 5 条,以及《山海关至北京铁路上军事运输章程》共 12 条,同年 10 月 7 日双方还签订了《交还山海关铁路条约》共 7 条。

关内外铁路其他路段修建过程略述如下:

1898 年秋展筑工程开工,1899 年 10 月中旬铺轨过锦州,1900 年 2 月中旬铺轨至沟帮子以北 32 公里处因义和团运动发生再度停工。1903 年春复工,8 月通车至新民。

1905 年 3 月日俄战争期间,日军占领奉天城后擅自修建了从新民至奉天城郊外的小塔子的窄轨轻便铁路(新奉铁路),此铁路轨距 1.067 米,长 60 公里,原供军用。1907 年 4 月 15 日,清政府与日本在北京签订《新奉、吉长铁路协约》,其中规定新奉铁路估价为 166 万日元,由中国买回改造为标准轨距铁路,其辽河以东线路改造所需工款的一半,向"满铁"筹借,借款期限为 18 年,以该段路产及进款作担保。1907 年 6 月,清廷下令将新奉铁路并入关内外铁路,称京奉铁路,设京奉铁路局于天津。此时京奉铁路从北京正阳门至奉天郊外皇姑屯,尚有 4 公里才能直接通至奉天城。此时因这最后 4 公里要与日本属的南满铁路交叉,中方要求建立交桥通过,日本百般阻挠。直至 1911 年 8 月,中日达成京奉铁路与南满铁路用立交桥通过办法,京奉铁路走桥下,南满铁路走桥上,京奉铁路始得真正展筑至奉天城小西门边(称奉天城站)。立交桥于 1911 年底建成,1912 年 1 月 1 日,第一列北京直达沈阳的列车开行。这一天,也是民国成立的第一天。

关内外铁路干线起自北京正阳门,止于奉天城站,干线里程为 843.1 公里。其支线为,京通支线:东便门至通县,长 22.8 公里,1901 年英军侵占期间所建。北戴河海滨支线,长 10 公里,1916 年建成。津沽支线:天津总站至西沽运河码头，长 4.5 公里，1903 年建成。营口支线：沟帮子至营口河北，长 92.0 公里，1900 年建成。锦朝支线：锦州经义县至金岭寺之北票煤矿，长 113 公里，1925 年建成。大通支线：由大虎山至通辽，长 251.7 公里，1927 年建成。葫芦岛支线：锦西至葫芦岛，长 11.9 公里，1911 年建成。沈阳城站至沈海铁路沈阳东站的联络线，长 10.6 公里，1928 年建成。以上各支线共长 516.2 公里，干支线合计 1359.3 公里。晚清时期建成干支线。

京奉铁路工程标准在当时国有铁路中是较高的。单线路基宽度为 6.09 米，双线路基宽度为 7.62 米。本铁路初创时，钢轨重量，唐山至天津间自 35 磅/米、45 磅/米、60 磅/米至 70 磅/米不等，天津、北京间为 85 磅/米。此后又将 30 磅/米及 45 磅/米的都换成 60 磅/米。唐山以东至营口、沈阳间，均用 60 磅/米的钢轨。随着运输日益繁忙和机车轴重增加，逐年以重轨替换轻轨。全路轨距为 1.435 米，新民屯至皇姑屯间原日本人修建的军用线路，是轨距为 1.067 米的窄轨，中国收回后改为标准轨距。干线最大坡度为 9.1‰，支线最大坡度为 12.5‰。

京奉铁路沿线共修建桥梁 213 座 12096 延长米，其中钢板桥梁约占 63.6%，钢桁桥梁占 26.7%，圬工桥占 9.6%，拱桥占 0.1%。桥梁设计载重等级，北京至唐山间为古柏氏 E-35 级，唐山至山海关间多为 E-50 级。滦河大桥为该线最大桥。涵洞共计 23 座 576 延长米。

初建时设站 42 站，汉沟、枣林为信号所。正阳门、丰台、天津北、天津、塘沽、唐山、古冶、山海关设机务段，段内建有机车库。正阳门、东便门、丰台、廊坊、天津北、天津、塘沽、芦台、唐山、滦县、北戴河、山海关建有天桥。车站站房形式多为英国建筑风格。沿线设有 19 个给水站、42 座水塔、45 个水鹤等。

京奉铁路正阳门站

京奉铁路山海关车站

五、沪宁铁路的修建

沪宁铁路始建于1905年4月，1908年4月建成通车。线路起自上海，经南翔、昆山、苏州后，沿运河北岸平行向西延伸，过无锡、常州、丹阳，在镇江跨越运河，紧临长江南岸西行，到达南京，全长311公里。

中日甲午战争后，1894年11月张之洞兼任两江总督，于1895年7月和10月两次向总理衙门提出修建沪宁铁路的建议，奏称“有益商务、筹款、海防三端”[①]，还派遣在大冶铁路工作多年的德国人锡乐巴着手勘测线路。12月27日，张之洞又一次奏请清廷，建议将此段铁路分成吴淞至上海段、上海至苏州段、苏州至镇江段、镇江至南京段等分别修建。他认为“成一段之路”即可“先收一段之利”[②]。

1896年1月2日，清政府上谕复任两江总督的刘坤一，要求他对张之洞奏请修建沪宁一路，“实力筹办”。张之洞欲以官商合办修建此路，并推荐锡乐巴为总工程师主持修路，但是招股数月没有结果，最后要求清政府“以官款先办苏沪一路，以开风气”。

1896年8月，张之洞与直隶总督王文韶会奏将沪宁铁路划归正在筹备中的铁路总公司办理，清政府允准，并决定以官款修建上海至吴淞一段(即淞沪铁路)，日后再进行招股继续展修。淞沪铁路于1898年1月动工，同年12月通车营业。淞沪铁路的起点与原吴淞路并不相同，它北起吴淞炮台湾(吴淞镇北)，南止于闸北老靶子路(今上海北站附近)，线路全长16.1公里，单线，标准轨距，用银百万余两。

---

① 宓汝成:《中国近代铁路史资料》第2册，中华书局1963年版，第436页。

② 宓汝成:《中国近代铁路史资料》第2册，中华书局1963年版，第436～438页。

就在淞沪铁路由中国官款自建的同时，英国也在紧锣密鼓地争夺沪宁铁路路权。实际上，这种争夺早在1876年英国擅筑吴淞铁路时就已经开始了。此后，英国一直对长江流域利权加紧争夺，对于沪宁铁路更是势在必得。

比利时获得卢汉铁路贷款权，英国不甘于失败，要另求新的贷款，盛宣怀答以"苏沪随后可商"[①]。于是中英银公司龚佩珥向总理衙门提出要求"请将沪宁、苏杭路借彼之款"。1898年4月，英国复请索办沪宁铁路。总理衙门未敢拒绝，令盛宣怀与怡和洋行在同年5月13日在上海签订了《沪宁铁路借款草合同》，共25条，其借款额规定不超过300万英镑。1899年，英国忙于殖民战争，此事搁置，直到1902年8月间，英国派其前驻沪总领事璧立南到沪，以中英银公司代表的身份，向盛宣怀议定沪宁铁路的详细合同。经过长期谈判，最后于1903年7月9日才在上海正式签订了《沪宁铁路借款合同》。合同贷款325万英镑，期限50年，借款按90%实收，以路产作抵押，不能如期偿付本息，铁路即由中英银公司接管；每年余利要分去20%，25年内还本要增加2.5%，购料酬金要5%。

值得注意的是，《沪宁铁路借款合同》将由中国官款自建的淞沪铁路也收买进去。淞沪铁路1898年建成后，营业状况较好。英国从沪宁铁路对英借款中挪拨一百万两银交给铁路总公司。1904年9月淞沪铁路正式划归沪宁铁路。"淞沪路之进款及管理之权，即视同沪宁铁路一律办理。"[②]

沪宁铁路的资金大部分来自借款。合同规定借款总额为325万英镑，实际借款两次合计为290万英镑。1913年因运输需要又借15万英镑。前后借款合计305万英镑，实收278万英镑，折合银元2733万元，除借款外，中

---

① 盛宣怀:《愚斋存稿》卷91，1931年刊，第91页。

② 王铁崖:《中外旧约章汇编》，第2册，三联书店1959年版，第177页。

国政府在沪宁铁路修建时期先后拨付工程款银元 367 万元及购地款银元 95 万元。

1895 年，两江总督张之洞派遣在大冶铁矿铁路工作的德国人锡乐巴着手勘测该线。1898 年借款筑路合同签订后，盛宣怀曾委托怡和洋行英籍工程师马礼逊对沪宁铁路进行初测，至 1900 年勘测完毕。1903 年合同正式签字，同年 7 月，英国招用以总工程司格林森为首的工程技术人员到中国后，即进行复测，翌年三月测毕。复测的线路，基本上采用了马礼逊原定的线路，仅把经过昆山县城的一段由城北改至城南，龙潭至南京间线路亦有改变，坡度及曲线都较原定线路平顺。

上海至丹阳地势平坦，河道密布。丹阳以西，地势渐高，至 233 公里后，地势又平。将至镇江，需开挖的土方渐多，并在炮台山开凿隧道。镇江至龙潭，线路沿山麓而行，以避免洪水受淹。线路最高处在 299 公里附近。该处高出江海关上海水平线 27.82 米。将至终点南京，线路位于长江南岸低洼之地，时有洪水淹没，须筑较高路堤，特别是南京站场须填土方。平均高约 4.6 米。

全线共购地约 18.7 万公亩(1 公亩＝100 平方米)，地价共计银元 239 万元，拆迁房屋 6329 间，及损毁春苗、砍伐树木、迁移坟墓等，共支贴补费银元 76 万多元。

沪宁铁路穿越江南水网地区，铁桥共有 264 座，石桥 45 座，木桥 1 座，涵洞 424 座，其中横跨青阳江上的钢桥为最大的桥梁，长 62.5 米。唯一的一座隧道在镇江炮台山，长 666 米。此外，此路还在吴淞建有修理机车和客货车辆的工厂。

线路最大坡度为 5‰，共长约 9 公里，占全线总长 2.9%。平道及 1‰以下的坡道占全线的三分之二。曲线路段 59 处，半径最小为 582 米，多数的曲线半径为 1746 米，曲线半径小于 1746 米的，一律加设长 61 米的缓和曲线。上海至苏州建成双线路基，以备日后铺设第二线。苏州至南京是单线路基。路堤顶面宽度，双线为9.14米，单线为5.33米；轨道：全线铺设轨道总长约360公里，其中正线长311.04公里；轨距1435毫米；钢轨重量42.16公斤/米，每根长10.97米；每公里铺设枕木根数，正线1280根，站线1100根；道床厚约25厘米。车站到发线有效长度一般约480米，最长的约610米。各交会站两端设有臂板信号机，其中进站信号与主要道岔联锁，区间闭塞采用通信闭塞法。

沪宁铁路总管理处负责施工管理，重要问题请示督办大臣核办，实际工作由英籍总工程司格林森负责。1904年夏，选线方案及工程预算批准后，旋即开工。但因购地困难，前期工程进展缓慢。1905年4月25日在上海举行正式开工典礼。全线分5段同时施工，上海至南翔、南翔至无锡、无锡至常州、常州至镇江、镇江至南京。是年11月筑至南翔，1906年7月至无锡，1907年5月至常州，1907年10月至镇江，1908年3月筑至南京，4月1日全线通车，7月全部工程告成。沪宁铁路建筑投资总计银元3396.5万元。平均每公里近8万元。

1906年沪宁铁路南段通车

沪宁铁路上海北站

六、粤汉铁路的修建

粤汉铁路干线全长1190公里，从武汉到广州，经过岳阳、长沙、株洲、衡阳、郴州、韶关等重要站点，贯通湖北、湖南、广州三省，连接长江、珠江两大地区，为南北一大动脉。

粤汉铁路修建异常艰难，从1898年动工，分三段修筑：南段（广州至韶关，时称广韶段），在1916年建成；北段（武昌至株洲，称湘鄂段），1918年建成。1936年，中间的株韶段（株洲至韶关）修通后，粤汉铁路才全线贯通。在晚清时期，粤汉铁路的修筑前期主要是路权之争，后期收回路权后中国自办始有一定进展。

粤汉铁路北与卢汉铁路衔接贯通腹地，扼守中国海防咽喉，具有重要的战略地位和经济价值。英国早就想把该路和香港、九龙连成一体。俄、法、比也想把它置于自己的控制之下。为此，盛宣怀于光绪二十四年元月(1898年2月)电请清政府驻美国公使伍廷芳作为代表与美国合兴公司面议粤汉铁路借款事宜，并嘱一旦议定，即在合约上“迅速画押”，以期“不使英、法预闻”。经过两个月的谈判，美国合兴公司考虑到在此之前的卢汉铁路贷款的谈判中由于自己条件苛刻未获成功，美方此次态度比较现实，因而谈判比较顺利。1898年4月14日，伍廷芳奉旨代表盛宣怀与美国合兴公司在华盛顿签订《粤汉铁路借款合同》，共15款。之后，由于勘测线路后，该公司认为原来预计的修建费用400万英镑，被低估了一半，要求增加，同时提出需要增修支线。于是中美双方再次谈判，于1900年7月13日仍由伍廷芳在华盛顿与美国合兴公司签订了《粤汉铁路借款续约》，共26款。

合同签订不久，英国中英银公司与美国合兴公司即达成协议：彼此分别以粤汉铁路和广九铁路的投资权折半交换，私相授受。按规定，粤汉铁路到1905年就应通车，但美国合兴公司因筹措资金遇到了困难，中国也正处于义和团运动的高潮，局势动荡，美国投资者心怀退缩，并到欧洲各国暗中招股，其中比利时人购得了三分之二的股票。为此，美国合兴公司内除了柏森士之外，其余六名董事均是比利时人。比利时与美国双方背着中国私下交涉，美国合兴公

粤汉铁路石围塘车站

司的董事柏森士试图“以比、美各分一段办理”协调两国利益。1904 年 2 月，比利时银公司在纽约的代理人惠第尔（Whittier）取代了柏森士担任合兴公司的总经理，从而从美国人手里取得了粤汉路权。此举引起中国人民的强烈反对，废约高潮迭起，成为“收回路权”运动的导火线。

由于美国在粤汉铁路中违反合同约定，直至 1901 年 12 月才动工修建，并且先修建广州至三水的支线。该支线经过的地区物产富饶、商业繁盛，广三支线长 48.9 公里。至 1903 年 10 月才勉强完成了长 16.5 公里从广州石围塘至佛山的复线以及从佛山至三水长 32.4 公里的线路。粤汉铁路干线工程直到收回路权三省分办后始有一定进展。

七、广九铁路的修建

1890 年，广东候补知府易学灏呈请两广总督李瀚章由商人筹股试办铁路。提出修建由广州至深水埔铁路全长 300 余里。深水埔与香港隔海相望，于深水埔开设码头供外商船舶停靠，可征收重税，如此可分香港利权。李瀚章对此建议颇感兴趣，并派人实地调查，于 1890 年 12 月 11 日奏请总理衙门和海军衙门批准筑路。因当时粤汉铁路尚未修建，这条铁路未获批准。但是英国于 1898 年 6 月 9 日强夺九龙地区作为租借地，为期 99 年。1898 年 8 月 21 日清政府被迫让与英国包括广九铁路在内的五条铁路的承办权。

两广总督谭中麟对此持有异议，曾向盛宣怀提出警告，但是清政府置之不顾，仍命盛宣怀与英商怡和洋行于 1899 年 3 月 28 日签订了《广九铁路借款草合同》，共 5 款，议定修建由广东省省城广州至英国的租借地九龙的铁路，将来与粤汉铁路连接，一切比照沪宁铁路草合同办理。

1904 年，粤汉铁路废约呼声初起，英方恐怕广九铁路受到影响，催促中方议定广九铁路正式合同。1905 年，张之洞因收回粤汉铁路向香港英国当局借款，英国乘机又提出两项要求，即：广九铁路全路作为中英合办；由九龙至广州，其线路在华界，比照沪宁合同办理。代理两广总督岑春煊反对合办，主张属于英界部分由英国修建，属于华界部分由广东筹建，全路建成再行接轨。清政府派外务部侍郎唐绍仪与中英银公司代表濮兰德商洽广九路事，历时数月，于 1906 年 5 月，大体定议。1907 年 3 月 7 日签订了《广九铁路借款合同》，规定借款 150 万英镑，九四折扣，年息 5 厘，期限为 30 年，以路产和营业收入为担保，给予中英银公司一次酬金 35000 英镑，该路华段建路与行车各事，由两广总督委派中国人为总办主持，任用英国人为总工程师、总会计师，此外还规定了中国日后不可以再修建与广九线平行的铁路。

广九铁路分两段。中、英双方商定，以罗湖桥中孔北端第二节点为界，分为华、英两段，其中华段自广州东郊的大沙头起至深圳止，长 142.77 公里；英段自深圳起至九龙海港止，长 35.8 公里，由英国自建。两段共长 178.6公里。线路名义上华、英两段各自修建和管理，实际上华段勘测、设计、施工均由英方总揽，总工程师、总管账、运输主任等职均由中英银公司派人担任，每段设英籍主管工程师一人，掌管施工一切事务。

广九铁路华段于 1907 年上半年完成设计，同年 8 月 21 日分三段开工，1911 年 9 月 28 日建成通车。

第一段大沙头至仙村，线路顺直，路堤高度一般为两米左右，无大桥，工程简易，线路于 1910 年 11 月通车。

第二段仙村至石龙，线路跨越东江及支流多处，桥梁较多。线路于 1911 年 3 月 13 日竣工，4 月 24 日正式通车。

第三段石龙至深圳，线路过樟木头后，土石方工程较大。线路于 1911 年 9 月 28 日竣工，10 月 8 日正式通车。

广九铁路华段主要技术标准：路基宽5.34米；最大坡度2.5‰；最小曲线半径436.8米；钢轨为汉阳铁厂制42.2公斤/米(85磅/码)，长10.97米、11.88米；素枕1200根/公里，(随列车速度提高，逐步增加到1500根/公里)；碎石道床；桥梁载重E-38级。

1911年10月华、英两段在罗湖桥接轨联通。1912年，两段订立联轨营业合同，所有广州至九龙直通客货车辆配比，按线路长度比例为华四英一配备，在深圳车站交接机车。广九铁路华段建筑总费银元1287.3万元。

该路华段所用钢轨，重43公斤/米，为汉阳铁厂生产，枕木为澳洲硬木。由于该路与珠江平行，铁路与水路间客货运业务竞争激烈。除因广九间开行直达旅客特快列车，客运较为发达外，货运一直清淡。华英两段相比，华段沿途较为繁华，而英段则多位于山区，由于广州商会一直反对广九与粤汉铁路接轨，直至1937年两路才接轨。

广九铁路，1911年10月全线开通运营。图为广九铁路大沙头车站

八、道清铁路的修建

1902年,英国福公司开采焦作煤矿,拟修建道口(今滑县)至泽州(今晋城)铁路。1902年7月,河南巡抚派道员韩国钧与英商福公司订立《河南道口至宁郭驿(即清化镇,今博爱)运矿支路章程》,规定此路由福公司筹款自建,60年期限届满,无偿归中国所有。

英国公司于1902年7月20日开工,修建道口镇三里湾码头至焦作矿区的铁路。该线作为卢汉铁路的支线,从煤矿所在地焦作、李封往东通到获嘉,与卢汉线新乡站相接,再向东至卫河三里湾附近的道口。从三里湾经道口至待王长120.87公里,1904年1月31日竣工,3月7日通车,待王至柏山长24.6公里,1904年2月7日开工,次年1月31日竣工,3月1日通车,两段共耗资银元616.77万元。

该线技术标准低,最大坡度为8.7‰,最小曲线半径为180米,桥梁载重为柏氏E-30级,股道长度除柏山为300米外,其余为400米。

1905年,因煤矿久未出煤,线路无煤可运,英国迫使清政府以筑路费改为借款,将线路赎回。1905年7月3日,督办铁路大臣盛宣怀与英国福公司在北京签订《道清铁路借款合同》。合同规定,盛宣怀主持的铁路总公司向福公司借款70万英镑,折扣九成,实收63万英镑,年息5%。其中61.46万英镑拨付福公司,作为抵付修建道清铁路已用款和息银亏欠,余1.54万英镑留作行车经费。同日,还签订《道清铁路行车合同》,规定福公司代管行车,分取二成营业余利,以30年为期。在往泽州方向续建时,因山西人民坚决反对,故于1906年8月1日由柏山转往清化镇修建,1907年1月20日竣工,长4.54公里,工程造价银元16.6万元,平均每公里造价3.66万元。同年3月3日,道口至清化全线通车,计长152.44公里(含新乡接站支线2.4

公里)，并定名为道清铁路。钢轨采用 37.2 公斤/米、长 9.75 米和 29.76 公斤/米、长 9.15 米两种类型。

道清铁路沿线共修建钢桥梁 73 座 806 延长米，钢筋混凝土拱桥 13 座 107 延长米，木桥 8 座 30 延长米。桥梁设计载重等级为古柏氏 E-30 级。涵渠 116 座 124 延长米。

道清铁路，1907 年 1 月建成。图为道清铁路首趟列车

第三章 列强直接修建经营的铁路

中日甲午战争后签订了《马关条约》，其中，辽东半岛被迫割让给日本，俄国由于东北地区的独占利益受到威胁而十分不满，从而联合德、法两国逼迫日本将辽东半岛归还中国，制造了“三国干涉还辽”事件。结果中国向日增加赔款3000万两白银，日本将辽东半岛退还中国。后来俄、德、法三国以“还辽有功”，向清政府施加压力，进行威胁和利诱迫使清政府允准俄国夺取中东、德国夺取胶济、法国夺取滇越等铁路的直接修建权和经营管理权，并完成了这三条铁路的修建。日本则侵占了台湾省，在台湾全省大肆修建铁路。

第一节　东省铁路的修建

东省铁路是西伯利亚大铁路在中国境内的部分，是俄国在中国东北地区直接建设和经营的铁路。其线路由从满洲里经哈尔滨至绥芬河的横向线路和由哈尔滨经长春至大连的纵向线路组成，全线以“T”字形覆盖东北全域。该铁路初建成时，称“大清东省铁路”“中国东省铁路”，简称“东省铁路”或“东清铁路”。此后，随着局势变迁与线路分合，其名称也经历多次变化。1905 年日俄战争后，该线从长春至旅顺段割让给日本，长春至旅顺段也被称为南满铁路。仍属俄国的部分称东清铁路。辛亥革命后，另一个广为人知的称呼——中东铁路开始出现并广泛应用。在大多数情况下，在当时的语境下，中东铁路这一称呼并不包括当时被日本控制的南满铁路。1933 年 5 月，日伪曾将属于苏联的部分改称北满铁路，以与自己控制的南满铁路对应。1935 年 3 月，苏联把中苏共同经营的中东铁路作价卖给日本，日本控制了原东清铁路全部，该路也被称作伪满铁路。1945 年日本投降后，苏联接管原东清铁路全线（含北满与南满），并与当时的国民政府共同成立“中国长春铁路公司”，此铁路改称“中国长春铁路”，简称“中长铁路”，由中苏两国共同经营，直至 1952 年，铁路完全交还给中国政府。

一、《中俄密约》的签订

仅从建筑本身而言，西伯利亚大铁路无疑是世界铁路史上的奇迹和杰作。该铁路工程艰巨、规模宏大，线路从莫斯科穿过乌拉尔山、贝加尔湖等延伸至符拉迪沃斯托克(原称海参崴,下文为叙述方面,仍用海参崴),全程约 9255 公里。[①] 这是迄今世界上最长的铁路线,关于其修筑的艰难程度,英国铁路史专家克里斯蒂安·沃尔玛曾记述道:"除了工程浩大、任务艰巨,还有更多普通的困难。在树都不长的大草原,做路碴的石头和做枕木的木头都不能就地取材,铁轨也得从遥远的乌拉尔和俄罗斯欧洲部分的工厂运来。需要修建好几座巨大的铁桥跨越大河,还需要搭无数小桥,大多是木质桥,渡过不可胜数的小河和激流。铁路经过的大部分地区是沼泽,其余部分是永久冻土带。还有更糟糕的,有些地方的土冬天冻得硬邦邦的,春天解冻后很快变成泥塘。虽然经过的山脉都不高,但也有好几座山需要修建长且通常是上坡的弯道,因为在大多数地段都有避免开凿隧道,以控制成本。继而,从莫斯科出发,延伸至全程的三分之二时,会遇到可怕的天堑贝加尔湖。这是世界上水量和深度都居第一的大湖,从北向南伸展了约 400 英里,南端还有一条山脉,给建设者出了最大的难题。劳工也是个大问题。铁路经过的广大地区都是无人区或只有游牧部落,部落的人不愿为铁路干活,因此工人也得从遥远的地方征召。"[②]

西伯利亚铁路的修建,既有经济方面的考量,但更多是出于政治与军事的目的。俄国 1858 年就乘英法两国发动的第二次鸦片战争之机,迫使清政府签订了《瑷珲条约》,其中,割让黑龙江以北 60 万平方公里的领土,继而又在 1860 年迫使清政府签订《北京条约》,其中,割让黑龙江以南、乌苏里江以东的 40 万平方公里领土。俄国就此获得太平洋上的海参崴海港。随着俄

---

① [英]克里斯蒂安·沃尔玛著,李阳译:《通向世界的尽头——西伯利亚大铁路的故事》,三联书店 2017 年版,第 8 页。

② [英]克里斯蒂安·沃尔玛著,李阳译:《通向世界的尽头——西伯利亚大铁路的故事》,三联书店 2017 年版,第 68 页。

国在远东地区统治范围的扩大，俄国如何加强欧洲部分与远东部分的联系，成为日益迫切的问题。乌拉尔山以东的西伯利亚和远东地区，远离俄国欧洲中心部分，交通极为不便，这使得俄国军队的调遣和物资的调配不便。从俄国的欧洲部分调兵到远东的滨海边区，需要一年半的时间。

1881 年，沙皇亚历山大三世继位后，随着俄国向东发展的远东政策的形成，俄国开始正式讨论西伯利亚大铁路的修建问题。俄国迫切希望用这条铁路把沙俄的远东地区和欧洲部分连接起来，以加强对远东的控制。

1891 年 3 月 30 日，俄国正式颁发命令修建直达海参崴的西伯利亚铁路。起点为位于欧亚交界处的车里雅宾斯克，横贯俄国亚洲部分直达太平洋港口海参崴，沿途有 1000 多个火车站，是世界上最长的铁路。6 月 1 日，在海参崴举行西伯利亚铁路东端开工典礼。1892 年 7 月西端也从车里雅宾斯克动工。

西伯利亚铁路进程大体如下：

1891 年 6 月至 1897 年，乌苏里铁路（海参崴至伯力段）竣工；1892 年 7 月至 1895 年，车里雅宾斯克至新西伯利亚段竣工；1898 年，新西伯利亚至伊尔库茨克段、贝加尔湖西岸段竣工；1900 年，由贝加尔湖东岸至斯列谦斯克段竣工；1903 年，经由中国境内的满洲里至绥芬河，及其支线哈尔滨至旅顺的中东铁路竣工；1904 年，绕贝加尔湖段竣工。①

将本国铁路以一千多公里的里程穿过另一个主权国家，无疑是一个疯狂的设想。一开始沙俄政府对西伯利亚大铁路东段线路的走向曾有三种构想：一是经恰克图进入中国内地；二是沿阿穆尔河经哈巴罗夫斯克到达符拉

① 姜振寰、郑世先、陈朴：《中东铁路的缘起与沿革》，哈尔滨工业大学学报（社会及科学版），2011 年第 1 期。

迪沃斯托克；三是从赤塔途经中国东北到达符拉迪沃斯托克(海参崴)。按照最初的设想，放在首要位置考虑的是第二种构想，即阿穆尔铁路方案。然而，1895 年，当西伯利亚大铁路修建到贝加尔东南的赤塔时，工程师们发现按照原有设计方案，线路过长，且地形复杂、气候恶劣、人烟稀少。铁路修建难度大、财政负担过重。这时，沙俄交通和财政大臣、西伯利亚大铁路的主持者维特提出，将路线拉直即穿过中国东北地区，直达符拉迪沃斯托克。这一路线的选择，不仅可以缩短里程、节约经费；另一方面，“这一决定是植根于卑鄙的政治考虑的”①，通过借道修路，可以侵占中国领土、向中国索取相关权益，加强俄国在中国东北地区的影响。

中日甲午战争后的形势变化为俄国实施这一计划提供了机会。1895 年 4 月 17 日，日本强迫中国签订《马关条约》，其中规定割让中国辽东半岛给日本。这一约定妨害了俄国在远东的利益，因而在条约签订不久，俄国即联合德、法两国发起“三国干涉还辽”，强迫日本放弃条约中割占辽东半岛的要求。日本迫于三国压力，同意由中国以 3000 万两白银赎回辽东半岛。

辽东半岛在俄国“主持”下失而复得，使清政府内部出现了强烈的亲俄情绪，认为可以以夷制夷，联俄制日。俄国也以“干涉还辽之功”，不断谋求新的利益，其中最重要的就是获得梦寐以求的借道修路设想。

1896 年 4 月，俄国公使喀西尼两次向总理衙门公然要求，除俄国外，中国不得让其他国家“分享”中国东北地区铁路的修建权，并且傲慢无理地认为只有中国答应要求，俄国才能保护中国，以免中国与日本及其他国家冲突。清政府唯恐其他国家效仿，而贻患无穷，仍以“自造”为由加以拒绝。

① [英]克里斯蒂安·沃尔玛著，李阳译：《通向世界的尽头——西伯利亚大铁路的故事》，三联书店 2017 年版，第 71 页。

1896 年 5 月 26 日，沙皇尼古拉二世加冕，李鸿章应邀带领其子李经方及大批随员前往参加庆典。俄政府对李破例款待，同时极力渲染日本的威胁，声称中国唯有与俄国结成同盟，安全方有保障。在俄方的诱使下，1896 年 6 月 3 日，李鸿章与俄国大臣罗巴诺夫和财政大臣维特签订了《中俄密约》6 条，条约全文如下：

大清国大皇帝陛下暨大俄国大皇帝陛下，因欲保守东方现在和局，不使日后别国再有侵占亚洲大地之事，决计订立御敌互相援助条约。……立定条款如下：

第一款　日本国如侵占俄国亚洲东方土地，或中国土地，或朝鲜土地，即牵碍此约，应立即照约办理。如有此事，两国约明，应将所有水、陆各军届时所能调遣者，尽行派出，互相援助，至军火粮食，亦尽力互相接济。

第二款　中俄两国既经协力御敌，非由两国公商，一国不能独自与敌议立合约。

第三款　当开战时，如遇紧要之事，中国所有口岸，均准俄国兵船驶入，如有所需，地方官应尽力帮助。

第四款　今俄国为将来转运俄兵御敌，并接济军火粮食，以期妥速起见，中国国家允于中国黑龙江、吉林地方接造铁路，以达海参崴。惟此项接造铁路之事，不得藉端侵占中国土地，亦不得有碍大清国大皇帝应有权力。其事可由中国国家交华俄银行承办经理。至合同条款，由中国驻俄使臣与银行就近商订。

第五款　俄国于第一款御敌时，可用第四款所开之铁路运兵、运粮、运军械。平常无事，俄国亦可在此铁路运过境之兵粮。除因转运暂停外，不得借他故停留。

第六款　此约由第四款合同批准之日算起照办，以十五年为限，展期六月以前，由两国再行商办展限。[①]

二、东省铁路的修建

俄国攫取东省铁路建造经营权是一项谋划已久的，从政治、经济、外交、金融、军事等方面综合发力的举动。《中俄密约》签订后，俄国在政治和外交上获得了初步成功，此后开始在经济、金融等方面布置，并最终推动中东铁路的建设。按《中俄密约》第四款规定，接造铁路之事，由华俄道胜银行办理。合同条款，由中国驻俄使臣与银行就近商定。因此，密约签订后，中俄开始着手办理铁路合同和银行合同的订立。1896 年 9 月 2 日，清政府驻俄、德等国公使许景澄与华俄道胜银行在柏林签订了《伙开银行合同》。9 月 8 日签订《中俄合办东省铁路公司合同章程》。铁路合同是主要文件，银行合同是其附件。合同全文如下：

钦差驻俄大臣许，钦奉光绪二十二年七月二十日谕旨，允准与华俄道胜银行订定建造、经理东省铁路合同。中国政府现以库平银五百万两入股，与华俄道胜银行合伙开设生意，盈亏均照股摊认，其详细章程，另有合同载明。

中国政府现定建造铁路，与俄之赤塔城及南乌苏里河之铁路两面相接，所有建造、经理一切事宜，派委华俄道胜银行承办。所有条款列后：

第一款 华俄道胜银行建造、经理此铁路，另立一公司，名曰中国东省铁路公司。该公司应用之钤记，由中国政府刊发；该公司章程，应照俄国铁路公司成规，一律办理。所有股票，只准华俄商民购买。该公司总办，由中国政府选派，其公费应由该公司筹给。该总办可在京都居住，其专责在随时查察该银行暨铁路公司于中国政府所委办之事是否实力奉行。至该银行暨

① 王铁崖：《中外旧约章汇编》第一册，三联书店 1957 年版，第 650～651 页。

该公司所有与中国政府及京外各官交涉事宜，亦归该总办经理。该银行与中国政府往来帐目，该总办亦随时查核。该银行应专派经手人在京都居住，以期一切事宜就近商办。

第二款　凡勘定该铁路方向之事，应由中国政府所派总办酌派委员，同该公司之营造司暨铁路所经之地方官，和衷办理。惟勘定之路，所有庐墓、村庄、城市皆需设法绕越。

第三款　自此合同奉旨批准之日起，以十二个月为限。该公司应将铁路开工并自铁路勘定及所需地段，给予该公司经理之日起，以六年为限，所有铁路应全行告竣。至铁轨之宽窄，应与俄国铁轨一律，即俄尺五幅地，约合中国四尺二寸半。

第四款　中国政府谕令该管地方官，凡该公司建造铁路需用料件，雇觅工人及水陆转运之舟车、夫马，并需用粮草等事，皆须尽力相助，各按市价，由该公司自行筹款给发。其转运各事，仍应随时由中国政府设法使其便捷。

第五款　凡该铁路及铁路所用之人，皆由中国政府设法保护。至于经理铁路等事，需用华洋人役，皆准该公司因便雇觅。所有铁路地段命盗、词讼等事，由地方照约办理。

第六款　凡该公司建造、经理、防护铁路所需之地，又于铁路附近开采沙土、石块、石灰等项所需之地，若系官地，由中国政府给予，不纳地价；若系民地，按照时价，或一次缴清，或按年向地主纳租，由该公司自行筹款付给。凡该公司之地段，一概不纳地税，由该公司一手经理，准其建造各种房屋、工程，并设立电线自行经理，专为铁路之用。除开出矿苗处所另议办法外，凡该公司之进项，如转运搭客货物，所得票价，并电报进款等项，俱免纳一切税厘。

第七款　凡该公司建造、修理铁路所需料件，应免纳各项税厘。

第八款　凡俄国水陆各军及军械过境，由俄国转运经此铁路者，应责成该公司，径行运送出境。除转运时，或必须沿途暂停外，不得藉他故中途逗留。

第九款　凡外国搭客经此铁路，于中途入内地，必须持有中国护照，方准前往。若无中国护照，责成该公司，一概不准擅入内地。

第十款　凡有货物、行李，由俄国经此铁路仍入俄国地界者，免纳一切税厘。惟此项货物，除随身行李外，该公司应另装车辆，在入中国边界之时，由该处税关封固。至出境时，仍由税关查明所有封记并未折动，方准放行。如查出中途私折开，应将该货入官。至货物由俄国经此铁路运往中国，或由中国经此铁路运赴俄国者，应照各国通商税则，分别交纳进口正税。惟此税较之税则所载之数减三分之一交纳。若运往内地，仍应交纳子口税，即所完正税之半。子税完清后，凡遇关卡，概不重征。若不纳子税，则逢关纳税，过卡抽厘，中国应在此铁路交界两处，各设税关。

第十一款　凡搭客票价、货物运费及装卸货物之价概由该公司自行核定。但中国所有因公文书信函，该公司例应运送，不须给费；至运送中国水陆各军及一切军械，该公司只收半价。

第十二款　自该公司路成开车之日起，以八十年为限。所有铁路所得利益，全归该公司专得。如有亏折，该公司亦应自行弥补，中国政府不得作保。八十年限满之日，所有铁路及铁路一切产业，全归中国政府，毋庸给价。又从开车之日起，三十六年后，中国政府有权可给价收回，按计所有本银，并因此路所欠债项，并利息，照数偿还。其公司所赚之利，除分给各股人外，如有赢余，应作为已归之本，在收回路价内扣除。中国政府应将价款付存俄国国家银行，然后收管此路，路成开车之日，由该公司呈缴中国政府库平银五百万两。

查此条内给价收回一节，因恐将来讲解有异，复商总办另缮凭函，附于合同之后，以期相信。

合同规定，东省铁路由华俄道胜银行建造、经理。华俄道胜银行是沙俄为对中国进行经济掠夺专门设立的金融机构，1895 年由俄国和其盟友法国共同出资、共同管理。资本法国占多，但支配权在俄国。这家银行，正如俄国官员所说，“不过是略加伪装的俄国财政部分支机构”。[①] 该铁路实际上由俄国政府掌管。合同虽然规定“所有股票只准俄华商民购买”。但在签订合同前，华俄道胜银行与俄国政府就已经达成协议，规定铁路股份 70%归俄国政府，其余 30%由私人认购。合同签订后不久，华俄道胜银行董事会又做出了全部股份由政府支配的决定。12 月 29 日上午 9 时，中东铁路公司在圣彼得堡公开挂牌出售股票。由于通知仓促，每股价值高达 5000 卢布，在华俄商民无法认购的情况下，“招股”开始后只几分钟就草草收场。500 万卢布的股票全部握在俄国财政部手中，使其成为中东铁路的唯一股东和实际控制者。[②]

合同规定，中国政府以库平银 500 万两入股，与华俄道胜银行合伙开设生意。但同时又规定，铁路通车后，公司退还中国政府库平银 500 万两。这个规定变相地将铁路变成俄国一家独有。此外，合同规定，铁路的轨距应与俄国一致(1524 毫米)，与中国铁路当时通行的标准轨距不一致。

《中俄合办东省铁路公司合同章程》签订不久，1896 年 12 月 16 日，俄国又单方面制定并起草了《中东铁路公司章程》30 条，在合同的基础上，又进一步规定了俄国所享有的特权。主要表现在四个方面：

(1)俄国拥有铁路实际管理权。按照合同第一款的规定，清政府委任的董事长(即督办)，“其专责在随时查察该银行及铁路公司，于中国政府所委办之事是否实力奉行。至该银行及该公司所有与中国政府及京外各官交涉

---

① 罗申：《四十年外交》(*Forty years of diplomacy*)，伦敦 1922 年版，第 198 页。转引自约瑟夫 · 马纪樵：《中国铁路：金融与外交(1860—1914)》，第 128 页。

② 马蔚云：《俄国对华政策的演变与中东铁路的修筑》，《俄罗斯学刊》2013 年第 2 期。

事宜，亦归该督办经理”。表面上看，名位很高，但实际上徒有虚名，其职责是监督性的，并不握有实权，对于铁路的修建和经营等原则性问题，根本无权过问。章程更明确地规定中东铁路公司的实权属于副董事长（即会办），俄国财政大臣有权任命铁路副董事长、总工程师、铁路管理局局长、总工程师等重要官员。

（2）俄国获得开矿权。章程第一款擅自将公司合同规定的“除开出矿苗处所另拟办法外”改为：经过中国政府许可，公司可以开采与铁路有关或无关的煤矿，经营一切工商矿务。

（3）俄国攫取了铁路租让权和领事裁判权。按照合同第五款规定，“所有铁路地段命、盗词讼等事，由地方官照约办理”。章程把“铁路地段”一词改为“铁路租界”，把“地方官”一词改为“中俄两国当地官署”，用心十分险恶，使中国的司法权遭到了进一步的破坏。

（4）俄国获得中东铁路附属地设警权。根据合同第五款规定，“凡该铁路及铁路所用之人皆由中国政府设法保护”。章程则规定，公司拥有在铁道及附属地设置警察、制定铁路警察规则的特权。①

按规定，华俄道胜银行另设“中国东省铁路公司”，负责建造并经营东省铁路。这样一来，俄国就给东省铁路挂上了“中俄合办”的招牌。名为合办，实际是俄国一手操办。清政府只能派驻俄国公使许景澄兼任东省铁路公司中国督办，会办由俄国的盖尔贝许担任。1897 年 1 月，经俄国财政大臣维特批准，公司董事局派茹格维奇为东省铁路总工程师，依格纳奇乌斯为副总工程师。同年 3 月，东省铁路公司成立，总公司设在圣彼得堡，分公司设在北京东交民巷的华俄道胜银行。

---

① 马蔚云：《俄国对华政策的演变与中东铁路的修筑》，《俄罗斯学刊》2013 年第 2 期。

1897年8月，东省铁路干线修建工程正式开始，28日在中俄边境大小绥芬河汇合处的三岔口举行了东省铁路的开工典礼。

勘测线路共有南北两个方案：南线经满洲里、海拉尔，穿过大兴安岭，再经伯都讷(今扶余)、吉林、宁古塔(今宁安)等城市，以达海参崴。北线是从赤塔东南方进入中国国境，经满洲里、海拉尔，穿过大兴安岭后，取道昂昂溪至哈尔滨，再经阿什河至牡丹江，最后达绥芬河，出国境与乌苏里铁路的双城子车站相连接。南线沿线人口较多，农商业较为发达，但里程较长，工程较为艰巨；北线地多荒野，人口稀少，但里程较短，为1481.2公里。经过方案比较，选择了北线。1898年6月28日在哈尔滨设立了铁路工程局，主持全路修建工程。1897年11月14日，德国借口山东曹州(今菏泽)巨野县民众焚毁教堂杀死教士为由，派军舰占领了胶州湾。同年12月15日，俄国也派军舰侵入大连湾，强占旅顺、大连港。

1898年3月15日，清政府屈于沙俄的压力，派李鸿章、张荫桓与俄国代理公使巴布罗福在北京签订了《旅大租地条约》，共9款；同年5月7日，清政府又被迫派出使大臣许景澄、驻俄国公使杨儒与俄国在圣彼得堡签订了《续订旅大租地条约》，共6款。俄国至此独占南满支路沿线的铁路建设权、采矿权和工商业权。1898年6月，俄国强迫清政府签订了《东北铁路公司续修南满支路合同》，不仅攫取了修建哈尔滨至旅顺的铁路修建权，还将铁路沿线两侧划为“铁路用地”。

东省铁路与南满支路修建工程同时并进，开辟的施工场地很多，整个工程雇用的工人多达17万人。东省铁路干支线的轨距，采用俄国西伯利亚铁路的轨距，为1.524米的宽轨，轨重33.24公斤/米。东省铁路干线于1897年开工，哈尔滨至绥芬河全长546.4公里，于1901年2月竣工；哈尔滨至满洲里全长934.8公里，于1901年10月竣工；但靠近哈尔滨西的第一松花江大桥和位于富拉尔基的嫩江大桥分别于1901年8月和1902年2月竣工。南满支线(哈尔滨至大连)全长974公里,于1898年开工,至1901年7月竣工,但是直至1903年7月24日东省铁路干线和南满支线宣告通车时,位于大兴安岭的隧道还尚未完工。东省铁路从开始修建到全线竣工通车,历时6年。此线所用的器材,除钢轨、道岔、钢梁等购自比利时、美国外,其余如枕木、桥梁用木、机车燃料(木柴)、石料等都取自中国。建成的东省铁路西起满洲里、中经哈尔滨、东抵绥芬河,全长1514公里;南线起自哈尔滨,中经长春,到达旅顺口,长974公里。[①]

俄国政府在中国东北地区直接修建并经营东省铁路,严重侵犯了中国的铁路主权,他们凭借对中国路权的控制,强占了中国大量的土地。据东省铁路管理局自称:在其所占的地亩中,线路和建筑物只占用了21%,其余土地均作他用。与此同时,俄国政府在东北还大量开采煤矿资源,采伐森林资源,并且以《中俄合办东省铁路公司合同章程》为依据肆意侵犯中国内河沿海航行权;另外,俄国政府还公然侵犯中国司法、执法和行政权力。俄国在《东省铁路公司章程》中,片面规定:"凡东省铁路界内之一切民、刑诉讼案件,由中、俄两国当地官署,按照约章,会同审判",在海参崴、赤塔、旅顺三地设置法院,光绪二十七年(1901年)在圣彼得堡还专门召开了"东三省司法会议",正式制定并发布了《关于东省铁路附属地司法权之敕令》,将铁路沿线的民、刑法诉讼案件,分别划归上述三地的法院办理。

俄国对东省铁路的直接修建和经营,也在客观上构成了中国东北地区铁路网的基本框架。哈尔滨地处东省铁路干、支线的交汇处,全路的管理机关多设于此,该路加强了大连、旅顺、营口等东北海港与东北腹地的联系。

---

① 铁道部档案史志中心:《新中国铁路五十年》,中国铁道出版社1999年版,第37页。

东省铁路哈尔滨松花江大桥，1901 年建成，是松花江上最早的铁路大桥

东省铁路兴安岭隧道，1903 年建成，是中国第一座长度超过 3 公里的铁路隧道

东省铁路北线共建有桥梁 624 座，哈尔滨松花江桥（长 1015.15 米，1900 年 5 月开工，1901 年 8 月竣工）为该线最长桥。线路建有隧道 9 座，总延长

4199米。其中:兴安岭隧道(长 3077 米)等 2 座位于西段滨洲线上;其余 6 座隧道(总长 1122 米),全部位于东段滨绥线上。兴安岭隧道是滨洲线上最长的一座隧道,全长 3077 米,也是中国第一座长度超过 3 公里的铁路隧道。南满支线共建有桥梁 673 座 18885 延长米。浑河桥(834 米)、第二松花江桥(736 米)、清河桥(723 米)等为该线较大桥梁。

东省铁路哈尔滨站

第二节　胶济铁路的修建

1899 年 3 月,中德签订《胶澳租界条约》,德国攫取了在山东省内经营铁路和开采矿产的特权。1899 年 6 月,德国政府将铁路修建权租让给山东铁路公司,由其建设胶济铁路。胶济铁路于 1903 年建成通车,第一次世界大战期间被日本强占,由日本经营,1922 年由中国赎回。

一、德国强占胶州湾并取得山东铁路权

胶州湾亦称胶澳，位于山东半岛西南端，东南濒临黄海，西北连接内陆。其海岸曲折蜿蜒，港阔水深，不冻不淤。其地处南北交通要冲，对内连接山东腹地、京津、江浙，对外通达朝鲜、日本等，军事、贸易位置均极为重要。

清政府在近代连续对外战争中失利后，已经深切感到海防虚弱，要加强胶州湾防卫。1891 年，清政府调登州镇总兵章高元率兵四营移驻胶州湾；与此同时，胶州湾优越的地理位置也日益被外国列强所关注，其中最起劲的是德国。德国自 19 世纪 70 年代完成统一后，结束了长期分裂局面，经过十几年的发展，已经跃升为欧洲强国。作为后起之国，德国的海外殖民远远落后于英法。进行军事扩张，谋求世界霸权成为德国的战略选择。1859 年，中德根据《天津条约》，获取与中国贸易和派遣传教士、商人等游历权。德国开始在中国广泛调查自然资源和商业路线，图谋占据沿海港湾和岛屿，建立商业据点和海军基地。从 19 世纪六七十年代开始，德国考察了台湾、厦门、海南岛、舟山等地。

最先主张强占胶州湾的是德国地质学家、后来担任殖民局局长的李希霍芬。他曾于 1868 年至 1872 年在中国进行过 7 次旅行，行经 13 省，调查各地情况。回国后著有《中国——亲身旅行和据此所作研究的结果》《山东及其入口门户——胶州湾》《胶州湾的地位及其将来的意义》等论著。经过多番比较，在《中国——亲身旅行和据此所作研究的结果》一书中，他提出胶州湾是山东矿产的合理出口，也是整个华北最大最好的港口。他还首次提出修建一条从胶州湾出发连接山东的煤田、经济南府通向北京和河南的铁路。① 李希霍芬的建

---

① 王斌：《近代铁路技术向中国的转移——以胶济铁路为例（1898—1914）》，山东教育出版社 2012 年版，第 26～29 页。

议对德国选择胶州湾作为势力范围及修建铁路具有重要影响。

1896年8月，德皇威廉二世又派遣其远东舰队司令梯尔司茨对胶州湾进行了一次极为详尽的调查。梯尔司茨调查后指出了胶州湾的四大优点：一是有安全的停泊处；二是容易设防而需费不多；三是附近有煤田；四是气候适宜。调查认定，在北方的俄国和南方的英国两大势力范围之间的胶州湾最适宜建立德国海军基地。1897年初德国侵占胶州湾前夕，德皇又派港口建筑工程专家佛朗求斯来胶州湾进行精准调查。佛朗求斯抵达胶州湾后，深入调查，历时数月，于1897年8月写出了详尽的技术性调查报告。报告对胶州湾的地理、地质、气候、居民、商业、工业、农业、交通、车站地点等30项作了周密调查记录和研究，对于如何铺设铁路、开采矿产、建造海港、投资建厂，日后如何与上海、香港竞争，直至"一块礁石、一片沙土以后如何利用"①等，无不筹划周详。这一报告坚定了德国侵占胶州湾的决心。

除了实际勘测，德国也在外交上进行紧锣密鼓的准备。中日甲午战争后，德国参与"三国干涉还辽"，并以此作为向清政府提出领土要求的条件，其手段与沙俄如出一辙。1896年6月，李鸿章访问欧洲期间，德国外交大臣马沙尔借机向李鸿章提出割让一个海军基地的要求，后被拒绝。同时，马沙尔也以"还辽有功"为词，向中国驻德公使提出借地储煤的要求，被许景澄拒绝。在谈判无果后，德国决定诉诸武力。

1895年，俄国攫取了军舰冬季在胶州湾的停泊权，此时德国想侵占胶州湾还需解决这一外交问题。1897年8月，德皇威廉二世于亲往俄国圣彼得堡，就德国派军舰进驻胶州湾一事征询沙皇意见。两国协商后，俄国表示只要德国能支持俄国夺取旅顺和大连两港，就把胶州湾让给德国。至此，德国

① 赵琪:《胶澳志》(卷一)，青岛胶澳商埠局1928年版，第5页。

占领胶州湾决心已定、外交无碍，只等一个借口。

1897 年 11 月 1 日，两名德国传教士在山东曹州府(今菏泽)巨野县被所杀，引发“巨野教案”。德国即以此为借口，派其东亚舰队从上海开赴胶州湾。13 日，德国军舰开进胶州湾，山东巡抚李秉衡主张抵抗，清政府却反对开战，德国军舰随即侵占胶州湾。20 日，德国向总理衙门提出六项条件：罢免李秉衡；赔偿被毁教堂；抚恤被害传教士家属；合办山东全省铁路并开采矿山；赔偿兵费；保障传教。随后又要求租借胶州湾。1898 年 3 月 16 日，清政府被迫与德国签订《胶澳租界条约》，其中和铁路有关的主要内容有：

(1)清政府将胶州湾租与德国，租期 99 年，租期内胶州湾由德国管辖。

(2)清政府允许德国在山东修建两条铁路，一条自胶州湾经潍县、青州(今益都)至济南及山东省界；一条自胶州湾经沂州(今临沂)、莱芜至济南。设立德商华商公司承办铁路的修建，并允许德国在铁路两旁 30 华里内开采煤矿。

(3)今后在山东开办任何事业，如需用外人、外资和外国器材，德国有优先承办权。

这一条约虽名曰“租界”，但与传统租界比，侵占范围更广，使胶州湾成为德国的租借地，德国攫取了筑路权、开矿权，山东成为其势力范围。

二、胶济铁路修建工程

德国在攫取了山东铁路修筑权和采矿权后。德国的很多银行、公司闻风而动，为取得山东路矿权益展开激烈竞争。为扩大资本能力，德国政府希望这些竞争者组成一个联合公司(辛迪加)，共同开发山东路矿。1898 年，14 家德国重要银行、贸易公司和出口企业组成了一个联合辛迪加。1899 年 6 月 1 日，德国政府正式授予该辛迪加在山东修建经营铁路和开发矿山的许可权。其中关于铁路许可权的规定有：

(1)铁路的建设和经营由辛迪加组建德华股份公司来实施，公司名称为

“山东铁路公司”，资本为5400万马克，德国人和中国人都可以参与股票的公开认购，尤其要在合适的东亚贸易区开放股票认购。

(2)铁路的定线要保证“最重要的煤炭地区——特别是潍县和淄川，以及介于青岛和济南府之间人口数量和其他重要性方面突出的城市和地区，以最适宜的方式与铁路相连”，路线的走向在租借地内必须得到胶澳总督批准。铁路可以建成单线，但购置土地要考虑复线；轨距为1.435米。

(3)铁路建设要尽可能使用德国材料。铁路包括支线在内的全部路段要在5年内完成，青岛至潍县段要在3年内完成，“只有存在较大力量影响的阻碍时才能延期”。

(4)铁路公司在头十年可自主决定费率，而政府有权制定煤炭运输的最高费率。

(5)在许可权存在期间，“帝国政府不能授予另一家企业建设一条位于所授予的铁路线旁边、以相同方向经过那些地点、或经过另一些更为重要地点的铁路许可权”。

(6)公司管理层主席和最高经营管理者人选都须得到政府批准。

(7)当公司分红超过5%时，要向总督府支付一笔规定的金额，“作为对帝国胶州湾港口建设费用和一般管理费用的分摊”。其计算办法是：分红5%～7%提1/20；分红7%～8%提1/10；分红8%～10%提1/5；分红10%～12%提1/3；分红12%以上提1/2。

(8)德国政府有权在60年后按当时的市场价格赎回山东铁路。

(9)对于青岛至沂州和沂州至济南铁路，该辛迪加有权在1908年之前提出申请，如果到那时没有申请，德国政府可以将其授予他人。[①]

① SEG. Baugeschichte der schantung-Eisenbahn. QBD. B1-3-7. 195-237。转引自王斌：《近代铁路技术向中国的转移——以胶济铁路为例(1898—1914)》，第39页。

该铁路特许权规定是德国政府与辛迪加长期谈判、博弈的结果，双方均实现了自己的利益最大化。

1898 年 6 月 14 日，德国在柏林设立山东铁路公司，在青岛设办事处。公司资本 5400 万马克，按每股 1000 马克分为 54000 股，由参与创立的 14 家银行和公司分配。

胶济铁路开工后，德国在筑路过程中毁村庄、占良田、掘坟墓、渡河道等，给沿线人民生计造成严重影响，他们在施工过程中恣意横行、欺凌乡民，引发沿线人民尤其是高密人民的激烈反抗，工程多次停工。1900 年 3 月 21 日，山东巡抚与山东铁路公司总办锡乐巴制定《胶济铁路章程》。该章程多达 28 款，主要内容有：

(1)按照《胶澳租借条约》第二项第二款，修筑铁路应设立华商、德商胶济铁路公司，招集华人、德国人股份，先由德国人暂时经理；所收华人股份在 10 万两以上时，再由山东选派妥员入公司，详订章程，会同办理。

(2)铁路公司查勘铁路地段等时，山东巡抚派人会同办理。

(3)修铁路过程中应留水道，不得损害民田；修铁路应尽量避开村镇、祠庙、坟墓、庐舍、水道、果园、菜园等，尤其是坟墓。倘若万不得已侵占，应不使业主在钱财上吃亏。

(4)除指定路段外，不得擅自另造新路。

(5)租界外有须派兵保护之处，由山东巡抚派兵保护，不准用外国军队。

(6)沿线用工，须多用当地人。租界外所用华人犯罪，由中国地方官审理，铁路公司不得偏袒；外国人犯罪，“按照洋例究办”。

(7)铁路在德国租界以外者，土地大权操之于山东巡抚，租界内，操之于德国。

(8)此段铁路中国将来可以收回，如何购买，将来再议。①

---

① 王铁崖：《中外旧约章汇编》第 1 册，三联书店 1957 年版，第 944～948 页。

在铁路工程屡屡遭到沿线人民反抗的状况下，为了维护清政府的统治以及自己利益，袁世凯以此与德国讨价还价，争取了一些权利，如沿线不得驻军，避免毁坏农田坟墓、雇佣当地人务工等；同时也规定了地方官员对铁路施工的保护义务。

《胶济铁路章程》签订后，按照规定，德国曾将部分股票向中国人开放售卖，但中国商民顾虑重重，无人问津。直至 1902 年，山东巡抚周馥始由省库拨出白银 25 万两，购买铁路、矿务公司股票各 300 股，每股 1000 马克，共计 60 万马克。[①] 这是官款对铁路的投资，山东省还曾派员负责铁路交涉事宜，铁路公司任命其为管理员。“但这个管理员并没有会同管理铁路的权利，而且逐渐连这个空衔也消失了。德国政府派有监理官，监理公司一切事务。公司总办、营业主任以及掌管业务实权的人员，悉由德人充任。可见胶济铁路实实在在是德国政府直接经营的殖民铁路。”[②]

1898 年夏，德国对胶济线分段进行初测，1899 年春进行定测。线路设计为单线，预留以后铺设双线的条件。最大坡度 6.67‰，最小曲线半径 300 米；轨距 1.435 米，路基顶宽 5.9 米；钢轨 30 公斤/米；整体锰钢辙叉；轨枕为钢枕，每节轨铺 12 根，碎石或卵石道床，厚 0.30 米；到发线有效长 480 米。桥梁设计载重以轴重 13 吨为标准。

胶济铁路线路从青岛出发，沿海滩以弧形绕过胶州湾，跨过大沽河等流入胶州湾的河流，在 74 公里处到达胶州。然后穿过平原，跨过墨水河和胶河，到达 100 公里处的高密。接着，越过其他一些流入渤海湾的河流，在 128 公里处到达丈岭。又越过潍河、云河，穿过潍县的煤矿，在 183 公里处到达

---

① 赵琪：《胶澳志》卷一，青岛胶澳商埠局，1928 年版，第 41 页。

② 金士宣、徐文述：《中国铁路发展史(1876—1949)》，中国铁道出版社 2000 年版，第 49 页。

潍县。然后经青州、张店、周村和龙山，到达济南。支线由干线上的张店分出来，沿孝妇河谷穿过淄川，经河谷周围的煤田到达博山。①

1899年9月23日，胶济铁路开工。线路施工由“德国山东铁路公司”总办和总工程司负责。工程由德国人组织施工和担任技术指导、监督。参加筑路的中国民工每日约2.5万人。工程由青岛、胶州两地同时修建，分成若干小段同时施工。筑路所需石料、砖瓦、碎石等，皆就地取材。钢轨、桥梁、车辆、水泥等，大部分向德国工厂订购。

1899年11月线路建至高密，乡民要求山东铁路公司增设涵洞，以免水患，公司却置之不理，乡民武力阻拦，德兵开枪杀伤多人。官亭庄农民孙文与绳家庄武生李金榜等，组织当地108个村庄的万名农民，爆发了抗德阻止筑路的武装斗争，取得一定胜利，迫使工程停工一年之久。1904年6月1日，青岛至济南的干线395.37公里，张店至博山的支线39.2公里，淄川至洪山的支线7.4公里，共计440.7公里的线路，全部建成通车。全线修建费(含张店至博山支线)实用5290.12万马克，平均每公里造价12.1万马克。

胶济铁路各路段通车时间表②

通车时间	通车路段	里程(公里)	总里程(公里)
1901年4月8日	青岛—胶州	74	74
1901年9月8日	胶州—高密	26	100
1901年12月1日	高密—丈岭	28	128

① 王斌：《近代铁路技术向中国的转移——以胶济铁路为例(1898—1914)》，山东教育出版社2012年版，第26～29页。

② SEG. Baugeschichte der schantung-Eisenbahn. QBD. B1-3-7. 转引自王斌：《近代铁路技术向中国的转移——以胶济铁路为例(1898—1914)》，第47页。

续上表

通车时间	通车路段	里程(公里)	总里程(公里)
1901 年 12 月 26 日	丈岭—岞山	13	141
1902 年 3 月 20 日	岞山—南流	10	151
1902 年 6 月 1 日	南流—潍县	33	184
1902 年 12 月 10 日	潍县—昌乐县	24	208
1903 年 4 月 12 日	昌乐县—青州府	33	241
1903 年 6 月 1 日	青州府—淄河店	15	156
1903 年 9 月 15 日	淄河店—马尚	34	290
1903 年 9 月 22 日	马尚—周村	12	302
1904 年 3 月 1 日	周村—龙山	58	360
1904 年 3 月 15 日	龙山—济南东	28	388
1904 年 6 月 1 日	济南东—济南西	7	395
1904 年 4 月 5 日	张店—淄川	18	413
1904 年 6 月 1 日	淄川—博山	22	435

胶济铁路，1904 年建成。
图为胶济铁路开出的首趟列车

胶济铁路所经大部分为平原，坡度缓和，工程较易。全线工程有特大桥 1 座、大桥 19 座、中桥 48 座、小桥 915 座；桥梁多为钢制；著名桥梁有长约 470 米的淄河大桥及长约 250 米的潍河大桥。此外，还有隧道 80 余座及部分沟渠。全线共修建车站 56 座，支线修建车站 5 座。除济南、青岛、张店车站外，其余车站都较为简单，一般只有小房一二栋。在四方车站附近设立一座车辆修理厂。

胶济铁路济南站

胶济铁路青岛站

第三节　滇越铁路的修建

滇越铁路是我国西南地区出现的第一条铁路，也是少数米轨铁路之一。该路是法国为控制中国西南门户、掠夺云南等地资源、实现其越南殖民地港口与中国内陆对接而修建的国际铁路通道。滇越铁路的修建，工程之艰巨、投资之多、伤亡人数之多，在早期铁路史上也是罕见的。该路于 1946 年 2 月中、法两国在重庆签订《关于中越关系之协定》后，滇越铁路滇段路权回归中国。

一、法国掠夺铁路修筑权：从龙州到滇越

法国是最早开始谋求直接掠夺中国筑路权的国家。中法战争（1884—1885）结束后，中法签订《越南条款》，其中规定：日后若中国酌拟创造铁路时，中国自向法国业此之人商办；其招募人工，法国无不尽力勷助。惟彼此言明，不得视此为法国一国独有之利益。[①] 这是中国与列强签订的不平等条约中第一次出现关于列强在华铁路修建权的规定，标志着帝国主义列强掠夺中国铁路利权的时代即将到来。

1895 年中日甲午战争结束后，法国政府自恃"有功于"清朝政府，又强迫清政府于 1895 年 6 月 20 日签订了中法《续议商务专条附章》，其第五条再次规定："至越南之铁路或已成者或日后拟添者，彼此议定，可由两国酌商妥订办法，接至中国界内。"[②]两个月后，法国驻华公使施阿兰据上述条款照会清

① 王铁崖：《中外旧约章汇编》（第一册），三联书店 1957 版，第 468 页。

② 王铁崖：《中外旧约章汇编》（第一册），三联书店 1957 版，第 623 页。

政府总理衙门，要求由法国费务林公司承办从越南同登至广西龙州的铁路，并进一步表示该段铁路将从龙州延展至百色。总理衙门予以拒绝。

此后，清政府开始筹划自行修建龙州铁路，并开展了一些勘测工作。然而，法国并未放弃对龙州铁路修筑权的争夺。施阿兰以“新约有接至中国界内一语，接字系接长之接，中国界内铁路，可由越南接长，龙州百色，均算其中”①为由，向总理衙门索要修筑权。法国一方面向清政府施加外交压力，一方面又实行军事威胁，出动军舰在中国海面游弋，最终迫使清政府屈服，同意由法国费务林公司接造龙州至同登铁路；但清政府拒绝了法国进一步要求接造龙州至百色铁路。由法国包办的龙州铁路，“这是帝国主义国家迫使清政府作出的使中国主权受到侵犯的第一条铁路特许，也是法国把中国西南各省当作它的势力范围的第一个明显行动”②。1896 年 6 月，总理衙门和法国费务林公司在北京签订《龙州至镇南关铁路合同》。该合同共 8 条，对龙州铁路的勘估、修造、包办、用料、轨宽、费用、接连、客货运输、管理等主要问题做了规定及说明。龙州铁路拟定的线路，是以龙州左江对岸伏波庙码头为起点，经鸭水滩、凭祥、土州，至镇南关外的界口为止，共计 61 公里。

合同订立之后，费务林公司将 1886 年越南境内仅有的一条北让（今北江）至谅山的铁路轨距由 0.6 米加宽为 1 米，并将该路展修到中国边界，准备将来与龙州铁路接轨。清政府设立了龙州铁路官局，派广西提督苏元春为督办。合同期限为 36 年，期满经双方商酌可以延长。此后，双方又就工程造价、轨距等进行了持续争论，1899 年 9 月 15 日，另订中法《龙州至镇南关续立铁路合同》，共 10 条。龙州铁路续立合同签订后，清政府即令户部开

---

① 宓汝成：《中国近代铁路史资料》第 2 册，中华书局 1963 年版，第 475 页。

② 宓汝成：《帝国主义与中国铁路 1847—1949》，经济管理出版社 2007 版，第 71 页。

始筹款并源源解拨，费务林公司开始分段修筑龙州铁路。然而，到 1900 年 7 月，铁路即告停工。

停工的原因与当时的国际局势密切相关。英法两国长期以来在中国华南、西南地区争夺势力范围。法国取得了龙州铁路的修筑权与经营权，并计划将此路延伸到南宁、百色等地。这条铁路一旦筑成，法国不但可以控制铁路沿线的中国领土，而且还将使广东、广西两省的货物经西江集中于南宁，然后沿铁路流入河内、海防等地。这样，西南诸省的商务将完全被法国控制。英国要保证自己在西南诸省的地位，并使广东、广西的货物沿西江流入香港，决定采取必要的手段，以对抗法国的独占野心。1897 年 2 月 4 日，英国逼迫清政府与之签订了《滇缅条约附款》及《西江通商专条》，取得了将缅甸境内铁路修入云南和西江通商的特权，阻止了法国独占西南诸省权益的野心。为此，法国不甘示弱，乘机向清政府大举勒索，1897 年 6 月 18 日，法国逼迫清政府同意由法国“自越南交界起，沿百色河一带或红河上游一带，修筑铁路以达省城（昆明）”[①]，此即滇越铁路的中国段。正是因为要赶筑滇越铁路，从而与英国争夺在中国西南的控制权，法国才暂缓龙州铁路的修筑，乃至后来完全停止[②]。

1898 年春，在德国取得租借胶澳及山东铁路特权，俄国取得租借旅大和南满铁路特权之后，法国也以“还辽有功”借口要求均势，命其驻华代理公使吕班，于 3 月 13 日向总理衙门递交照会，提出四项要求，其中第四条为：法

---

① 宓汝成：《中国近代铁路史资料》第 2 册，中华书局 1963 年版，第 479 页。

② 1909 年 8 月，法使苏潘纳向外务部称：龙州铁路停办多年，原议法国已有修建之权，今则情愿相让，并不再索造路之权，请由中国自行筹办。龙州铁路自此宣告终结。自 1896 年 10 月 1 日龙州铁路官局开办起至 1900 年 7 月，中国共支付 30 多万两白银，除建成龙州官局房屋，供法人居住的凭祥来安馆以及码头几处之外，一公里铁路也未修建。

国修建由越南往云南省城的铁路。英国获悉，认为妨碍他在中国西南地区的利益，表示坚决反对。清政府又与法国交涉，法外交态度十分强硬，谓“中国如再延迟必出事故。”在法国威逼下，清政府允许法国或所指法国公司，自越南边界至云南省城修造一条铁路。

1901 年，印度支那总督杜美将东方汇理银行等四家银行组成法国滇越铁路公司，于 7 月 5 日获法国政府批准，在 8 月 10 日正式成立。

1903 年 10 月 28 日，中法两国签订《滇越铁路章程》，共 34 款，其中主要内容有：

(1)线路起止轨距等。铁路自河口抵蒙自，或由蒙自附近至云南省城昆明，须彼此商榷。铁路轨距为“一迈当(一米)”。干路造成后，如果彼此认为有利，可由双方商定接修支路。

(2)铁路用地方面。规定：铁路修造的车站、机器、厂房、铁厂、存货栈房，均应备有地段听用。所用地段如是官方地块，交铁路公司收领；如是民间土地，由滇省官方购买，6 个月内拨交铁路公司。铁路两旁可以修建工程需要的道路，所需土地由滇省拨给。如果是民地，由公司照价支付，工程完竣后归还业主。铁路经过地方，不得损坏城垣官署。

(3)工程用工方面。规定：铁路监工、副监工、匠目及各色执事须有专门技术的，由外国人充任。其他工人尽量招募云南省人，本省人数不足或索价太高，可招募他省人充当。

(4)工程物料方面。规定：铁路工程所需物料，必须尽量多用本地出产，地方官配合酌定物价。开外石矿、砂矿及砍伐树林木料，铁路公司需预先向地方官请示看有无妨碍。无论官民所有，都需要铁路公司议价购买。

(5)铁路经营管理方面。客货运价格由铁路公司自行核定。运送中国兵丁及兵丁所用枪械、火炮、粮饷，运送中国赈灾粮食等，应优先运输，运价减免。铁路不得运输交盐及外国兵械，如中国有战事，悉听调度。

(6)中国国家于80年期限将满，可与法国商议收回铁路及铁路一切产业。

二、滇越铁路修筑工程

早在《滇越铁路章程》签订前，滇越铁路勘测选线已经开始。1901年8月，滇越铁路公司在巴黎成立，铁路勘测、建设步入正轨。线路勘测时最初选定从昆明经玉溪、通海、建水、蒙自、屏边至河口的西线，后经多番比选，改为昆明经宜良、盘溪、开远、芷村到河口的东线。与西线相比，东线人烟稀少，但工程较易，花费较少。1903年10月，《滇越铁路章程》签订。1904年1月25日，以印度支那总督批准采用东线为标志，滇越铁路在中国正式动工兴建。滇越铁路修建采用了当时世界较为先进的工程承包制和合同制进行项目管理。公司将滇越铁路滇段工程分别发包给意大利、希腊、比利时、印度和法国的承包商。承包商建立工头制，设大工区2个，第一工程区驻地蒙自，第二工程区驻地宜良。每个工程区包括一定数量的工程段，每个工程段设一名工程师。工程段下设若干分段，共计工程段10个，下设大包工26段，小包工99段和监理部35个。监工由法国、意大利、希腊、比利时、印度和越南人担任。根据《滇越铁路章程》铁路用地若系官地由地方政府拨付铁路公司，若系民地由政府收购。所有土地作股白银二百万两。铁路外籍员工须领有护照，中国妥为保护，否则地方官不认保护之责。清政府据此章程在蒙自设铁路局，其职责仅限于向铁路公司拨交土地，派遣兵丁保护外籍职员。施工期间由铁路公司每月兑交"滇省大吏"4450两白银补偿中国官员兵勇来往照料薪水伙食。

施工的行政管理及工程技术人员由铁路建筑公司在欧洲招聘，先后使用欧洲籍人员 2129 人。工匠(技工)及苦力(普通工人)除少数招收越籍人员外,大部分是公司与清政府官吏在云南省各州府强行摊派,不足再向福建、四川、河北、山东、浙江、广东诸省,利用地痞流氓及行会组织,以做官、厚禄等为诱饵进行招工,先后共招到 6.07 万人。整个施工过程中,省内外累计招工人数二三十万人。

工人筑路以铁锹、锄头、撬棍、竹筐、扁担、手推独轮车等简单粗笨工具为主,劳动强度大,每个工日要求完成土方 1.37～2.46 立方米和石方 0.34～0.62 立方米。工人生活条件极差,尤以南溪河谷为甚,气候炎热潮湿,10 多人挤住在 1 个草棚里,席地而卧,没有开水喝,病人缺医少药,且劳动报酬甚低。在南溪河谷艰苦地区每工日工资挖掘土石方 0.5 皮沙(越币皮阿斯特),砌石 0.7 皮沙。其余地区挖掘土石方 0.35 皮沙,砌石 0.5 皮沙。如此微薄收入,还要受洋监工及中国工头的敲诈,稍不从命,便遭严刑拷打,甚至刀砍、枪杀,伤残、死亡者难以数计。当地人民流传“一根枕木一条命”的说法,工人的处境十分悲惨。

1906 年 3 月 1 日自河口开始铺轨,初期进度较慢;1908 起进度加快,月均铺轨 25.2 公里;1910 年 1 月 30 日铺轨至昆明。河口至腊哈地、腊哈地至碧色寨分别于 1908 年 6 月 15 日、1909 年 4 月 15 日办理营业。碧色寨至开远、开远至小龙潭、小龙潭至盘溪分别于 1909 年 5 月 1 日、6 月 1 日、7 月 17 日营业。盘溪至宜良、宜良至昆明也于 1910 年 1 月 10 日及 1910 年 4 月 1 日营业。

工程费用方面:1906 年 11 月 30 日第一期结算为 8138.7 万法郎,1906 年 12 月 1 日至 1910 年 4 月 1 日估算为 7708 万法郎,共计 15846.7 万法郎(未包括贯通营业后尾工配套、轨道整修费用 700 万法郎),平均每公里 34.1 万法郎。

滇越铁路昆明至河口全长496.8公里。在越南境内与滇越铁路相接的海防至老开(今老街)段,全长389公里。越南境内的铁路先行于1901年开工,1903年竣工。滇越铁路滇段于1904年开工,1910年竣工。1910年4月1日两段全线通车。越南铁路轨距为1米,法国为使滇越铁路与越南铁路接轨联运,轨距也采用1米。滇段设车站34个,一等站为昆明站,有站线5股(不包括正线,以下同),站坪长700米;二等站为开远站,有站线3股,站坪长600米;三等站有腊哈地、芷村、盘溪、禄丰村、宜良、可保村等站,各有站线2股,站坪长400米;四等站24个,各有站线1股,站坪长350米。此外,河口设有边境检查站,碧色寨设有海关检查站。各站间距离一般为10公里左右,最长为小龙潭至巡检司,站间长20.6公里;最短为落水洞至芷村,站间长8.4公里。股道布置均为横列式。主要技术标准:该段线路最大坡度25‰,最小曲线半径100米,曲线占全线路比例59%。钢轨为法国VL型25公斤/米,钢枕,碎石道床厚0.3米。桥梁有钢梁、石拱两种,共建桥、涵3422座,隧道155座,总长17.9延长公里。

滇越铁路工程数量及设备表①

项　目	单　位	数　量	备　注
正线铺轨	公里	464.6	
站线铺轨	公里	17.1	
道　岔	组	122	单开
路基土石方	万立方米	1660	
土　方	万立方米	810	
石　方	万立方米	850	

① 昆明铁路局志编委会:《昆明铁路局志》,中国铁道出版社2015年版。

续上表

项　目	单　位	数　量	备　注
桥　涵	座/米	3422/5000	米系桥涵跨长
隧　道	座/米	155/17864	
车　站	个	34	
房　屋	栋	344	
机车库房	栋	5	
给煤设备	处	5	
给水设备	栋	14	
机车转向设备	个	7	转车盘
通信电线路	条	2	
通信电报机	台	45	
蒸汽机车	台	29	
重　型	台	23	
轻　型	台	6	
车　辆	辆	508	
客　车	辆	62	
货　车	辆	446	

滇越铁路人字桥是滇越铁路著名工程。人字桥位于波渡箐至倮姑站间K111＋883.4处，跨越绝壁对峙的四岔河谷。据法国人设计记载，桥面钢轨顶至河谷底水面约100米(1966年5月铁路局工务处实测为72米)。谷底水流湍急，漂石堆积，形成瀑布深潭。桥梁两端均与半径100米的曲线隧道相连。桥梁设计方案经多次比选，最后法国巴底纽勒桥梁公司的鲍尔波登(PaulBodin)桥梁工程师决定采用三铰拱钢桥，上托4孔简支上承钢桁梁，其

结构以单孔人字形钢拱为主体。人字拱跨 55 米，矢高 15.6 米，简支梁第一孔跨长 15.75 米，第二、三孔跨长 14.75 米，第四孔跨长 21.9 米，桥梁全长 67.15 米。此桥是 1907 年 5 月开工的，施工先开凿两端隧道口桥台，随即在两端洞口距轨顶面高 19.17 米的陡壁上，用铁锤钢钎开挖宽 4.6 米、高 3.3 米、深 4 米的绞车洞。1908 年 3 月，安装预制好的球形铰承台（每块重 650 公斤），6 月在球形铰上垂直拼装三角形钢拱架，其拱肋的上弦、上风撑临时用锚杆及缆绳稳定在岩壁上，自下而上拼装下弦杆、腹杆、下风撑。拼装应用的 30 吨绞车和铁链（铁链重 2.55 吨，长 355 米）系用 200 名工人在蜿蜒的山间羊肠小道上抬运，绞车等工具全部运到工地组装就绪后，7 月 16 日三角形拱架顶悬挂于与绞车相连的滑车上，6 时两端绞车开始徐徐松放，12 时按设计坐标位置准确合拢。8 月至 11 月河口端在开凿好的拼装槽内拼装简支梁，并将组装好的简支梁利用绞车、滑车、滑轮等牵引、推送就位，最后铺设桥面及轨道。12 月 6 日全桥竣工通车，工程历时 20 个月 26 天，桥梁重 179.5 吨（包括配件），有效荷载与自重比为1∶0.5，三铰拱的矢高与跨长比为 1∶3.5，架设在高 200 余米的四岔河谷中，显得纤细匀称，造型美观。上承网格式桁梁与人字形拱架组合一体，尤为独特新颖，成为当时杰出的铁路桥梁之一。

滇越铁路著名的“人字桥”

滇越铁路云南府车站

第四节　日本对东北铁路的侵占与扩张

中日甲午战争之后，列强纷纷在中国的土地上划分势力范围，掠夺中国的铁路权益。在东北，对铁路等利权的争夺从早期的英、俄相争逐渐演变为日、俄相争。日俄战争后，日本从俄国手中夺取了南满铁路。其后，日本大举渗透东北，以投资修筑铁路为手段，实行经济、军事、政治、社会、文化的全面入侵，逐步实现其霸占中国东北的目标。

一、日本掠取南满铁路

中日甲午战争后，日本强迫清政府签订割地赔款、丧权辱国的《马关条约》，日本侵占台湾全岛及所有附属各岛屿、澎湖列岛和辽东半岛。一心想独吞中国东北的俄国，也不甘示弱，拉拢德国和法国，制造了“三国干涉还辽”事件，逼迫日本将辽东半岛归还中国。不久，俄国便以“还辽有功”为借口，攫取了在中国东北修建中东铁路及其支线等特权。后来，又强行向中国政府租借旅顺和大连，并乘八国联军入侵中国之机霸占了整个东北三省。俄国的扩张野心加剧了它同日本在中国东北地区的矛盾。日本利用中日甲午战争从中国掠得的巨额赔款，增加了资本积累，刺激了与军需有关工业的发展，这让日本迅速挤进了“世界强国”行列。1902 年，英国与日本结成同盟，大力支持日本对抗沙俄，日俄在中国东北的冲突愈演愈烈。

1904 年 2 月，日俄战争在中国东北爆发，清政府宣告中立。历经一年多时间，俄国战败。1905 年 9 月 5 日，俄国被迫同日本在美国朴次茅斯签订了《朴次茅斯条约》(《日俄合约》)。其中第六款规定：“俄罗斯帝国政府，当以长春(宽城子)、旅顺间之铁道及其一切支线，及在该地方所属之一切权利、特权，及财产之属于该铁路者，不受一切补偿，而以大清国政府之承诺，转移割让与日本帝国政府。”[①]此外，合约还规定将旅顺口、大连湾并其附近领土、领水的租界权转让给日本等。至此，原中东铁路南满支路的长春至旅顺段被日本占有，这段铁路也被命名为南满铁路。沙俄仍然经营东省铁路的总干线，绥芬河至满洲里和南部支线的哈尔滨到长春段。中国东北的局面也由 1900 年以来的沙俄独占，变成俄国侵占北部，日本侵占南部。

1905 年 12 月 22 日，日本又迫使清政府与之签订《会议东三省事宜条约》，正约 3 款及附约 12 款。在该条约中，清政府承认了日俄《朴次茅斯条约》中有关旅顺、大连租借地和南满铁路让与日本的规定，将日本通过《朴次

① 宓汝成：《中国近代铁路史资料》第 2 册，中华书局 1963 年版，第 549 页。

茅斯条约》攫取的权益合法化。日本不仅继承了俄国在中国的地位，而且攫得许多额外利益。在铁路方面有，日俄战争期间日本强行修建的安奉铁路（详下）由日本继续经营、南满铁路所需各项材料豁免一切捐税和厘金等。[①]

日本夺取南满铁路后，在以何种形式对其进行经营管理，以及如何借助铁路进一步对东北进行殖民统治方面，日本军政各方进行了长时间的讨论与谋划。日本逐渐形成了效仿英国东印度公司，对中国东北进行殖民统治的思路。1906 年 1 月，日本成立所谓的"满洲经营委员会"，由陆军首脑儿玉源太郎为"委员长"，研究日本经营"满洲"的方案。1906 年 3 月，该委员会向日本内阁首相提出建议："'满洲'的经营，以修筑归于帝国权力内的铁路及开采其附属之煤矿为重点，较为得策。盖因'满洲'的利源应随铁路的发展而逐步开发，设若恣意于各种事业，终将徒劳无益。关于铁路，似可根据'另开原则'（'另开原则'略），采取组织公司的方式予以维持。"[②]1906 年 6 月 7 日，日本政府以"第 142 号敕令"公布"南满洲铁路株式会社"章程；8 月 1 日，发出"秘铁第 14 号命令书"；11 月 26 日召开成立大会，原台湾所谓的"民政长官"担任"南满洲铁路株式会社"第一任总裁；1907 年 4 月 1 日，"南满洲铁路株式会社"（"满铁"）正式营业。

"满铁"的设立，主要是依据上面提到的两个文件，即"第 142 号敕令"和"命令书"，"敕令"是公开发表的，"命令书"则是秘密发给设立委员的。"敕令"仅规定"满铁"的大体轮廓，凡"公之于世反而不利的事项"均载"命令书"中。这两个文件规定："满铁"公司由日本政府设立，"满铁"总裁、副总裁及理事由日本政府任命，日本政府设"满铁监理官"监视其业务，日本政府得以

① 宓汝成：《中国近代铁路史资料》第 2 册，中华书局 1963 年版，第 549～550 页。

② 宓汝成：《中国近代铁路史资料》第 2 册，中华书局 1963 年版，第 553 页。

发布监督公司事业的命令；日本政府得以取消公司的决议和解除其干部的职务；日本政府规定“满铁”的资本总额并保有其半数，日本政府保证民间股份的六厘分红和公司债利息；政府可随时命令“满铁”接受新任务，政府得以随时使用“满铁”的铁路、土地及其他物品。此外，“满铁”每年收缴股款、募集公司债、事业计划、预决算以及关于会计及营业的规章都要经日本政府审查批准。由此可见，“满铁”在形式上虽然是独立的股份公司，实质上则完全处于日本政府的控制之下，无异于国家机关。[①] 可见，“满铁”是以公司之名，行殖民之实的半官方机构。正如著名史学家胡绳所指出：“‘满铁’名义上是个股份公司，实际上是日本政府直接管理下的一个经济侵略机构。历史表明，‘满铁’是日本官民一体和‘文武双全’的综合侵华实体，是强贼钻进中国肚皮建立起来的庞大而独特的侵略机构。”[②]从 1906 年成立至抗战胜利，“满铁”在华经营近 40 年，深刻影响了东北铁路与社会经济发展。

安奉铁路(安东至奉天)是日本在日俄战争期间借口战时军事需要而擅自修建的。1904 年 7 月 12 日，日军派铁道大队在中国安东(今丹东)登陆，8 月 10 日动工修建此路，1907 年 4 月 1 日竣工。这条铁路为军用铁路，轨距为 2 英尺 6 英寸(0.762 米)，轨重 25 磅/码，全长 303.7 公里。1905 年 12 月，中日签订《会议东三省事宜条约》规定：安奉铁路仍归日本政府继续经营，改建后经营 15 年。日本取得安奉铁路经营和改建权后，多次违背之前与清政府的协议，自行改变线路、加宽轨距、占用土地等。清政府也曾多次抗议日本的筑路活动，强调安奉铁路是独立铁路，并非“满铁”支线。但“满铁”置之不理，继续强行施工。此外，“满铁”还擅自在鸭绿江架设连接朝鲜

---

① 苏崇民：《满铁史概述》，《历史研究》，1982 年第 5 期。

② 胡绳：《从鸦片战争到五四运动》下册，人民出版社 1981 年版，第 767～768 页。

与中国安东的铁路桥。1909 年 8 月，中日签订《安奉铁路节略》五条，清政府被迫同意日本改轨、移线、购地等要求。1910 年 4 月，清政府与日本订立《鸭绿江架设铁桥协定》，同意日本架设鸭绿江桥。这样，日本对安奉铁路和鸭绿江架桥的侵占被合法化，安奉铁路成为南满路的支线。

安奉铁路改建工程包括改轨和变线，其安东至浑河的线路于 1911 年 11 月完工，长 296.3 公里；1918 年又废除浑河至陈相屯一段，改由陈相屯与苏家屯连接，次年年底完成。至此，安奉铁路全长 261.1 公里。[①] 鸭绿江桥实际施工仅 16 个月即完成，桥长 929 米。[②] 两个工程告竣后，朝鲜汉城与我国奉天直接可以铁路直达，便利了日本东京与中国东北的铁路连接。

运行中的安奉铁路列车

① 《南满铁路建设志》，1939 年日文版，《交通史路政编》第 18 册，60 页，82 页，转引自金士宣、徐文述《中国铁路发展史（1876—1949）》2000 年版，第 163 页。

② 《交通史路政编》第 18 册，83 页，转引自金士宣、徐文述《中国铁路发展史（1876—1949）》，第 163 页。

二、日本谋求吉长、吉会、新法铁路权益

日俄战争期间，日军侵占中国奉天城后擅自修建了从新民至奉天城郊外的新奉铁路。日俄战争后，中日约定由日本将该路出售给中国，并由日本为改建该路提供部分贷款。该路收回后，清政府将其并入关内外铁路，使京奉铁路最终成形（详见第三章）。日本在与中国交涉新奉铁路贷款的过程中，还想将其与吉长铁路贷款权一并考虑、借机夺取吉长铁路路权。

吉长铁路，由来已久。1902 年，吉林省将军郭布罗·长顺鉴于东省铁路及南满支路即将竣工，奏请修建吉林至长春的铁路，以与南满支线连接。不久，俄国人得知此事之后向清政府要求由东省铁路公司修建吉长铁路。日俄战争爆发，此事中止。1905 年，吉林省将军达桂又奏请自办，由清政府度支部拨款白银 80 万两作为开办费，另有吉林省拨款白银 79.9 万两，着手备料兴建。吉长铁路原本是清政府自办的国有铁路，与日本无关。

如前所述，日本在与中国交涉新奉铁路过程中，将吉长铁路一并提出，最终于 1907 年 4 月 15 日，中日双方在北京签订了《新奉、吉长铁路借款续约》7 款，除规定新奉铁路借款外，关于吉长铁路的规定为，吉长铁路所需建造资金向“满铁”筹借半数，定期 25 年，以该路财产及进款作为担保。借款期内，总工程师及账务人员由日本人担任。[①] 日本通过贷款，取得了吉长铁路的贷款权和管理权。通过吉长铁路，日本势力向吉林腹地延伸，实现其逐步蚕食东北权益的目的，同时也扩大了“满铁”的经营范围和权益。

吉长铁路修建工程方面。1909 年 8 月，清政府决定借日款修筑吉长线之后，于当年 10 月 20 日，在长春县东门外设吉长铁路总局，傅良左为总办，

---

① 宓汝成:《中国近代铁路史资料》第 2 册，中华书局 1963 年版，第 577～579 页。

颜吉清为会办，日本人曲尾辰二郎为总工程师，组织吉长铁路修筑。1910 年勘测选线完成，当年 5 月 9 日正式开工。吉长线起点为南满铁路长春的头道沟站，向东渡伊通河到长春东站，中经龙泉，1911 年 1 月 1 日修到卡伦，约 25 公里。当时，鼠疫蔓延哈尔滨、长春、吉林一带，筑路工人死者日以百计，工程遂致阻滞，头道沟至卡伦间开始临时营业；之后越过饮马河至九台，过土们岭，由于土们岭隧道长约 488 米，工艰费巨，尚未兴修，暂用便线通过；1912 年 10 月 8 日修到九站，10 月 20 日修到松花江南岸的吉林省会永吉(吉林)，22 日全线通车。至 1920 年 7 月 31 日，土们岭隧道建成，全线 127.7 公里方全部告成。该线为单线，1.435 米标准轨距，正线用汉阳造 30 公斤/米 A 型钢轨，直线每公里铺枕木 1600 根，碎石道床，最小曲线半径 457.2 米，到发线有效长最短 430 米；通信线路 4 条，臂板信号，路票闭塞。全线共建桥梁 95 座、涵渠 75 座；全线共建车站 9 个，临时信号场 2 个；车站设备简陋，除长春、吉林站台股道较多，其余车站均为 2 至 3 条股道，个别车站 5 条股道，有的站舍用席棚搭建，共有货物仓库 5 座。在长春、吉林建有机务段，2 个机车库各有 1 台手摇式机车转头设备。长春机车库有机车停留线 2 条，可停留机车 4 台；吉林机车库有 3 条线路，可停留机车 6 台。

吉会铁路是指吉长铁路延展至朝鲜东北部会宁的一条铁路。会宁至朝鲜的清津港已修建铁路，吉会铁路建成以后，从日本本岛渡过日本海至清津港通过吉会铁路可直达东北吉林，为日本侵略中国准备了一条重要交通线。这是日本极力要求修建吉会铁路的险恶用心所在。1909 年 2 月 6 日，日本使臣向外务部提出“东三省六案”交涉，提出“将吉长铁路展修至朝鲜会宁”。同年 9 月 4 日，日本又强迫清政府签订了《图们江中朝界务条款》，其中规定，吉长铁路的展修权归日本所有。只不过日本虽攫取了该路的贷款权，并未着手进行修建。

此外，日本还以各种借口阻挠清政府在南满线周边修建铁路，进一步扩大铁路权益。1909 年 2 月 6 日，日本驻华公使伊集院彦吉以解决“悬案”为借口，向中国外务部递送节略，提出“东三省六案”，要求谈判。其中，第六案与吉会铁路有关，其余与铁路相关者主要包括新法铁路和大石桥至营口支线。

新法铁路(新民至法库门)**修建问题**

1906 年 11 月间，奉天将军赵尔巽筹议在新民至法库门直接修建铁路，将来可向北抵达齐齐哈尔，“以联络蒙疆，收回权利”[1]。此为修建新法铁路最初的拟议。1907 年 4 月，鉴于东北三省的形势日趋危机，清政府撤销奉天、吉林、瑷珲三将军，分置奉天、吉林、黑龙江三省巡抚，设东三省总督以统领全地区的政务和外交事务。第一任总督为徐世昌，奉天巡抚为唐绍仪。徐、唐到任后，重申赵尔巽所请，获得清廷允准。后几经辗转，唐绍仪选定由中英银公司提供借款，英国宝林公司承包工程。11 月 8 日，徐世昌、唐绍仪与英国宝林公司订立了《新法铁路工程承造草合同》17 条，规定一切依照京奉铁路的工程标准承造，并限定开工后 18 至 24 个月完工。[2] 尽管中国对修建这条铁路进行的是隐秘筹划，但还是被日本获悉，并极力阻挠。日本多次以“新法铁路是南满铁路平行线，修建新法线侵害南满线利益”为理由进行抗议。在日本不断抗议下，英国宝林公司放弃了新法铁路筑路权，日本实现了其阻挠西方国家在中国东北投资筑路，进而逐步实现日本独霸中国东北的目的。中日之间历经几年的关于新法铁路修筑争执，最终仍未解决。

---

① 王芸生:《六十年来的中国与日本》，卷 5，第 72 页。转引自金士宣、徐文述《中国铁路发展史(1896—1949)》，第 171 页。

② 徐世昌、唐绍仪致外务部函，光绪三十三年十月十五日;《清季外交史料》，卷 207，第 9～13 页。转引自金士宣、徐文述《中国铁路发展史(1876—1949)》，第 172 页。

吉长铁路长春站

大石桥至营口临时支线（大营支线）问题

大营支线是沙俄修建南满铁路时为运送粮食、轨料、加速工程而修建的临时铁道便线，1899 年 5 月 6 日建成，从大石桥至牛家屯（即旧营口），长 21.4公里。根据 1898 年中俄《续订东省铁路南满支路合同》第 3 款规定，大营支线自勘定路线拨给地段之日起，经过 8 年即将原路拆除。至于是否保留，完全是中国自主决断之事。而日本政府在“悬案”中竟然把这条支线视为南满铁路的一部分。1909 年 9 月 4 日，中日签署《东三省交涉五案条款》，中国被迫承认大石桥至营口支线为南满铁路支线。1909 年 10 月至 12 月，日本新建了营口站舍，营口支线改在新营口起，线路全长 22.4 公里。

三、英美参与东北铁路建设的“努力”与挫败

日本在东北步步得逞、一家独大引起了美英等国的警惕，他们采取了多

种方式，试图通过铁路深入中国东北。不过这些“努力”在日本的阻挠下纷纷失败。

哈里曼计划

日俄战争结束后，美国垄断资本巨头之一、“铁路大王”哈里曼策划了一个雄心勃勃的计划，即在美国的控制下，建筑一条贯穿日本、中国东北、西伯利亚、俄国的欧洲部分、大西洋的环球交通系统。通过这一系统，美国将“不但在东方处于领导地位，而且在一定程度上操纵欧亚两洲最发达地区的贸易”①。实现这一目标首先必须掌握中国东北的铁路，哈里曼构想了首先收买南满铁路，然后收买东省铁路的计划。

哈里曼于 1905 年 8 月底抵达日本，开始游说活动，他和日本的政界和金融界广泛接触。他的计划受到日本元老的青睐。当时日本政界和财政界不少人担心开发“满洲”将为日本带来沉重负担，还有其他风险，他们希望能将铁路权益迅速变现，因此对哈里曼的计划颇感兴趣。1905 年 10 月，哈里曼与日本首相桂太郎达成关于中国东北铁路的备忘录，约定美国可购买南满铁路及其附属财产，铁路经营权和利润由日美共享。但这一协议受到了日本外务相小村寿太郎为首的团体的强烈反对。他们认为，备忘录既违反了《朴次茅斯条约》，更将导致日本夺取的在中国东北的铁路路权付之一炬。小村寿太郎的理由受到国内很多人的支持，桂太郎因此被迫下台，日本组成新的内阁。1906 年 1 月，日本向哈里曼宣布备忘录无效。

美国投资修筑锦瑷铁路计划的挫败

前文已经述及，中国筹划的新法铁路因被日本阻挠而失败。此后，东三省总督徐世昌于 1909 年 1 月 30 日电致外务部，提出改修由锦州至洮南的铁

---

① 乔治凯南：《哈里曼传》，纽约，1922 年版，卷 2，第 1 页。转引自金士宣、徐文述《中国铁路发展史（1876—1949）》，第 169 页。

路，后锡良继任东三省总督，又奏请清政府修建锦瑷铁路，以锦州为起点，经小库伦、郑家屯、洮南、齐齐哈尔，最后抵达瑷珲(今爱辉)。而修建铁路的款项则计划引入美、英两国资本。1909年10月2日，东三省总督锡良、奉天巡抚程德全代表中方，美国驻沈阳总领事司戴德代表美国银团和英国宝林公司，共同签订了《锦瑷铁路借款草合同》共9条，规定美国提供筑路资金(4000万美元)，英国宝林公司承建，中、英、美三国组成铁路公司，总揽修建以及借款期限未满以前的经营管理权；又订立了《锦瑷铁路包工草合同》共42款。具体事宜则按照美国银团与英国宝林公司签订的《关于锦瑷铁路问题合同》共5条办理。随即，日本、俄国分别就此提出抗议。英国考虑到与日本的同盟关系，随即放弃此前所订计划，锦瑷铁路计划就此搁浅。

东北铁路中立化计划

美国为抵制日、俄两国瓜分东北铁路，从而使自己能在东北铁路中分一杯羹，美国国务卿诺克斯筹划提出一个庞大的“东北铁路中立化”计划，也称“诺克斯计划”。该计划于1909年11月6日出台，核心内容是，由有关各国提供国际贷款，使中国赎回东北的铁路(包括东省、南满、安奉、吉长、京奉铁路山海关至奉天段等)，在借款期间由提供资金的国家共同管理。美国这一计划的目的是迫使日俄将中东、南满两路交出，使美国凭借自己的实力在中国东北铁路的“国际共管”中居于领导地位。计划出台后，欧洲各国态度冷漠，日、俄两国断然拒绝，美计划落空。

随着美英染指中国东北铁路的计划纷纷落空，俄国在中国东北铁路势力的收缩，日本在中国东北的地位逐渐巩固。

四、日俄密约划分东北铁路势力范围

日俄战争过后的一两年间，日、俄两国在远东特别是针对侵蚀中国东北权益问题上，由原来的对立冲突变为相互勾结与合作，相互争夺变为共同瓜分。日俄战争俄国战败，国内的政治危机进一步加剧，在远东的侵略势力被削弱，但又不想放弃在中国东北的既得利益，因此，俄国对当时新的东方强国日本采取了妥协联络的策略。

日、俄第一次密约瓜分东北，在哈（尔滨）长（春）之间的松花江分界

1907 年 6 月 10 日，俄国和日本订立东省铁路与南满铁路联运合同，又于 7 月 30 日缔结《日俄协定》2 条；同日又订立《日俄密约》4 条。《日俄协定》是公开发表的文件，其中宣布承认中国之独立与领土完整及各国在华之机会均等主义。而《日俄密约》的内容与《日俄协约》完全相反，是他们在中国东北三省擅自划分势力范围，进行赤裸裸地瓜分的约定。《日俄密约》的第一条另有如下附款，说明日俄之间划分势力范围的南北分界：从俄、朝边界西北端画一直线至珲春，从珲春画一直线至镜泊湖的极北端，再由此画一直线至秀水甸子，由此沿松花江至嫩江口止，再沿嫩江上溯至与洮儿河交流之点，再由此点起沿洮儿河至此河横过东经 122 度止（乌兰浩特北部附近），此分界线基本走向与现今沈阳、哈尔滨铁路局集团公司分界线吻合。通过该线，日俄两国把东北三省分为两个部分，线北为“北满”，属俄国的势力范围；线南为“南满”，属日本的势力范围。日本对俄国承诺，不在“北满”为本国或日本人民或他国人民之利益，觅取任何铁路或电信之让与权，并不直接或间接阻挠俄国政府在此区域内寻求让与权之任何行动。俄国对于“南满”也负有对等的义务。订立密约也是一次典型的、两个列强攫取在中国殖民利益的分赃协议。

日俄在第二次密约后，结成扩张东北铁路的同盟

经历挫败美国提出的“满洲铁路中立化计划”这一事件之后，日、俄两国为了共同抵制美国及其他国家参与东北铁路事务，于 1910 年 7 月 4 日签订了第二次《日俄协定》和《日俄密约》。在这次协定和密约中重申遵守 1907

年7月30日两国间缔结的协定所规定的原则，并约定“满洲现状”如遇到“威胁”时，双方应采取“必要的措施”。把上次协约中的“各用其所有和平方法，以扶助及防护现状”，提升到军事同盟的高度。同时，他们还相约：“改良各自在‘满洲’所筑铁路及此项铁路的联络，”以便形成为达此目的所需要的铁路系统。这次的协议和密约表达了他们以筑路方式进行扩张的欲望更为强烈，在中国东北分割铁路的利益更为明目张胆。日本则强迫清政府允许他们改造长大、安奉线和修建复线，并以靠近“满铁”的“平行线”为借口，阻挠清政府在“满铁”周边修建新线。俄国则对清政府提出关于改正哈尔滨行政权、“北满”关税、松花江航运权、通商条约等问题，态度极为强硬。同时，又派人深入黑龙江省，以调查商务为借口，勘察齐齐哈尔至瑷珲间的铁路线路。

日俄第三次密约把内蒙古瓜分成东、西两部分

日俄两国将中国东北三省分割完毕之后，为抵制英、法、德、美四国银行团对清政府的币制改革借款和投资于中国东北的活动，从而维护自己的即得利益，于1912年7月8日，又签订了第三次密约，决定扩大第一次密约划定的势力范围，重新延展势力范围的分界线：从中国东北西部的洮儿河与东经122度线相交之点起，沿归流河及穆斯斯河至穆斯斯河与哈尔达旦河的分水岭，由此沿黑龙江与内蒙古边界至内蒙古与蒙古边界的极端；同时将内蒙古划分为两部分，以东经116度27分为界，以东为日本的特殊利益范围，以西为俄国的特殊利益范围。这样，日、俄两国就可以明目张胆地入侵内蒙古，日本也开始据此向中国索要满蒙五路修筑权。

清末、民初的5年，日、俄两国通过3次密约，不仅阻挡美国等对中国东北的渗透，而且通过威逼恫吓清末政府，压制了东北地方当局捍卫主权的行动；日本、俄国持续通过修筑铁路，扩大掠夺权益，增强侵略势力，进一步推进中国东北地区的殖民化进程。

第四章 清政府的铁路新政与收回利权运动

1901年9月，清政府与列强签订《辛丑条约》，中国的民族危机空前深重。面对内外交困、危机四起的局面，清政府采取了实行“新政”等应变措施；与此同时，社会大众挽救民族危亡的爱国热情也日益高涨，形成了要求自办铁路、维护民族利权的“收回利权运动”。这些内外因素都对20世纪初的中国铁路发展产生了重大影响，从而使中国铁路史的发展路径发生了重大转向。晚清最后十年是铁路路权形式和筑路形态最为丰富的时期，既有中国第一条使用自有资金和技术人员修建的干线——京张铁路，也有采用全新的借款模式修建的铁路——津浦铁路，各省自办、商办铁路的大量兴建更是引人瞩目。这些都显示出在国人路权意识觉醒时代铁路修筑的重大变化。

第一节　清政府的铁路新政

1900年，八国联军侵入北京，慈禧偕光绪逃往西安。次年，《辛丑条约》签订。总理衙门改为外务部，列各部之首，铁路事务也随之归外务部负责。外务部管理铁路，基本沿袭前制，变化不大。至1903年，清政府为维护自己的统治，应对中日甲午战争后路权不断流失的局面，重拾商办铁路思路，设立商部，注重扶持民间筑路、促进路政统一、希图阻止路权不断丧失趋势。商部存世3年间，进行了重订铁路章程、设置路务议员等种种努力，尽管这些工作效果甚微，但客观上却促进了收回路权、自主筑路思潮的涌现，从而形成了晚清铁路最后几年发展的主要路径。

一、商部的设立及其铁路管理

1901年7月，清政府下诏改总理衙门为外务部。同时，裁撤矿务铁路总局，将铁路事务划归外务部考工司管理。外务部班列六部之首，简派和硕庆亲王奕劻总理外务部事务，大学士王文韶为会办大臣，瞿鸿禨为外务部尚书并授为会办大臣。此外，还设有左右侍郎各一人，左右丞各一人，左右参议各一人。外务部内部组织，设部门机构有四司一厅五处。

四司按事务性质分工，分别为和会司、考工司、榷算司、庶务司。其中考工司"专司铁路、矿务、电线、机器、制造、军火、船政、聘用洋匠洋员、招工、出洋学生"①。外务部职掌内容与之前的总理衙门类似，与外洋有关系者，皆被

① 张德泽：《清代国家机关考略》，学苑出版社2001年版，第283～284页。

列入。铁路事务大量对外交涉、借款等，以外务部管理铁路，有其合理性。不过，全国铁路行政事务纷繁，仍需设置专门机构管理。因此，1902年1月，清政府复设统辖矿务铁路总局，派王文韶为督办大臣，瞿鸿禨为会办大臣，张翼帮同办理。铁路管理体制又回到庚子之前由总理衙门(外务部)管理统筹大政方针尤其是涉洋事务、矿路总局实施行政专门管理、铁路总公司及各地方督抚建设经营铁路的体制模式。外务部主要负责铁路涉外事务，主持进行了关内外铁路的收回，批准了道清、正太、粤汉、沪宁等铁路借款合同等，主持签订了广九铁路借款合同。

外务部主外、总辖矿务铁路总局主内的模式存在时间非常短。1903年，中国铁路史上另一重要机构——商部成立。铁路管理体制进入新时代。

商部的成立有着深厚的历史背景。中国自古以自给自足的小农经济为主，工商业处于从属地位而不受重视。进入近代以来，中国传统自给自足的经济结构被打破，闭关自守的发展环境被破坏，中国被卷入世界市场之中。商品经济快速发展，经济贸易额大幅增长，工商业成为越来越重要的财源。以铁路为例，早期铁路的支持者如奕譞等人大多将铁路视为国防利器，并未重视其经济价值。随着一些干线的投入运营，铁路的盈利能力越来越突出。中日甲午战争后，为挽救民族危亡，国人对于工商业的重视程度越来越高；一些朝廷大臣纷纷奏请设立专门的工商管理机构。1895年，湖广总督张之洞上《吁请修储才折》，对朝廷以往的工商政策提出批评："但有征商之政，而少护商之法。"阐明"护商之要，不外合众商之力以厚其本，合国民之力以济其穷。今宜于各省设商务局，令就各项商务悉举董事，随时会议，专取便商利民之举，酌济轻重，官为疏导之。"①经朝廷同意后，一些省份陆续成立商务

① 张之洞：《张文襄公全集》卷37，中国书店，1990年影印版，第30页。

局，如1898年山西省与俄国华俄道胜银行签订的《柳太铁路借款合同》，即是由山西商务局出面签订的。1898年，与矿务铁路总局成立同期，清廷还成立了农工商总局。庚子之役之后，清政府更是陷入了空前的财政和政治危机之中，为此，从1901年开始，清廷自上而下开始"新政"改革。"新政"涉及政治、经济、文化、军事、教育等一系列改革措施；振兴实业、发展工商也是重要的改革内容。1903年9月7日，清廷发布上谕，宣布成立商部，任命庆亲王之子载振为尚书，伍廷芳、陈璧为左右侍郎；26日，下旨裁撤矿务铁路总局，将所有路矿事务划归商部办理。

商部成立之前，晚清铁路管理机构就已历经多次变迁。从1886年铁路事务划归海军衙门开始，到1903年商部成立，清代铁路管理机构变化频繁，职权设置也较为混乱。既有总理衙门、外务部这样的兼管机构，也有矿务铁路这样的专业机构，还有铁路总公司这样的督办建设机构。庚子事变后，外务部、总辖矿务铁路总局、铁路总公司并存，职能重合，事权不一。中央铁路管理机构分散无力，铁路建设经营大权实际掌握在铁路督办大臣和地方督抚手中。典型的如督办津芦铁路的胡燏棻、督办卢汉铁路的盛宣怀、督办粤汉铁路的张之洞、督办关外铁路事务的袁世凯等。久而久之，列强只把督办铁路大臣作为交涉的对象，"债权者只知有督办，并不知有中央，故政出多门，大权旁落。"[①]商部的成立，既是工商业不断发展大背景下清廷振兴实业、发展工商的必然选择，也是对铁路管理事权不一的回应。

新成立的商部，地位仅次于外务部。机构设保惠、平均、通艺、会计四司及司务所，各司设置郎中、员外郎、主事各二人。商部设尚书一名，不分满汉，总管一切事务；设左右侍郎各一名，正二品；设左右丞各一员，正三品；左

---

① 谢彬：《中国铁道史》(上)，知识产权出版社2015年版，第147页。

右参议各一员，正四品。每司设立郎中、员外郎、主事各二员。司务厅设立司务二员，额外司员，每司六员。商部官员设置，仿效外务部，官员亦多从外务部等调任。

商部在其存在的3年中，清政府只任命了1名尚书、3位侍郎、4位部丞、6位参议。尚书由年仅27岁的镇国公、固山贝子载振担任。载振是设立商部的主要倡导者，曾访问过各国，思想较为开明；其父庆亲王奕劻总理外务部，并任领班军机大臣。商部初创，事务繁杂，载振把大量事务交付给右丞唐文治处理。唐文治科举出身，曾中进士；商部成立之初，唐文治受到载振举荐，出任右丞一职，负责商部人员调动和文件章程的起草，后多次升迁，先由右丞改任左丞，不久升任右侍郎。唐文治是商部的主要主政者，商部领导层之核心，《铁路简明章程》等均出自其策划和推动。商部成立后，表现出了积极进取的精神，风气一新。如在官员设置上，六部的尚书设置都是二缺，满、汉各一缺；而商部尚书只设一缺，不分满汉。尤其是商部鉴于传统六部官员调动频繁，不谙业务，各部事权往往落于书吏或差役之手的弊端，设立丞、参议辅佐事务。商部的官员任用机制除主要职位由朝廷奏补外，多数还是通过商部推荐或考试选拔，参加考试的司员交卷之后，还需当面接受问答，以定优劣。这种选官方式具有一定的先进性，显示了新机构的新面貌。按清朝老规矩，酷暑时节，各衙门往往清晨开始上班，午后就下班，唯独商部照常办公。

商部四司中，通艺司“专司工艺、机械制造、铁路、街道、行轮、设电、开采矿务、聘请矿师、招工诸事”[①]，铁路事务归通艺司管辖。此时清政府将铁路

① 《光绪二十九年七月商部奏定开办缘由疏》，上海市工商业联合会、复旦大学历史系编：《上海总商会组织史资料汇编》(上册)，上海古籍出版社2004年版，第53页。

视为工商业之一种，较最初只看重其军事价值，自然有较大进步。但对铁路实施专业管理的认识不足，也反映出清廷从中央层面对铁路的控制乏力。中国铁路史早期学者曾鲲化在《中国铁路史》中评价商部：统辖矿务铁路总局之裁撤也，所有路矿事宜悉归商部接办。商部分保惠平均通艺会计四司，以铁路隶诸通艺然。斯时业经借款官办之各路权在各该路督办与铁路总公司，该部不过为文书承转之机关，故与路政之事宜无甚发展。[①] 民国时期的铁路史专家谢彬也说：惟是时业经借款官办各路，权在各该路督办与铁路总公司。而凡与外人交涉事务，又由外务部直接办理，各省兴修铁道督抚例得参与。绅商对于路务，无论请愿与办均须经督抚奏明，并有发起提倡自督抚者。张之洞之于湖北、丁振铎之于云南，即其著例。因此种种关系，商部仅一文书承转之机关。故于路政事宜无甚发展，其行政上差强人意者则矣。[②] 揆诸史实，上述略嫌刻薄。商部主管铁路期间，虽然对外有外务部、内有地方督抚与铁路总公司，商部施政空间有限，但也并非毫无作为，以“文书承转机关”似不足以概括之。

清政府筹备设立商部时，为其制定的宗旨即是振兴商业、为民生利、保惠商人。商部开办时制定的开办章程第一条即载明：“拟招商股设立铁路、矿务、工艺、农务各项公司，先行试办，再令各省逐渐推广。除工艺、农务公司，由臣等先行筹议，俟议有就绪奏明办理外，铁路公司，应先办枝路；矿务公司，先办煤铁各矿。以上各公司如一时官本筹集不易，全系商股承办者，应由臣部随时维持保护。所有商股，获利或亏损等事，臣部除奖励及饬追逋欠外，其余概不与闻。并不用官督商办名目，亦不另派监督总办等员，以防

① 曾鲲化：《中国铁路史》，燕京印书局 1924 年版，第 60 页。
② 谢彬：《中国铁道史》(上)，知识产权出版社 2015 年版，第 135 页。

弊窦。如系官商合股或官助商办，则须视股本之多寡，办事之难易，随时订立章程。总之，臣部之责，在提倡振兴，专务为民生利。所有牵掣抑勒之弊，应痛加扫除，以副国家保惠商人之至意。”①商部管理下，铁路事业进展有如下数端。

1.《铁路简明章程》的颁布

前文已经记述，1898 年 11 月，清廷曾颁布《矿务铁路章程》，这是中国第一部中央层面的铁路法规。章程总体原则是鼓励商办、控制外资、加强管理。戊戌变法失败后，该章程也在事实上被废除。1898 年 12 月，清廷下令：除以与各国定有成议及近干各路，地不过百里，款不过百万，不在停办之列外，凡华洋各商，请办各支路，此时概不准行。② 这条规定将商办铁路视作干线铁路的威胁，主张优先办干路，禁止华洋各商办支路。这种思路实际上只是一股短暂的逆流，并未能真正阻挡商办铁路的发展势头。

1903 年 12 月，商部成立后不久，即奏准颁行了《铁路简明章程》。该章程共 24 条，主要内容如下：

(1)无论华、洋官商，禀请开办铁路，经商部批准后，悉照商部奏定之《公司条律》办理。

(2)“集股总以华股获占多数为主，不得已而附搭洋股，则以不逾华股之数为限”。至于“洋商请办，无论集股若干，总须留出股额十分之三，任华人随时照原价附股”。

(3)无论华公司附搭洋股者，洋公司附搭华股者，地方官均应一体保护。

(4)华人请办铁路，如系独力资本至 50 万两以上，查明路工实有成效

① 宓汝成：《中国近代铁路史资料》第 3 册，中华书局 1963 年版，第 925 页。

② 宓汝成：《中国近代铁路史资料》第 2 册，中华书局 1963 年版，第 530 页。

者，给予优奖，以资鼓励。其招集华股至50万两以上者，俟路工告竣，即按照商部奏定之十二等奖励章程核办。

《铁路简明章程》规定："各省官商，自集股本请办何省干路或枝路，须绘图帖说，呈明集有的实股本若干万，详细具禀。听候本部行咨该官商原籍地方官，查明其人是否公正，家资是否殷实，有无违背定章各情。俟咨复到部，以定准驳。"这表明，只要合乎条件，民间不仅可以修建支路，也可以修建干路。民间要修建铁路，首先要设立商办铁路公司，为此，《铁路简明章程》相应规定，"无论华、洋官商，禀请开办铁路，均应按照本部奏定章程办理"，"于经部批准开办后，并应悉照本部奏定之公司条律，不得有所违背。"文中所提"公司条律"，即清政府于1904年1月颁布的《商律》的主体部分《公司律》，是模仿西方办公司的基本原则，简要规定了实业公司的组织形式、创办手续、经营办法及股东权利等，是商办铁路公司经营及政府对其管辖的共同准绳。此外，章程还规定了铁路采用标准轨距，这是一大进步。

该章程是为响应国内日益强烈的、要求政府开放民间筑路、维护路权的呼声，同时加强铁路系统管理应运而生的产物。其思路与《矿务铁路公共章程》并无二致，都是鼓励商办、加强管理。有研究者指出：《铁路简明章程》并未比《矿务铁路公共章程》有很大的进步。章程在立法体例上仍比较混乱，并无总则，各类事项也不是归入专节叙述；立法中带有封建或半殖民地色彩的规定依然存在；章程规定洋商可以申请办路更加便利了列强侵占中国路权，在将列强不平等条约特权扩大化与法律化上走得比《矿务铁路公共章程》更远；而且章程中关于筹资规定的条款也比《矿务铁路公共章程》增多了；还有，它是在《矿务铁路公共章程》基础上制定的，基本将后者内容包容了进来，但章程并未明确宣布后者的失效，致使两者并存，这不能不说是一个缺陷，等等。在许多方面如商办、洋商进入等的规定上，二者有着惊人的相似，这其实是当时清政府政策指导思想的一种反映。然而，总体说起来，《铁路简明章程》与《矿务铁路公共章程》一样，仍然只是在某种程度上具有铁路法这一根本法的雏形，还远未达到根本法的标准。[①]

然而，从实际执行效果而言，《矿务铁路公共章程》并未实际执行，而《铁路简明章程》却极大推动了国内商办铁路的发展，其影响力比前者要大得多。未来十年的晚清铁路，商办铁路大放异彩，成为晚清铁路史后期最引人瞩目的事件，这些均与《铁路简明章程》的支持与鼓励有关。

此外，为规范路政，商部还组织制定了《路务议员办事章程》《铁路代递邮政章程》《铁路购地章程》等章程。

2. 商部统一铁路管理的努力

中国铁路从创办起就形成了“强人筑路”的模式，地方督抚是铁路建设的倡议和具体实施者。商部成立后，曾试图改变这种现状，并做了种种努力。

1906 年 4 月，商部奏准颁行《路务议员办事章程》。该章程规定，路务议员为整顿路政而设，人员由各管路大臣即办路地方督抚三个月内将各路供差人员等造具履历清册，出具切实考语，咨送商部择其有益路政者，由商部加札为路务议员。路务议员是商部派在各铁路的工作人员，职责是访察、调查各铁路的各项底簿，稽核研订各路雇佣洋员或洋工程师所定合同，监察铁路官员等，其职责广泛而重要。路务议员的设置是商部为扭转地方督抚大员长期把持路政局面、加强铁路统一管理的重要举措。

调查路政、填报图表是商部统一管理全国铁路的又一途径。1904 年 7 月，商部仿行矿务总局时期的印刷格式，咨行各铁路大臣将历年办路情形呈报商部。此后，又多次规定填报年报、月报等相关表格。这是商部希望摸清

① 叶士东：《晚清交通立法研究》，中国政法大学 2005 年博士学位论文。

全国铁路底数，加强铁路管理的举措。1904 年，商部奏请清查盛宣怀所办各路历年的款项。由于盛宣怀仅将沪宁一路借款咨报商部，其余几路并未能够彻查，仅沪宁一路便出现了账目不清、浮支烂冒的现象。商部稽查路政，再加上当时收回铁路利权运动兴起，对盛宣怀及铁路总公司抨击不断，盛宣怀的铁路总公司越来越处在舆论的风口浪尖上。1905 年 12 月，盛宣怀主动请裁铁路总公司。1906 年 3 月，清政府同意盛宣怀卸交铁路差使，并把上海铁路总公司的业务归并商部办理。商部对全国铁路管理更进一步。此外，商部成立期间，还积极鼓励商办铁路、支持铁路公司设立、统筹全国线路、参与铁路对外交涉等(详后)。

关于商部时期中国铁路事业发展，崔志海《论清末铁路政策的演变》一文曾有中肯评价："检讨 1903—1906 年商部的铁路政策，几乎无不带有强烈的民族主义色彩。这些政策的出台，对 20 世纪初年收回路权运动的兴起和各省商办铁路公司的大量涌现起过积极作用，并在一定程度上促进了中国近代路政的统一。但商部的政策在推动中国铁路事业的发展上却表现得软弱无力。虽然这一时期各省铁路公司一个接着一个成立，但雷声大，雨点小，实际修筑的铁路里数少得可怜。在 1906 年邮传部设立之前没有一条完工，到 1911 年才总共筑了 401 英里的铁路，仅占当时中国铁路总长度的 6.92%。因此，笔者认为，商部的商办铁路政策在政治上曾产生过非同寻常的影响，它几乎使全国的士农工商都来关心铁路问题，唤起人们保护路权的意识，但在推动铁路事业发展上并没有取得预期的效果，甚至可以说是失败的。"在后文中，我们会对商部时期铁路整体发展进行详细论述。

二、邮传部的设立及其铁路管理

铁路管理机关的变化与历史发展变迁紧密相关。商部的成立是庚子事变后清末新政的产物，邮传部的成立则由清末立宪运动而催生。1906年，清廷宣布仿行宪政，“预备立宪”。清廷决定先从官制入手，“将官制分别议定，次第更张，……以预备立宪基础”。[①] 经议定，新的各部为：外务部、吏部、民政部、度支部、礼部、学部、陆军部、法部、农工商部、邮传部、理藩部。这些新的机构，大多是由原来的旧部继承或归并而来，只有邮传部是一个新设的部门。规定：“轮船、铁路、电线、邮政，设专司之邮传部”。[②] 1906年11月，邮传部正式设立。

邮传部设尚书一人，左右侍郎、左右丞、左右参议各一人。1911年5月尚书改称大臣，侍郎改称副大臣，同年12月大臣又改称首领。初设时，张百熙任邮传部尚书，唐绍仪、胡燏棻分任左、右侍郎，此后邮传部尚书变更频繁。在五年多时间里有13人担任尚书，最长者陈璧为1年8个月，最短者吴郁生仅半个月。邮传部成立之初，暂设五股、四处：计有章奏股、总务股、内文股、外文股、电报股，收发处、书记处、庶务处、会计处。1907年8月分设二厅、五司。设承政厅、参议厅；承政厅分机要、考绩、会计三科，以左右丞领之；参议厅分法制、复稿、检查三科，以左右参议领之；两厅各置佥事二员，七品小京官二员。分设五司：曰船政司，掌全国船政，凡轮船应行考复、调查及筹划扩充并审议船律各项事件；曰路政司，掌全国路政，凡铁路应行考复、调查扩充并审议路律各项事件；曰电政司，掌全国电政及电政应行考复、调查及筹划扩充并审议电律各项事件；曰邮政司，掌全国邮政，凡邮政应行考复、调查及筹划扩充并审议邮律各项事件；曰庶务司，掌部内各杂项事件，为各司所不能赅者。综计置左右丞各一员，左右参议各一员，佥事四员，郎中十

① 朱寿朋：《光绪朝东华录》，中华书局1958年版，第5564页。
② 朱寿朋：《光绪朝东华录》，中华书局1958年版，第5577页。

员，员外郎十二员，主事二十四员，七品小京官十四员，并设八九品录事不定额缺。[①]

邮传部成立后，继续加强对铁路的集中统一管理。1906 年 12 月，督办关内外铁路及津浦铁路大臣袁世凯率先将两路关防移送邮传部。1907 年 1 月，办理京汉、沪宁铁路大臣唐绍仪也将两路关防移交到邮传部。同年 3 月，唐绍仪又将京汉、沪宁、正太、汴洛、道清五路卷宗及督办铁路大臣盛宣怀原移交的铁路总公司卷宗也一并移交邮传部。自此，全国铁路统归邮传部管辖，改变了过去督办各自为政管理的局面。邮传部接受各路伊始，并无专责机关，京汉、正太归总务股管理，京奉、道清归内文股管理，汴洛、沪宁归外文股管理，颇为不顺。1907 年 4 月，邮传部鉴于京汉、沪宁、正太、汴洛、道清等五条借外款修建的铁路事务纷繁，为了便于协调处理，特设“五路提调处”，由梁士诒充任提调。同年 12 月，撤销提调处，成立铁路总局，梁士治任局长。次年 4 月，令各铁路不得称“总局”，只能称“局”，以免混淆。

至此，邮传部关于铁路管理有了两个部门——路政司和铁路总局。二者是按照立法、司法、行政三权分立的原则建立的。路政司负责立法、司法，铁路总局负责行政与外交。路政司职掌立法和司法：组织撰修铁路各项路律，筹划全国铁路规划及大政方针，筹议续修各铁路事宜；制定和审议铁路专门法律；制定并监督铁路各项规章制度的执行，铁路聘用洋员的管理；铁路派外留学生的管理；路务议员的审查与委派等。[②] 邮传部期间，制定了大量路律和铁路行业各项基础规章制度。铁路总局主要职能是直接管理各条

---

① 本部统计处编辑：《邮传部总务沿革概略》，邮传部档案全宗，第 47 号卷宗，中国第一历史档案馆藏。转引自寇兴军：《中国近代铁路体制演变史（1835—1949）》，中华书局 2016 年版，第 144 页。

② 寇兴军：《中国近代铁路体制演变史（1835—1949）》，中华书局 2016 年版，第 163 页。

具体线路。初期掌管京奉、京汉、沪宁、正太、汴洛、道清、广九七路，后期扩充到津浦、吉长、株萍，共计十条铁路。实际执行中，铁路总局管理的是借债修成的官办铁路，路政司管理官款修建的京张铁路及商办铁路，并未能完全实现立法、司法、行政三权分立。

在路政司、铁路总局之外，邮传部下还设有汉粤川铁路筹备处，职掌筹筑川汉、粤汉两路；1909 年，又设立了津浦督办公司。这些机构独立于路政司、铁路总局，可以独立对外交涉，乃至执行借款合同，执行督办之职权；但有些涉外事务，尚需由外务部会同兼理。故邮传部掌管下的铁路，虽经改革整顿，尚未能彻底解决“路自为政、局自为政”的问题。

随着邮传部的建立和完善，一个依托交通部门构建起来的政治势力也悄然形成，这就是清末民初重要的政治势力——交通系。促成并领导交通系的是梁士诒。梁士诒字翼夫，号燕孙，1869 年出生于广东省三水县。1886 年中秀才，1889 年中举人，1894 年考取进士，随即选入翰林院任职编修。1903 年 2 月，经时任天津海关道的唐绍仪引介，梁士诒被聘为北洋编书局总办，从此进入袁世凯的幕府。在袁世凯和唐绍仪的提携下，梁士诒事业顺利，并开始涉足铁路领域。1905 年 11 月任职铁路总公司总文案，协助唐绍仪革新路政及接收五路事宜。1907 年 2 月任职邮传部五路提调处提调，这是一个非常重要的职位跃升。铁路总局成立后，梁士诒成为首任局长，此后一直担任此职。由于梁士诒影响力的增大，以致铁路总局势力大张，成为邮传部最重要的核心机构。1907 年 12 月，交通银行成立后，梁士诒担任帮理、总理等重要职务，自交通银行成立始，梁士诒就牢牢掌握着银行的管理权，其权势由铁路扩展至金融财政。在此期间，梁士诒不断延揽人才，积极在铁路系统培植势力，逐渐形成了以其为首的交通系。

邮传部是清廷设置的最后一个中央级铁路管理机构。邮传部成立期间，前期继续商部时期政策，推动商办铁路发展，进行收回利权运动，收回京汉等铁路所有权；后期政策转向否定商办铁路，支持铁路国有，引发保路运动。保路运动是武昌起义的前奏，最终导致清政府的灭亡。

第二节　收回利权运动

20 世纪初，中国爆发了轰轰烈烈的收回路权运动，深刻影响了中国的铁路史。“收回利权是指中国民族资产阶级力图收回被外国控制的铁路修筑权、矿山开采权、内河航运权等诸种经济主权，是清朝末年（19 世纪末 20 世纪初）最重要的经济主张和社会思潮。”[①]据学者朱英的研究，收回利权运动兴起的背景和原因可以归纳为以下几个方面。

首先是 19 世纪末 20 世纪初外国列强加深对中国的政治控制与经济侵略，使中国急剧丧失大量利权，造成空前严重的民族危机。前所未有的民族危机，必然会激起中国人民的强烈愤慨，轰轰烈烈的收回利权运动也随之兴起。

其次，19 世纪末 20 世纪初中国民族资本主义获得初步发展之后，工商业者经济实力有所增强，思想认识有所提高，组织程度有所发展，这也是促使收回利权运动兴起的重要因素之一。

再次，19 世纪末 20 世纪初，清政府的改革以及相关政策的变化，对于收回利权运动的兴起与发展也产生了双重复杂影响。其中清政府在中日甲午战争后采取了一系列振兴商务、鼓励实业的措施，对收回利权运动采取了支

① ［日］石田琢智：《清末关于利用外资的一场是是非非——评“收回利权”运动》，《探索与争鸣》，1997 年第 1 期。

持的态度。

第四，公共舆论对于收回利权运动兴起的影响也不应忽略。[①]

收回利权运动涉及领域较广，涉及路权、矿权、邮政权、电政权、关税自主权、治外法权、海关权等，其中收回铁路经营管理权是重中之重，具体包括粤汉铁路赎回、京汉铁路赎回、苏杭甬铁路废约等，时间均集中在邮传部成立后。

一、粤汉铁路的赎回

粤汉铁路赎回是清末利权收回运动的开端。如前所述，1898 年 4 月，中国铁路总公司与美国合兴公司签订督办《粤汉铁路借款草合同》。合同载明，粤汉铁路以汉口、广州分别为起讫点，借款额为 400 万英镑，可以添借；年息 5%；以铁路为抵押，借款期限为 50 年；铁路余利的 20%归美国合兴公司；铁路的建造工程(除土工外)及行车管理由美国合兴公司承担，工期 3 年。

草合同签订后，美国合兴公司效仿比利时在签订卢汉铁路合同时先签订草约，再在续约时索取更多利益的做法，不断向铁路总公司要求修改合同，包括借款额增加，要求得到沿线矿产权等。清政府主持其事的张之洞等人亦如卢汉铁路一样，不断妥协。1900 年 7 月 13 日，铁路总公司又与美国合兴公司签订《粤汉铁路借款续约》。其主要内容是：借款额定为 4000 万美元，比原定借款额(400 万英镑)增加了一倍(按照当时英镑与美元的汇价折算)；利息、折扣、抵押、还款期限、酬劳费、余利分配等项，基本照原约工期的 3 年延长为 5 年。

美国合兴公司是一家专门为争夺在华权益而成立的公司。公司于 1895

---

① 朱英：《晚清收回利权运动新论》，《史学集刊》，2013 年第 5 期。

年12月27日成立，在美国新泽西州注册，发起人是俄亥俄州前任参议院卡尔文·布赖斯。他曾担任美国许多铁路公司的董事长，在铁路事业投资方面富有经验，并在美国工商界和政界中享有声望。该公司的最初股东有铁路大王爱德华·哈里曼、坤洛公司的雅各布·希夫、前任副总统利瓦伊·莫顿、摩根财团的查理士·科斯特、卡内基钢铁公司及纽约市银行、琪士银行的总裁等。他们都是赫赫有名的金融企业界的巨头，在美国政界中很有影响和势力的显要人物。据说，创始底股起初只有55股，每股1000英镑，后来增加到6000股，每股100美元，共计60万美元。[①]

美国合兴公司创始资金只有60万美元，根本无力承担4000万美元的借款。公司创办人卡尔文·布赖斯在借款合同签订后不久便去世了，公司影响力骤降，严重影响了资金筹集计划。此时又正值中国国内形势动荡，义和团运动兴起，八国联军入侵，这些使美国投资者对粤汉路能否修成心存疑虑。合兴公司股票滞销，不得不去欧洲进行招股活动，此时，比利时乘机购入公司2/3的股权，实际上控制了公司。但按照合同续约第17条规定“此续约及原约一体订立者，准美国公司之接办人或代办人一律享受。但美国人不能将此合同转与他国及他国之人。”[②]美国此举实际上已经违约。

合兴公司被比利时人控制的消息最先被美国媒体披露，时任驻美公使伍廷芳于1901年1月将消息汇报给了盛宣怀，但盛宣怀并未采取实际行动。按照续约合同，粤汉铁路应该在1905年竣工，然而合兴公司直到1901年2月才动工，至1903年10月，勉强完成了广州石围塘至三水的支线线路，合计48.9公里；干线方面，基本停顿。

---

① 吴机鹏：《美国政府与华美合兴公司》，中山大学历史系编、胡守为主编：《中山大学史学集刊（第二辑）》1994年版。

② 宓汝成：《中国近代铁路史资料》第2册，中华书局1963年版，第514页。

在此过程中，比利时和美国之间对粤汉路权的争夺越演越烈，到1903年底，公司股权大部分为比利时人掌握。1904年初，公司总经理这一职位为比利时人掌握，并改派比利时人来华经理一切，粤汉铁路总工程师亦为比人。他们擅自通知清政府粤汉铁路将由比利时和美国分段承办。至此，合兴公司已经严重违约，废约势在必行。

早在1903年春夏之交，就有湖南绅商聚议废约，争回自办。此后，湖北、广东等地民众纷纷要求废约自办，留日、留美等学生也纷纷声援。[①] 湖广总督张之洞在1904年后也坚定了废约自办的想法。作为经验老到的封疆大吏，他考虑更多的是列强势力的均衡，他认为"比国借款，权即属法，卢汉铁路即已如此。若粤汉再归比、法，法素助俄，合力侵占路权，其害不可思议。"张之洞不愿意看到俄法比三国在控制了卢汉路以后再控制粤汉路，坚决主张废约，要求"按照合同第17款声明美公司背约之咎，将此约作废，万勿稍与通融"。[②] 盛宣怀与张之洞的思路完全不同，他主张"以美接美"的补救措施，即由美国政府出面筹措国内资金从比利时手中高价购回合兴公司股票。到1905年初，由美国时任总统西奥多·罗斯福督促美国摩根财团从比利时购回股份，废约实际上失去了法理基础。美国政府出面进行了大量外交活动，力图挽回筑路权。然而，此时的中国，废约自办已经形成了强大的民意基础，中国民众激烈的护路保国情绪高涨。湘省商民表示："湘省除收回自办外，更不承认第二种办法，尤不能听其援引外人，抵制我国。"[③]粤省

---

① 金士宣、徐文述：《中国铁路发展史(1876—1949)》，中国铁道出版社2000年版，第124页。

② 张之洞、赵尔巽致外务部电，光绪三十年四月初二日；《张文襄公全集》，卷189，第28～29页。转引自金士宣、徐文述：《中国铁路发展史(1876—1949)》，第125页。

③ 王树楠主编：《张文襄公全集》，(台北)文海出版社1970年影印版，第13页。

商民也大声疾呼："款虽美款，约由我立，背约应由我废。""粤民万众一心，有进无退。"[①]。在这种情况下，负责全权经理粤汉铁路事宜的张之洞与驻美公使梁诚提出改"废约"为"赎约"，即以赎回的方式废除粤汉铁路借款合同。面对中国国内强大的反美浪潮，合兴公司股东摩根财团对粤汉铁路已经失去兴趣，而且中国提出的赎约方案又有利可图，合兴公司便同意废约。

1905 年 8 月 29 日，经过谈判，中国和美国合兴公司在华盛顿订立《售路合同》。合同规定：原中美关于修建粤汉铁路的两个借款合同作废，中国给予合兴公司"公道赔偿费"675 万美元，于当年 12 月 9 日前须付清赔偿金。此前，合兴公司已经售出金圆小票 222.2 万美元，按合同约定，按照九扣实数在 675 万美元总数内扣除，由中国自行存贮，随时取赎，中方需要支付 1905 年 5 月以前的利息 55550 美元。（此 222.2 万美元及利息在后来签订湖广铁路借款时才予以归还。）

按照合同，中方应在当年 9 月 7 日前支付 200 万美元，其余金额于 12 月 7 日前支付。张之洞曾设想："综计应付现款四百八十余万金元（扣除债票 222.2 万美金），约合华银七百二十余万两。粤省认筹三百万两，鄂、湘两省合筹四百二十余万两，足以济事。"[②]不料事到临头，三省均筹不出如此巨款。张之洞不得不先向汇丰银行借款 300 万两，又由湖北官钱局凑银 20 万两，按期向美国支付了第一期 209 万美元（含第一批 200 万美元加此款 129 天的利息约 35000 美元及债票利息 55550 美元[③]）。

恰在此时，香港英国当局提出愿以"较优惠"的条件向中国贷款。张之洞为了应急，于 9 月 9 日与英国订立《赎路借款合同》。合同规定香港英国

---

① 王树楠主编：《张文襄公全集》，（台北）文海出版社 1970 年影印版，第 193 页。

② 宓汝成：《中国近代铁路资料》第 2 册，中华书局 1963 年版，第 774 页。

③ 宓汝成：《中国近代铁路资料》第 2 册，中华书局 1963 年版，第 780 页。

当局借给中方110万英镑(约550万美元),年息4.5厘,无折扣,期限为10年,以粤、鄂、湘三省的烟土税作保,不以铁路作抵。同时规定,今后中国如果需要借外债修建粤汉铁路,在同等条件下英国享有优先贷款及出售铁路材料的权利。赎路合同签订后不久,1905年10月10日,中方将应付的第二期赎路款全部付清。第二次付款275.02万美元,162日加息6.1032万美元,另给律师美前外部大臣福士达津贴1.5万美金,合兴公司总办惠惕尔筹资1万美元,共计283.6232万美元。[①] “合兴公司即于是日分电沪、粤两处公司洋人,将在沪存储之图表、册籍,在粤已修之铁路机车、房栈,一切备用材料,悉数点交中国委员接收。”[②]至此,中国与美国合兴公司签订的粤汉铁路借款合同废除,中国收回粤汉铁路路权。

粤汉铁路的赎回,一方面开创了一个争回被列强掠夺的路权的先例,“振奋了全国爱国人民挽回路权、捍卫国家主权的斗志”[③]激励了全国的收回利权运动;另一方面,在收回过程中,中国也付出了惨重的经济代价。在赎回时,合兴公司将广三线等少得可怜的工程量冒报造价为3979000美元,外加利息5%,又借口提前赎路,再加2.5%,合计4730500美元;另外美国特权、矿权及现存物料图等,又算成2019400美元,凑成675万美元之多。[④] 据李占才估算,中国此次赎回粤汉铁路经济损失达502万美元。[⑤]

粤汉铁路赎回后,张之洞随即主持召开了三省代表会议,决定不借外

---

① 朱从兵:《张之洞与粤汉铁路——铁路与近代社会力量的成长》,合肥工业大学出版社2011年版,第334页。

② 张之洞:《张文襄公全集》卷65,1928年刊,第21页。

③ 宓汝成:《帝国主义与中国铁路》,经济管理出版社2007年版,第160页。

④ 金士宣、徐文述:《中国铁路发展史(1876—1949)》,中国铁道出版社2000年版,第127页。

⑤ 李占才:《中国铁路史(1876—1949)》,汕头大学出版社1994年版,第139页。

债，由三省各筹各款，各修各路。会议订立《公共修路条款》，规定对于赎路借款110万英镑以及未赎的美元债票都照七份摊还，粤湘两省各认还三份，鄂省认还一份。三省各筹备款，各修本省境内路段。同时订立《行车条款》，以备路成后实行。1906年，三省开始招股办路；湖北省除办粤汉路外，还要筹备川汉路。但实际招股结果差强人意，湖北、湖南招股寥寥，广东招股尚可。直至1911年，粤汉路进展也极为缓慢，这使得清政府不得不考虑干线官办，并重新走向借款筑路的老路。历史回到了原点，又孕育了新的起点。

二、京汉铁路的赎回

京汉铁路的赎回较粤汉铁路的赎回时间稍后。与粤汉铁路的赎回主要由民间力量推动、地方官员主持不同，京汉铁路的赎回主要由国家主导，邮传部主持，更多体现了国家意志。

京汉铁路主要是借比利时贷款修成的，自1906年4月全线通车后，客货运输十分繁忙，营业额逐年增加。

1906—1908年运输收支情况①　　单位：银元

年　份	总收入	总支出	盈　余
1906	7283074	2233957	5049117
1907	8177560	2740885	5436675
1908	9693358	3330181	6363177

开通头3年，每年银元500万元以上的盈利，对于多年来处于财政极度困难的清政府来说，是一笔不小的财源。同时，比利时公司每年可以从盈利

① 曾鲲化：《中国铁路史》，第691页。其中1907年的盈余数原文为“2436675”，应为笔误，本文做了相应修改。

中提取二成余利，也是不小的损失。收回京汉铁路，不仅可以形成源源不断的利源，而且可以与粤汉铁路南北相接，与当时正在修建的津浦、京沪铁路共同形成南北大干线。[①] 另外，提前赎回也是合同所允许的，清政府决意收回京汉铁路。《卢汉铁路借款合同》第5款明确规定："在1907年以后，中国总公司无论何时，可将借款还清。一经还清，所有合同即时作废。"在《行车合同》中亦规定："本行车合同自签押日起，以三十年为限。""如该款不及三十年之限，先行全数还清，则行车合同，亦即于还清之日起销废。"[②]

事实上，早在京汉铁路建设阶段，盛宣怀等人就已经在筹划赎回事宜。1904年，盛宣怀在写给奕劻的函中建议：中国必须设法筹款早日赎还自办行车，方为上策。按照合同，明岁完工。四年即可备价收回。[③] 收回利权运动风起云涌之后，尤其是1905年粤汉铁路的成功赎回，激励了国人收回京汉铁路路权的信心。

邮传部成立后，收回京汉路权的意愿更加积极，并付诸实施。具体主持其事的是1907年5月就任的邮传部尚书陈璧，陈璧又将其事交给铁路总局局长梁士诒主办。陈璧（1852—1928），字玉苍，晚号苏斋，福建闽县（今福州）人，光绪三年进士。曾充乡试正副考官、凤池书院主讲，是福州苍霞精舍的倡设者。历任监察御史、给事中、园寝工程监督、顺天府尹、商部右侍郎、户部右侍郎、度支部右侍郎等职，1907年5月补授邮传部尚书，1909年2月被参革职。在邮传部存在的5年多时间里，尚书一职如走马灯似地频繁换人，其中比较重要的有张百熙、岑春煊、陈璧、徐世昌、唐绍仪、盛宣怀等。除

① 叶恭绰：《清末赎回京汉铁路的经过》，《文史资料选辑》（合订本）第1册，中国文史出版社1895年版。

② 王景春等编：《中国铁路借款合同全集》，交通部路政司1922年版，第73～94页。

③ 宓汝成：《中国近代铁路史资料》第2册，中华书局1963年版，第739～740页。

陈璧外，其他都是清末政坛上炙手可热的人物。同他们相比，陈璧的名气要小得多，但却是任职时间最长、政绩比较突出的。陈璧任职邮传部期间，为邮传部建章立制并规划全国铁路轨线，主持京汉铁路的收回，他提拔重用铁路管理人才，支持商办铁路，政绩突出。①

8月，陈璧正式密奏朝廷提出收回京汉铁路："伏查京汉铁路造成以后，行车进款递年增加，将来粤汉、川汉之路办成，利益更大，且为中国铁路南行第一干线，尤为大局所系，自应早日将全路赎还。在未赎还之前，比公司享有合同所载之权，又逐年坐分二成余利，希望颇远，如有迁延日久，难保不别生事端。臣等再四筹商，必须尽明年十二月以前，筹款收回，以保固有之利权，而免意外之枝节。"②

京汉铁路的赎回分交涉与筹款两项重要工作同时进行。交涉方面主要是与比利时公司的谈判。最初，梁士诒的计划是向比利时银公司提出改正合同，即仍借比利时公司之款，但要减轻条件，遭到比利时拒绝。不仅如此，比公司还将合同第三款"一千九百零九年起，分二十年拨还"，曲解为自当年起即不能一次全数归还。随后又制作"合同规定委托管理铁路三十年，如今即使还清，而三十年中的余利仍应分享二成"等种种事端，故意制造麻烦，拖延时间。中方在与比利时交涉时采取了强硬立场，声明："无论评断至如何地位！若干时期，均不得因此丝毫阻碍一千九百零九年一月一号，中国收回该路之事。"③"邮传部的这一态度，在晚清软弱外交中是非常罕见的，由此显示了中国收回京汉铁路的决心和勇气，使中比谈判不得不朝着中国的正义

① 苏生文：《陈璧与中国铁路》，《福建论坛·人文社会科学版》，2007年第3期。

② 宓汝成：《中国近代铁路史资料》第2册，中华书局1963年版，第741页。

③ 叶恭绰：《清末赎回京汉铁路的经过》，《文史资料选辑》（合订本）第1册，中国文史出版社1895年版。

要求方面发展。”[①]

筹款方面，困难也非常大。京汉铁路借款原为450万镑，合1.125亿法郎。根据合同，提前还款还有加收银行酬费等项，数额巨大。陈璧等人规划了招募公债、挪借款项、提集存款、另借新债四种筹款办法。[②] 为筹集赎路款项，梁士诒等人筹划设立了交通银行。交通银行的设立主要目的是办理召集华股、招募国债事宜，为赎回京汉铁路筹措资金。

招募公债方面，1908年10月，由交通银行发行“收赎京汉铁路公债”银元1000万元，由于公债在赎路前并未发行出去，公债在赎路交款中并未发生作用。挪借款项来源包括邮传部通过交通银行等向度支部借白银500万两，向川汉铁路公司借用商款白银100万两。提集存款主要是从京汉铁路余利提取白银100万两。另借新债方面，按照邮传部制定的宗旨，“债东除按期得回本息外，不得有丝毫管路权、分利权、购料权、稽查权及以路抵押权，下至存款银行、雇用工程司各权利，一切除去，不声明该款为京汉所用”。[③] 从一开始，邮传部就将借款与路权分开，这一决策是非常正确的，也契合当时利权回收的时代潮流。借款消息传出后，“各国银行闻借款之说，颇有愿来揽办者”，经过比较，1908年10月，清政府向英商汇丰银行和法商汇理银行各借250万英镑，规定以浙江、江苏、湖北、直隶四省盐斤加价、房捐、酒捐等为担保，借款期限为30年，前15年利息4厘5毫，折扣九四。以其中的400万英镑（九四折扣，实得376万英镑）作赎路之费。这笔借款不以铁路为抵押，贷款条件也较为合理，是一次比较成功的贷款。由于“收赎

① 张华腾：《京汉铁路的赎回及其是非得失》，《南开学报》（哲学社会科学版），2010年第2期。

② 宓汝成：《中国近代铁路史资料》第2册，中华书局1963年版，第741页。

③ 宓汝成：《中国近代铁路史资料》第2册，中华书局1963年版，第742页。

京汉铁路公债”没有在赎路时发挥作用，由邮传部向度支部挪借及由交通银行、大清银行代借赎路款共达 1825 万两有余[①]，加上外债，足够还款之用。

筹款解决以后，邮传部与比利时公司商定，还款在巴黎交付，1908 年 12 月 28 日全数付清应交本息及经手费各项共计 22740.1041 万法郎。照合同应交回比利时公司卢保段三年官息二成，共为银元 240130 元。京汉铁路赎路实支 376 万镑，支银 13718578 两 6 钱 2 厘，合计约银 4605 万余两。[②] 1909 年 1 月 1 日，派令铁路局长梁士诒、京汉铁路监督郑清濂，将比公司经手各项文卷、账目、款项、材料，一并点收，并将抵押卷据，悉数收回；迭次合同，全行作废。[③] 自 1909 年 1 月 1 日起，中国正式收回了京汉铁路的全部管理权。

京汉铁路的赎回是路权收回运动中最具标志性和影响力的事件，也是中国近代史上的一件大事。从长远和大局而言，赎回京汉铁路，对于保护铁路路权、维护国家主权是具有积极意义的。清政府采用“借债还债”的办法，在当时亦属无奈之举。我们同时也应看到，新旧外债性质有较大区别，新的外债不管是向英法借的 500 万英镑还是后期的赎路公债，都不涉及铁路路权问题，这在中国近代铁路史上无疑是有积极意义的。曾亲历其事的叶恭绰回忆：“在强邻逼处、国势危弱的环境中，的确不算是一件容易的事。那必须有胆识，有魄力，有策略，有计划，有手段，有方法，尤其要抓紧时间，免误机宜。当时在事诸人及其同僚们怎样积极进行，是可以想见的。”[④]主持其事的陈璧、梁士诒等人的历史功绩应予肯定。

---

① 这部分赎路款项于 1908 年后发行公债归还，直到 1910 年 10 月发售完毕。1000 万元赎路公债中，国内仅购买 34 万元，日本公司购买 250 万元，英国公司购买了 716 万元。

② 交通史编纂委员会：《交通史路政编》第 8 册，1935 年版，第 688 页。

③ 宓汝成：《中国近代铁路史资料》第 2 册，中华书局 1963 年版，第 747 页。

④ 叶恭绰：《清末赎回京汉铁路的经过》，《文史资料选辑》（合订本）第 1 册，北京：中国文史出版社 1895 年版。

从经济角度而言，京汉铁路赎路共计支出白银4600多万两，加上利息等，数目更大。如此巨款，以至当时人认为，还不如另造一路。连梁士诒在1919年6月的一次演讲中也说："赎回一月以后，忽然猛觉，有此巨款，何不别筑一路，有益于国，较之赎回一路，奚止倍蓰，私衷追悔，而举世无议及者。"[①]有学者指出，"梁士诒的话仅仅是一次天真的幻想，没有一点实行的可能，不能作为评判赎回京汉铁路的根据。"[②]事实确实如此，京汉铁路本身的区位优势是无可代替的，并不是简单的"别筑一路"能够替代的。况且，筑路还得借款，是否又会继续重复路权丧失的老路，列强又会提出什么新的苛刻条件，完全不得而知。学者张华腾分析："京汉铁路收回后历年营业额和盈余都在增长（战争、战乱除外），1906—1913年的6年间，其利润翻番，以赎回京汉铁路1908年的盈余为基数，至1916年的8年间再翻番。如以赎回京汉铁路的款项4600万两折合银元6900万元计算（1银元约合0.66两白银），那么以1906年的盈余银元7587371元为基数，10年后京汉铁路的盈余将超过赎回京汉铁路的款项。收回京汉铁路的是非得失，是显而易见的，是无容置疑的。"[③]这一分析是科学、中肯的。

三、苏杭甬铁路的废约

较之粤汉铁路的废约与京汉铁路的赎回，1905—1911年江浙两省人民收回苏杭甬铁路自办运动持续时间更长、参与规模更大。

---

① 陈奋主编：《北洋政府国务总理梁士治史料集》，中国文史出版社1991年版，第293页。

② 张华腾：《京汉铁路的赎回及其是非得失》，《南开学报》（哲学社会科学版），2010年第2期。

③ 张华腾：《京汉铁路的赎回及其是非得失》，《南开学报》（哲学社会科学版），2010年第2期。

苏杭甬铁路是1898年英国向清政府索取的五路借款建造权之一。1898年，英国争夺卢汉铁路贷款权失败后，向清政府施加压力，要求准许英国的公司承办五条铁路，即：由天津至镇江，由河南、山西两省至长江，由九龙至广州，由浦口至信阳，由苏州至杭州或展至宁波的铁路。这是英国在争夺卢汉铁路贷款权未遂后谋求的所谓“补偿”。清总理衙门接受了除山西到长江铁路和津镇外其他三条铁路的侵略要求。其中由苏州至杭州或展至宁波的铁路即苏杭甬铁路。1898年10月15日，中国铁路总公司督办大臣盛宣怀与英商怡和洋行在上海签订苏杭甬铁路草合同。该草合同规定四款内容：“第一款今议定造办铁路。由江苏省之苏州，至浙江省之杭州及宁波，订立草约章程，即光绪二十四年闰三月二十三日，即西历一千八百九十八年五月十三号签订之沪宁铁路章程一样；第二款此合同第一款草约章程，将来订立正约，仍当与嗣后商定核准之沪宁铁路正约章程一样；第三款此合同签订之后，怡和洋行当从速代银公司派工程司测勘第一款中所指各路，总公司一面知会地方官员，保护银公司派出之勘路工程司等人；第四款、以上草合同先由督办大臣画押，俟会商抚部院，如有地方窒碍之处，即行更正。仍俟订正约时，即行会同入。”①《苏杭甬铁路草合同》的签订，是清政府对英国攫取苏杭甬铁路承办权的初步承认。但合同签订后，英国因忙于镇压南非殖民地的战争，中国亦爆发了义和团运动，合同迟迟未能履行，正式合同的签订也就无从谈起。英国未履行草合同，成为日后江浙人民要求自办苏杭甬铁路、废除草约的重要理由之一。

庚子事变后，江浙地区屡有商民申请商办铁路，直到1905年，形成轰轰

---

① 墨悲：《江浙铁路风潮》，中国国家图书馆古籍馆藏，1907年，第7～8页。转引自杨玄博《从商办到国有化：试论清末民初沪杭甬铁路的发展概况》，《湖州师范学校学报》，2011年12月。

烈烈的苏杭甬铁路自办运动。苏杭甬铁路自办是在 20 世纪初收回路权运动的历史背景下产生的，其直接起因则是浙赣铁路事件。

1905 年初，由于粤汉铁路废约运动的开展，美国将原来承办粤汉铁路的合兴公司改头换面，组成协丰公司，并向清政府提出承筑贯穿浙江、江西的浙赣铁路的要求。这个消息被浙江留日学生和沪杭两地的官绅士商得知后群起反对。浙江绅商于 1905 年 7 月 24 日曾在上海集会，议决组织本省的铁路公司，公举在籍道员衔前署两淮盐运使汤寿潜、在籍候补四品京堂刘锦藻分任正、副总理。1906 年 4 月，苏路公司成立，公举王清穆为总理，张謇为副理。

1905 年浙江铁路公司成立后，便将议废与英商的《苏杭甬铁路草合同》提上议事日程。9 月 23 日，浙籍京官、御史朱锡恩上奏清廷，请将苏杭甬铁路草合同速予撤废。同日，清廷颁布上谕，明确支持浙绅的废约请求，并责成草合同之原议人盛宣怀负责具体交涉事宜。这意味着清廷已同意废除苏杭甬铁路草合同，并作出实际行动。然而，盛宣怀的实际交涉成果却并不理想。

12 月，盛宣怀向英国银公司致函申明废约，其理由如下。(一)原草约第四款规定："俟会商抚部院如有地方窒碍之处，即行改正"，现商部已经奏准由绅民自办，说明草合同"大有窒碍"，是草合同已不能成立。(二)草合同第三款声明："银公司当速派工程司测勘，现已七年，并未来议勘办"，是英方违约。(三)光绪二十九年四月十八日(1903 年 5 月 24 日)已致函英方，声明六个月内再不勘路即草约作废，而"此函去后，又逾两年有半，则草合同本应作废。"①

① 清邮传部编：《苏杭甬铁路档》卷 2，第 24 页，转引自王致中：《中国铁路外债研究：1887—1911》，第 149 页。

应该说，盛宣怀的废约理由有理有据，其主张废约的态度也是明确的。英国随后谋图撇开盛宣怀，直接与清外务部和浙江地方官员交涉，要求继续借用英款筑路。

1906 年 2 月，浙江省铁路公司总理汤寿潜、副总理刘锦藻以“五应废”致函外务部、商部：“苏杭甬草约非契约，一应废；议浙路而不一问浙之官民，二应废；议从速而久不办，英商先自背弃其议，三应废；光绪二十九年浙人拟自办，先勘江墅入手，盛大臣（盛宣怀）函促该商，限六个月不办，此路作罢，该商又默许废议，四应废；该商冀避民法而就国际，不愿与盛（宣怀）议，既无原议，安有接议，五应废。”与此同时，江苏绅商通过各种渠道，主张废约。1906 年 2 月，盛宣怀辞去了铁路总公司督办之职，所有铁路事宜都交由商部办理。

在争取废约自办的同时，浙苏两省已经开始实际推进铁路的筹款和修筑。浙苏两省人口稠密，物产丰富，工商业发展较早，金融业也较发达，社会积累资金较多，而且当时两省绅商已认识到铁路是赢利事业。因此废约修路一开始，广大绅商就踊跃认股。1905 年 10 月浙江全省铁路公司成立招股时，规定以银元 100 元为整股，10 元为零股，先集 600 万元为优先股，年息 7 厘，如有红利，先提 3/20 作为特别报酬。副总理刘锦藻首先入股 50 万元（以后扩大招股时又入股 50 万元），其他富商认股自 1 万至 20 万元不等，一年间优先股就已募集到 484 万多元，已达到沪杭铁路浙江省境内工程所需款项，公司因此决定暂停招股。为了稳妥保管这笔巨款，该公司又呈准商部设立浙江兴业银行，经营银行业务。

英方见清政府允准浙、苏铁路公司成立，并开始修建沪杭段，十分不满，以借款草约未废、贷款权仍归英方为由，一再要求清政府与之订立正约。清政府夹于英商和浙苏两省商办铁路公司之间，进退维谷，便采取了“部借部还”的骑墙法以摆脱困境。1908 年 3 月 6 日，外务、邮传两部与中英银公司订立了《沪杭甬铁路借款合同》。原《苏杭甬铁路借款草合同》规定这条铁路的起点为苏州，现改为上海，路名也作相应的改动。这次签订的为正式合同，规定借款额为150万英镑，折扣93%，年利5%，期限30年。若本路进款不够还本付息，则由京奉铁路余利项下拨付。这次借款系“部借部还”，即由邮传部承借，作为存款，分期转拨给浙、苏两路使用，将来由两路还部，再由部还英公司。4月根据“部借部还”原则，清政府批准邮传部与浙、苏两省铁路公司订立《存款章程》14条。该章程规定：邮传部承认沪杭甬铁路归浙、苏两省铁路公司商办；存款总数为白银700万两至1000万两，邮传部应在由1908年3月8日起的7个月内拨付第一期存款80万两，12个月至迟24个月内全部拨清，倘到期不能拨付，此章程即日作废；存款利息为年利5.5%，每半年付息一次；自第11年起分20年照本摊还。建造铁路时，由两公司选派沪杭甬铁路局总办，秉承两公司总理、协理命令选用英籍总工程师一名。通车后，在存款期内，仍须任用英籍总工程师一名。

沪杭甬铁路英国债款，由借款改为存款，形成两个合同。浙苏两省本不需借款而强迫借款，引起了两省强烈抵抗。《沪杭甬路借款合同》及《存款章程》订立后至清朝灭亡，浙苏商民抵制反对从未停止。为了拒绝借用英款争取真正的商办，浙江铁路公司继续募集新股。此次增发了银元5元、1元的零股，便于广大平民百姓购买，不久即集得535万余元。除派代表到北京向外务、邮传两部提出抗诉并坚决拒用英款外，10月22日在杭州召开“国民拒款公会”，议决请浙江巡抚代奏，有“款本足，无待借；路已成，岂肯押”，“浙人除遵谕自办外，不知其他”①等语，并分电各省一致抗争。

---

① 《国民拒款公会陶在宽等呈浙抚文》，《历史教学》1963年4月，何玉畴：《清朝末年江浙人民收回苏杭甬铁路自办运动》。

1910年8月，盛宣怀任邮传部右侍郎主管路政。盛宣怀的复出使得浙、苏商民感到不安，因为他主持路政的方针是借债修路。当时清政府对商办铁路微词已多，两省商民担心盛宣怀站在英方，夺走沪杭甬铁路的修建权。汤寿潜更是义愤填膺致电军机处，严劾盛宣怀借债误国。清政府对汤寿潜领导拒英款运动早已不满，此次便以其干涉朝政为由下令革去其浙江省铁路公司总理之职。

汤寿潜曾入股一万元，是浙路大股东，身为浙江铁路公司总理并不领薪水。汤寿潜根据日本铁路经验制定了浙江铁路公司管理章程，他循章办事，管理井然有序。在地方铁路公司中，浙江铁路公司建成的铁路里程最长，施工费用最省。由于浙江铁路成绩卓著，所以汤寿潜又被选为浙江咨议局议长。汤寿潜的被革职，引起浙江全省人民强烈的抗议。然而，清政府主意已定，两省人民留汤的愿望最终没有达成。由于两省人民对于英债的坚决抵制，邮传部只得与英公司协商，将沪杭甬铁路借款移作开封徐州铁路用款，沪杭甬铁路的商办之局得以保全。

晚清时期，沪杭甬铁路的建设在两省人民争取路权的同时逐渐推进。1909年3月，沪杭甬铁路苏段(沪杭段)通车。本段铁路自上海南站至枫泾(属浙江省嘉兴府)，由商办江苏全省铁路公司修建，1907年3月开工，1908年11月完工；自杭州闸口至枫泾称为浙路，长125公里，由商办浙江全省铁路公司修建，1906年11月开工，1909年7月完工。1909年8月，苏、浙两路在枫泾接轨，合计186.2公里。浙路的闸口至艮山门一段为江墅铁路的一部分。江墅铁路是为接运由大运河运到杭州供修建浙路之用的建筑材料而修建的，南起江干闸口，北抵拱宸桥湖墅，长16.35公里，1907年8月通车。浙路与苏路接轨后，艮山门至拱宸桥一段(长6.8公里)改为支线，1944年被日寇拆除。沪杭甬铁路各路段的修筑速度快、质量佳，是当时商办铁路的典范。

第五章 路权觉醒时代的铁路建设

20世纪初兴起的收回路权运动，极大地促进了社会各界对铁路利权问题的高度重视。这一时期，商办铁路风起云涌。第一条使用国有资金和中国技术人员修建的干线铁路——京张铁路建成；即使是借用外资修建的津浦铁路，也体现出了与以往借款筑路不同的模式特征。

第一节　京张铁路的修建

京张铁路是中国第一条使用国有资金，完全由中国人自己勘测、设计、施工、管理，独立自主地建成的铁路干线，在中国铁路史上具有极为重要的意义。

一、京张铁路自办局面的形成

关于京张铁路归中国自办的来由，一般经典表述为：时（1904 年）督办关内外铁路大臣袁世凯以关内外铁路盈利甚丰，拟即提拨一部分盈余做修筑京张之用。惟关内外铁路有借用英国款项，以路收做抵关系，英国方面坚持如移款修筑京张，须用英国人为总工程师。事为俄国所闻，以我曾允由京向北筑路，如须借用外款，先向俄商，俄使因亦出而阻挠。交涉经年，中英公司始允于备付关内外借款六个月本息之外，任由我政府提用，不坚持英籍总工程师之要求。我方遂决定由我方派人负工程之责，不雇用洋工程师，以示与任何外国不相干涉，俄人始无辞。① 经盛鸿先生的《詹天佑评传》认为，是在英、俄相持不下的情况下，1905 年 5 月 11 日清政府官员提出“作为中国筹款自造之路，亦不用洋工程师经理，自与他国不相干涉。”因此，英、俄才不再坚持由各自国家承建，同意中国自建。②

上述观点概言之：1904 年清政府提出修建京张铁路后，英、俄两国相争不下，清政府无奈选择官款自办。实际上，考察京张铁路自办的历史过程，

---

① 凌鸿勋：《詹天佑先生年谱》，《詹天佑传记资料》第 78 页。（台湾地区）天一出版社 1979 年版。

② 经盛鸿：《詹天佑评传》，南京大学出版社 2001 年版，第 137 页。

1904年之后的英俄相争并不占主要位置。早在1902年，筹建京张铁路还未正式动议，关于自办该路已经成为定局。

1897年，清政府决定借款修建关内外铁路，英俄两国为争夺贷款权展开激烈斗争，后英国获得贷款权。1899年4月28日，英俄两国以互换照会的方式达成两国分割在华铁路权益的协议，即：英国不妨碍俄国在长城以北地区谋求铁路让与权；俄国不妨碍英国在长江流域地区谋求铁路让与权。英俄两国背着清政府制定分赃协议，并通知中国。

4月30日，俄国突然向总理衙门提出要求修建东省铁路南满洲支路，即从沈阳以北某地修建一条铁路直达北京。清政府对此无理要求，首先寄希望于英国制衡，但英俄已有上述外交协议，因此并未出言反对。清政府只得于6月1日，由总理衙门与俄国驻华公使以互换照会的形式商定，中国“将来如添造铁路由北京向北或向东北俄界方向，除用中国款项及华员自行造路不计外，设或有托他国商办造路之意，必应将此意先与俄国政府或公司商议承造，而断不允他国或他国公司承造。”[①]清政府此举使俄国取得了优先承造北京向北或向东北俄界铁路的权益，但同时也暗含深意，即如果用华款华人筑路则不需俄人插手，这为后来京张铁路自办制造了先机。

1900年八国联军侵华后，关内外铁路山海关以南关内段被英国侵占，山海关以北的关外段被俄国侵占。1901年签订《辛丑条约》后，列强在攫取了大量利益后同意归还强占的铁路，其中就包括被英、俄侵占的关内外铁路。1902年，清政府命令直隶总督袁世凯兼任督办关内外铁路事宜，与胡燏棻会同办理关内外铁路收回事宜。1902年4月8日，清政府与俄国签订《中俄交收东三省条约》，收回了被俄侵占的关内外铁路。1902年4月29日，中英签

① 《总理衙门至俄国公使照会》1899年6月1日，选自王铁崖编：《中外旧约章汇编》，第1册，第908页。

订《交还关内外铁路章程》十条、《关内外铁路交还以后章程》五条、附《山海关至北京铁路军事章程》十二条，英国侵占的关内外铁路收归中国。

其中《关内外铁路交还以后章程》第五条规定，“兹议定：嗣后在于离线时所有铁路八十英里地方之内，凡欲新修铁路，除此章程画押以前所应允修办之外，均应由中国北方铁路督办大臣承修。盖如北京或丰台至长城向北之铁路及通州至古冶或唐山直弦之铁路，并天津至保定府铁路，不得入他人之手，至防中国北方铁路利益。”

这个约定中上述三路“不得入他人之手”，实际上是划为了英国的囊中物。所以条约签订后立即引起了抗议。首先是比利时，比利时认为天津至保定的铁路为卢汉铁路支路，应归比利时承办；法国借口卢汉铁路比利时公司借用法款多，也出面阻挠；俄国则认为，根据 1899 年 6 月 1 日清总理衙门对俄照会，清政府修建长城以北铁路，除中国自建外，必须与俄国商议。

在这种情况下，清政府外务部等人开始斟酌文字，修改条款。外务部频频照会英俄公使，进行说明。1902 年 5 月，外务部照会英国驻华公使萨道义：“附章第五条所载，应由北方铁路督办大臣承修之北京或丰台向北至长城、及通州至古冶或唐山直弦并天津至保定府各铁路，前本大臣等虑及一经指明，各国必引为口实，屡请删改，而贵大臣恐各铁路为他国承办，有妨北方铁路利益，未及允办。现已拟定由中国自筹款项，用华员自行造路，决不至由他国或他公司承造，致于北方铁路利益有所妨碍，似不必订入章程。可否将此款仍照本大臣等前请，即行删除，以省周折。如此办理，似于贵大臣初意尚无出入，而于本大臣等一面，不至为难，实纫公谊。相应备文照会大臣，请烦查照，迅赐核覆施行。”①5 月 14 日，英使回复：“与本大臣意见相符，自可

① 宓汝成：《中国近代铁路史资料》第 2 册，中华书局 1963 年版，第 541～542 页。

照允办理”。[1] 与英国商定结果后，外务部又照会俄国驻华大使对上述修改进行了解释。

经过外务部等人的努力，《关内外铁路交还以后章程》第五条最终进行了修改。光绪二十八年九月十五日（1902年10月16日）袁世凯上《续订收回京津榆关铁路章程折》。奏折首先检讨自己主持订立的前述条约“未能详细斟酌，致贻口实”，然后奏报了新改定的收回津榆铁路（关内外铁路）合同办法，明确说明：“合同第五条所载，推广支路一节，亦经改定，自北京以北各支路，并由北京至张家口之铁路，应归中国造办，外国人不得干预。只用中国资本不用外国资本，并永不得以此路作为外国抵押借据。”并且“先经外务部侍郎联芳与俄使商定，由臣熽棻转达英使，允即照办”。[2] 这意味着，英俄两国已全部同意这一修改。

可见，早在1902年，京张铁路由中国自办已成定局。到1904年，袁世凯正式提拨关内外铁路修建京张铁路，清政府与英国争议的只是动用关内外铁路余利需要备存拨付一年本息还是六个月本息的问题，经过梁如浩等人的外交努力，英国同意拨付六个月本息后，“余可动用”。[3]

正因有此条约约定在先，所以袁世凯在1905年5月11日上《提拨关内外铁路余利修造京张铁路折》正式请求修建京张路时才说：“臣等查京张铁路关系紧要，亟宜及时开办，正虑筹款维艰，现在关内外铁路余利既多，且经商允中英公司，但须备付六个月借款本息，余可任便提用，自应将此项余款

① 宓汝成：《中国近代铁路史资料》第2册，中华书局1963年版，第541～542页。

② 袁世凯：《续订收回京津榆关铁路章程折》，《袁世凯奏议》，天津古籍出版社1987年版，第645页。

③ 袁世凯：《提拨关内外铁路余利修造京张铁路折》，《袁世凯奏议》，天津古籍出版社1987年版，第1152页。

分拨修造京张铁路，以济路工。此路即作为中国筹款自造之路，亦不用洋工程经理，自与他国不相干涉。”①

1906年，京张铁路已经开工近一年，两广总督岑春煊突然奏请朝廷请求派詹天佑回粤勘办路工，光绪皇帝批准了这一奏请。其时詹天佑正担任京张路会办兼总工程师，京张路正在吃紧关头，袁世凯闻讯后立即上《道员詹天佑请仍留京张路工片》，说明京张铁路正在当紧时候，尤其是八达岭等处，“开山凿洞，工程尤为艰巨，所有全路一切布置，悉赖詹天佑精心缔造，尽力经营”，如果此时调詹天佑离开，京张路将无人主持。除了强调京张路离不开詹天佑，袁世凯还特别指出“惟查京张铁路，前于光绪二十五年，经前总理各国事务衙门向俄国使臣声明，中国政府将来如添造由北京向北之路，祇用华款、华员自造，不允他国人承造。二十八年议收关内外铁路时，复经外务部与俄国使臣声明，并于英国交路章程内订明：北京至张家口之铁路，应归中国造办，外国人不得干预各在案。是京张一路，照俄英两国成议，均不得由外人承造。”②袁世凯说这段话意在表明京张路必须由中国人修建，在没有其他中国工程师能顶替詹天佑的情况下，詹天佑不能离开。同时，袁世凯的奏折也明确表明，京张路由中国自办早在光绪二十五年（1899年）就向俄国声明过了，到了光绪二十八年（1902年），京张路归中国自办早已成为定局。

追根溯源，本节开头凌鸿勋等人的观点实际上是从《交通史路政编》得来的。《交通史路政编》是民国时期交通部、铁道部联合组织的交通史编纂委员会编纂的一套大型交通史资料集，内容分为铁路与汽车路两种，尤以铁

① 袁世凯：《提拨关内外铁路余利修造京张铁路折》，《袁世凯奏议》，天津古籍出版社1987年版，第1152页。

② 袁世凯《道员詹天佑请仍留京张路工片》，《袁世凯奏议》，天津古籍出版社1987年版，第1346页。

路为多。该书由政府部门组织编纂，收罗广泛，资料也较权威，常为铁路史研究者所引用。凌鸿勋先生的上述观点虽然没有明确指明出处，但就内容来看，出自此书，确定无疑。《交通史路政编》述“京绥铁路之起源”，云：

“清光绪二十九年商人李明和具禀路矿总务局请招集股银六百万两承修北京至张家口铁路，拟具章程十二条，商人李春继之，均以股本不可恃被驳。是年九月御史瑞琛又采商人张锡玉之词奏请商办，复交商部议驳，而官办之议兴。于是督会办铁路大臣袁世凯胡燏棻建议提拨关内外铁路余利以办京张。然关内外路余利均存英商汇丰银行，约定提用时须彼此协商，因派道员梁如浩酌拟办法与中英公司磋议。中英公司代理人顾璞坚持非用英国工程师不可，又以政府前与俄人有长城汔北铁路不能由他国承办之议，故俄使亦出而反对。辩论年余，始与英公司议定按年提拨余利办法，并声明不用洋工程师，以示与他国均不相涉。三十一年四月由袁世凯胡燏棻奏请开办，十二日奉朱批：外务部，商部知道。即于是月设局派陈昭常为总办，詹天佑为总工程师，是为中国人自造铁路之嚆矢。”①

将这段叙述与凌鸿勋的观点比较，很容易会发现，凌鸿勋先生显然沿袭了《交通史路政编》。那么，《交通史路政编》此说依据何在呢？书中没有指出。又该书专设“涉外事项”一节，专述中国与帝国主义各国关于路权的交涉事项，其中“对俄交涉”“对英交涉”部分也无一字提及两国曾经争夺过京张路权。

通过以上分析我们可以看到，京张铁路由中国人自行造办早在 1902 年就已确定，1904 年后英俄争执的史料并不充分。一个可以作为佐证的事实是，1903 年，锡良被简任四川总督，赴任途中，他上奏清政府提出“拟仿京张

① 交通史编纂委员会：《交通史路政编》第 9 册，1935 年版，第 1553 页。

铁路章程”，由四川自办川汉铁路。[①] 此时京张铁路还未动议，更没有什么章程。锡良所言，不知何据。但我们相信，锡良的言论不完全是空穴来风。想必当时关于京张铁路自办的消息已经在流传，锡良在京听闻了一些。这为我们理解京张铁路的自办过程提供了新的资料。

二、京张铁路的修建

张家口是古长城的一个要口，在今河北省西北部，距北京约200公里，是从华北平原通向蒙古与西北的交通要冲。与“丝绸之路”相媲美的古“张库大道”(从张家口到乌兰巴托)即从这里起始。每年运输的货物，有蒙古一带输出的土产皮毛、骆绒，和从南方输入的茶叶、纸张、布匹等，数量十分巨大。

1904年，袁世凯等人提议清政府提拨关内外铁路余利，不用外国工程司，由中国人自行筹款、自行勘测、设计、建造，独立完成此铁路干线工程。清政府任命陈昭常为总办，调集中国铁路工程技术人员和工人，以“国人国款，不赖外人”尝试了自建铁路的第一步。袁世凯奏准的京张铁路修建方案：从丰台至张家口相距201公里，约需银500万两，四年完成，每年从关内外铁路提银100万两，四年计400万两，此外，庚款赔偿关内外铁路财产损失80余万两，也可提用。

1905年5月，京张铁路总局在天津成立，在北京设立工程局，詹天佑被任命为京张铁路会办兼总工程司(1907年6月升任总办兼总工程司)，主持京张铁路工程。

詹天佑，字达朝，号眷诚。1861年4月26日生于广东南海(今广州)，祖

---

① 宓汝成：《中国近代铁路史资料》第3册，中华书局1963年，1057～1058页。

籍安徽婺源(今属江西)。他12岁赴美留学,是美国耶鲁大学铁路工程专业的优秀毕业生。1892年,詹天佑在参与关内外铁路滦河铁路桥工程时采用了气压沉箱法,成功地建造起了桥墩,解决了英国、日本、德国三国工程师均无法解决的工程难题,显示了他的创造才能,引起中外瞩目。1902年,他用4个月时间独立设计指挥完成了新易铁路建设,他的才能也受到了朝廷的注意。经过多年历练到1905年时,詹天佑无疑成为当时中国最优秀的铁路人才。因此,当清政府决议自建京张路时,詹天佑顺理成章地主持其事。

京张铁路南口以南地势平坦;南口至八达岭进入关沟;关沟以西属太行山脉,以东属燕山山脉,其间分布石灰岩和花岗岩;冻结深度0.57～1.65米,地震烈度7～8度。

1905年3月,由京奉铁路丰台站东的柳村起进行初测,分丰台至南口、南口至康庄、康庄至张家口三段。1905年5月开始复测定线,同年8月复测完成。

该段线路由京(北京)奉(沈阳)铁路丰台站以东的柳村60号桥起,经西直门、南口、青龙桥,然后偏向西北,沿岔道城、康庄、沙城而达张家口,全长197.1公里(由丰台站中心起为201.1公里)。线路大部分处于山区,具有曲线多、半径小、坡度大的特点。起点至南口,地处平原,多绕避坟地庙宇,曲线竟达30多处,延长9843米,占线路总长的19.2%。南口至西拨子,跨山绕谷,曲线达52处,延长10388米,占这段线路总长的43.6%,为曲线集中地段。西拨子至张家口共有曲线46处,延长18341米,占该段线路总长的15%。京张段共有半径在600米以下的曲线48处。

詹天佑和他的同事们在初勘时,为绕避关沟段,除由南口沿大路至青龙桥、八达岭、岔道城而至康庄外,还在归途中从延庆沿由热河至北京之路,经得胜口越过山脉而至沙河,勘测结果徒然绕远,且未能降低线路坡度。若丰台经石景山,沿永定河,经清水涧、珠窝堡而至沙城,坡度虽然平缓,但沿线悬崖峭壁，河流湍急，岸无行径，工程艰巨，工期长，造价高。经比较，他们选定经关沟段的线路方案，即自丰台、西直门、南口，穿居庸关，越八达岭，经康庄、沙城、宣化达张家口的方案。

詹天佑在确定通过关沟段选线方案后，八达岭隧道工程及关沟段 33‰坡道的牵引成为尖锐的课题，他借鉴了美国山区林业小铁路先例，引进“人”字形线路，利用青龙桥车站机车倒向后折返穿越八达岭隧道至岔道城，从而把原线长 1800 米的八达岭隧道抬高，而缩短了近半，缩短工期，减少地形的限制。关沟段最小坡度仍在 33.3‰以上，为此詹天佑精细选购英国大马力机车，实行双机牵引。

京张铁路青龙桥站“人字形”铁路

线路技术标准：轨距 1435 毫米；最大限制坡度，下行 33.3‰，上行 18.6‰；最小曲线半径 182.9 米；路基宽度 6.10 米；到发线有效长度以青龙桥站为最短，长 212 米；桥梁载重除关沟段南口至康庄为古柏氏 E-50 外，其他大小桥梁均为E-35；正线钢轨为中国汉阳和英国山北式42公斤/米，站线和支线为30公斤/米、关沟段为42公斤/米的英国山北式加硬钢轨；枕木由美国和日本进口，大部分为榆木、椴木。机车类型为英国北英0-3-3-0大型马力式机车。在车站和线路坡度特别大的地方设避难线。

1905年9月4日京张铁路开工，次年1月从丰台开始铺轨，詹天佑亲自打下第一颗道钉。1906年9月30日，丰台至南口段竣工。随即南口至张家口段工程开工，该段的施工极为艰巨，特别是南口经居庸关至岔道城，地势陡峻、岗峦重叠，必须开凿居庸关、五桂头、石佛寺、八达岭四座隧道。

八达岭山洞完工留影

当时，隧道施工的机械化水平低，凿洞工程每端以60人为一班，其中40人系凿工，20人系运输工，日进度0.6～0.9米。在开挖1091.18米的八达岭隧道时，为争取进度，还在山顶开凿两个竖井，从而把施工作业面增加到6

个，加快了施工进度。为解决竖井过深严重缺氧的问题，还在井面设置通风机并接以铁管，必要时以手拉风箱作为辅助，解决了井下通风问题，改善了井下的工作条件。1908 年 5 月 22 日，八达岭隧道竣工。京张段除 4 座隧道为关键工程外，还有蛇腰弯、老龙背、鹞儿梁等处的桥梁、堤垣和高填深挖工程，都相当艰难。

1909 年 9 月，京张铁路竣工，从北京丰台经西直门、沙河、南口、居庸关、康庄、怀来、宣化至张家口，长 201.2 公里，单线，标准轨距。京张铁路沿线共修建铁桥 121 座 1951 延长米，石桥 40 座 178 延长米，木桥 3 座 32 延长米。桥梁设计载重等级，除关沟段为古柏氏 E-50 级外，其余为 E-35。最大桥梁为怀来河桥，长 214 米，为刚质桥梁。因为坡陡，采用马勒(Mallet)复涨式爬山机车，分别从英美两国进口。车辆由唐山机厂制造，在南口设有机车车辆修理厂。修建京张铁路历时 4 年，共用银元 1046 万元，平均每公里 5 万元。

京张铁路举行南口通车典礼时，专车到达南口车站的情景

1909 年 10 月 2 日，在南口举行京张铁路通车典礼，中外来宾参加者达万人。邮传部尚书徐世昌在会上致辞说："本路之成，非徒增长吾华工程师之荣誉，而后此从事工程者，亦得以益坚其自信力，而勇于图成。将来自办之铁路，继兴未艾，必以京张为先河，所关非细事也。"京张铁路为中国工程师用中国财力修成的首条干线铁路，极大地振奋了民族精神。

京张铁路的修建促进了中国铁路技术人员队伍的成长。为了修建此路，詹天佑尽量把散居各地的中国铁路技术人才招聘到京张铁路局。这些人中有些是他留美时的同学，有些是北洋武备学堂铁路工程班、山海关铁路学堂的毕业生。他们在詹天佑的带领下，刻苦钻研，大胆实践，技术水平显著提高，在以后的铁路建设中，发挥了重大作用。京张铁路建成后，詹天佑写了《京张铁路工程纪略》一书，详尽地总结了经验。京张铁路由中国人自己管理，詹天佑为之制定了科学的管理规章，含行车、养路、机车、巡警、电报等内容，共 33 章。

1906 年在京张铁路开工后，蒙古公爵博迪苏即奏请接修张家口至库伦（今乌兰巴托）的铁路。次年，蒙古库伦办事大臣延祉又奏请修建此路。清政府认为该线路过长，沿途人烟稀少，而绥远（今呼和浩特）是西北重镇，河套为农业发达地区，决定先修张绥铁路。1907 年春，在京张段接近完工时，清政府决定利用关内外铁路余利继续展筑，即修建张绥段。1907 年 4 月成立张绥铁路工程局，并在张家口设立工程处。自张家口至绥远，仍由詹天佑主持修建。1910 年，詹天佑先后出任四川铁路公司、广东粤汉铁路公司总工程司，指导修建川汉铁路和粤汉铁路。张绥铁路总工程师一职，由邝孙谋接任。张绥铁路沿洋河与南洋河谷地延伸，工程不甚艰巨，至 1911 年 10 月，已修至山西阳高。后因武昌起义爆发，该路施工暂停。已修成路段长 125.4 公里，单线，标准轨距，用汉阳铁厂所产钢轨。

詹天佑是具有爱国主义思想的工程师，具有自力更生、发愤图强、建设中国铁路的热情。他在《京张铁路工程纪略》一书的自序中说："或者继起之工不至借助他山，取材异地，尤为蒙所希冀者也。"在修建京张铁路过程中，他选用一批中国铁路工程技术人员，并制定培养工程技术人员的学习、考核和升迁的办法，培养出一大批年轻的工程技术人员。这些工程技术人员在当时各省商办铁路及以后国有铁路的修建过程中都起到了重要的作用。

詹天佑官服像(1909 年)

中国杰出的地质学家李四光在 1961 年 4 月 26 日詹天佑诞辰一百周年的纪念会上说："詹天佑领导修建京张铁路的卓越成就为深受污辱的当时的中国人民争了一口气，表现了我国人民的伟大的精神和智慧，昭示着我国人民的伟大将来。"①

北京西直门火车站

① 李四光：《纪念詹天佑先生诞辰一百周年》，《人民日报》1961 年 4 月 27 日第 4 版。

青龙桥火车站

京张铁路通车南口庆典会场

第二节 津浦铁路的修建

津浦铁路是中国早期除京汉线之外另一条重要的南北向干线。线路由天津至浦口，全长1009.5公里。津浦铁路本来是晚清时期借款筑路的铁路之一，但在铁路合同签订过程中，恰逢中国收回路权运动风起云涌，使该路改变了过去“以路作抵”的借款政策，改为“路款两分”的新模式，成为晚清时期中国铁路外债史上的标志性事件。

一、津浦铁路借款合同的签订

津浦铁路的筹备最早可以追溯到1880年北京至清江浦的铁路。此后，军机大臣大学士督办福建军务左宗棠，卸任俄使曾纪泽分别于1885年和1886年提出修建北京至清江浦或镇江的铁路。1889年前后的津通铁路大争论中，作为保守派代表的御史屠仁守反对修建津通铁路，但建议修建北京至清江浦铁路。从晚清时期修铁路之议开始，修建一条代替大运河的南北大干线，屡屡被提及，但由于种种原因，均停留在纸面。中日甲午战争后，这条铁路的筹建又被提起，此次的组织者是中国近代著名的教育家、外交家、社会活动家容闳。

容闳(1828—1912)，出生于广东香山县南屏乡(今属珠海特区)。7岁时便被其父送进西方传教士在澳门创办的马礼逊预备学校学习。后几经周折，于1847年随该校校长布朗去美国求学，1854年毕业于耶鲁学院(今耶鲁大学)，成为中国首位美国留学生。他曾促成并组织建成上海江南机器制造局，组织中国官派幼童赴美留学，促进西学东渐和中国实业发展。

1896年，容闳向总理衙门上《容闳铁路条陈》，提出借力于美国，成立铁路公司，招洋股借债修路。他认为美国“与我素无嫌隙，今借其商人之力，而权自我操，无庸照会政府，他国断不过问。”如果获得批准，可以与美商设立公司，同时建筑畿东、滇南、川广、卢汉、苏杭、淞沪等多处铁路，并且指出不到五年，便可将这些铁路全部筑成。[①] 总理衙门予以拒绝。

1898 年 1 月，容闳又向总理衙门呈递《津镇铁路条陈》，要求承办由天津经山东德州至江苏镇江的铁路。容闳提出称“现已集股一千万两”“内有美商愿入股者，无庸禀请国家作保，只需将全路作抵”。为说服清廷，减少阻力，容闳还提出以“报效”的形式“拟请先提股银二百万两，以充朝廷要需。”将来全路竣工后，“所获余利按照四分之一报效国家，解交户部饬收。”[②]

前文已经述及，中日甲午战后，清政府在利用外资修建铁路时注意区分了洋股与洋债。容闳利用美资，属于洋股。因此，总理衙门对容闳的奏请，除令将“招集洋股”改为“筹借洋债”，并声明“商借商还”，余均同意。[③] 但容闳的筑路计划提出后，遭到内外反对。张之洞、盛宣怀等人当时正筹办卢汉铁路。他们担心容闳的计划使用美股，会造成路权丧失；且津镇铁路与卢汉路同属南北干线，建成后会与卢汉铁路争夺客货运输利源；同时，津镇铁路经过山东，与德国正在修建的胶济线接轨后，德国势力可以长驱直入京师。与此同时，德国也强烈反对容闳的计划。德国以《胶澳租界条约》为由照会总理衙门称“山东造路之权为德人所专有，无论何人不能在山东另造铁路。”[④]清政府只得令容闳将津镇路改道，绕过德国的势力范围山东，过黄河由浦口、开封造路至天津。容闳于 1898 年 8 月 23 日与英国英东公司、美国

① 宓汝成：《中国近代铁路史资料》第 1 册，中华书局 1963 年版，第 231 页。
② 宓汝成：《中国近代铁路史资料》第 1 册，中华书局 1963 年版，第 233 页。
③ 宓汝成：《中国近代铁路史资料》第 1 册，中华书局 1963 年版，第 238 页。
④ 宓汝成：《中国近代铁路史资料》第 1 册，中华书局 1963 年版，第 241 页。

阿纶美公司共同签订合同，借款银元550万元建造改线后的津镇铁路。尽管如此，新路线还是受到了德国、俄国、法国等国的反对。清政府下令容闳必须招中国资本，不准外国资本入股，并给容闳六个月限期，如果六个月内不能招齐路股，就要取消容闳的筑路权，容闳不得不放弃了津镇铁路计划。这也意味着该路由中国人自行组织修筑的努力失败，开始了列强侵夺路权的历史。

1898年8月，英国强行索取了津镇等五路权利，引发了德国的不满。德国提出修建津镇铁路，并威胁清政府"如果不允，中德友谊就此中止"。[①] 其后，英德两国出于共同利益互相勾结，开始谋划共同修筑津镇铁路。1898年9月，英德分别以汇丰银行和德华银行为首的财政资本组织为工具，在伦敦谈判划分在中国的铁路投资利益范围。关于津镇铁路的约定：自天津至济南或至山东省北界另一地点的铁路线，以及自山东省南部某地至镇江的铁路线，都由英、德两国的公司承筑。完工后由双方共同经营。[②]

1898年9月10日，英国驻华公使窦讷乐、德国驻华公使海靖分别向清朝总理衙门递交照会，正式要求获得津镇铁路的承办权，由英德两国辛迪加共同筑造津镇铁路。1899年5月18日，清政府委派的津镇铁路督办许景澄、帮办张翼同英国中英银公司、德国德华银行在北京签订《津镇铁路借款草合同》。其要点是：借款额暂定为740万英镑，用于修建津镇铁路北南两段，自天津起，经德州，至山东峄县为北段，峄县至江苏镇江为南段，两段共长约982公里；借款期限50年，年利5%，折扣90%；约5年内全路建成；北段所有建造行车一切事宜由德华银行负责，南段所有建造行车一切事宜由

① 《总署致盛宣怀》卷33，《愚斋存稿》思补楼藏版，第16页。

② 宓汝成：《中国近代铁路史资料》第2册，中华书局1963年版，第397页。

中英银公司负责。

津镇草合同实际上是以卢汉铁路比债合同为蓝本而订立的，沿用“以路作抵”模式，且内容更为苛刻。从还款日期来看，期限长达50年，30年之后才允许提前还清，还款时间特别长，使英德两国可以长期控制该路。关于折扣，中日甲午战前铁路借款折扣率都比较低，虽然中日甲午战后清政府大规模借款，折扣率升高，但一般在九五扣左右，津镇借款依照卢汉铁路借款，实行九扣，这可以说在清末的铁路借款中是折扣力度最大的。关于抵押物，津镇草合同沿用了卢汉借款“以路作抵”的模式，这种模式使借款国可以通过抵押全面控制铁路的建造、行车管理权、用人权、财权等各项权利，对国家主权和铁路权益造成严重危害，这也成为后来国人反对铁路利权丧失的重要原因。[①] 草合同签订之后，英国忙于殖民战争，德国在山东修建铁路受到当地人民反抗，不久义和团运动爆发，借款一事就此搁置。

庚子事变后，中国收回路权运动兴起，津镇铁路借款也迎来了转机。1902年8月16日，德国驻华代理公使葛尔士照会总理衙门，要求订立正式合同，立即开工修建津镇铁路。英国于次年5月19日照会总理衙门，要求办理津镇正式合同事宜。1903年8月，清廷派直隶总督袁世凯为津镇铁路督办大臣，负责与英德谈判。袁世凯委派天津海关道唐绍仪、候选知府梁如浩负责与英、德银行谈判。谈判开始后，德国提出将原津镇草合同中的借款740万英镑改为800万英镑，同时还进一步要求承办津镇铁路的两条支路，即德州至正定和兖州至开封的铁路。这些都超出草合同的要求，中方未同意。同时提出缩短借款年限、减少折扣、减少余利等条件，双方分歧过大，谈判拖延5年无果。

① 焦明:《国权视野下的晚清津浦铁路研究》，苏州大学2012年硕士学位论文。

1905年，粤汉铁路被成功赎回后，国内收回利权的呼声高涨。受其影响，津镇铁路经过的直隶、山东、江苏人民也要求废约自办。1907年3月，三省京官奏请由三省绅商自行筹款建筑津镇路；同时提出要求直隶总督袁世凯与湖广总督张之洞（因其刚刚主持赎回粤汉铁路，经验丰富）主持。同月29日，总理衙门派张之洞、袁世凯办理津镇铁路相关事宜。

面对废约自办的汹汹民意，摆在张之洞和袁世凯面前的难题异常复杂。如果依从民意，坚持废约，能不能谈判成功且不说，对于清政府实际权益也有损害。按照1898年清政府与德国签订的《胶澳租借条约》，允准德国从济南修建南北两路，并可与中国干路接连；而且所开铁路附近相距三十里内，还允准其开挖煤矿，筑造支路。而如果向英德两国借款筑路，尽管以路作抵，条件苛刻，铁路所有权毕竟属于中国，且沿线矿产权也不至丧失。如果废约，按照《胶澳租借条约》，山东全境铁路权益损失殆尽。就当时的形势而言，津镇草合同废不了，也不可废。但如果完全按照草合同施行，清政府权益损失又太大。经过权衡，确立了改约的思路，即在借款筑路的前提下尽量减少清政府权益损失。基于这样的考虑，提出了减少权益损失的若干条件；更为重要的是，张之洞从粤汉、卢汉铁路赎回的经验中，提出了“让利争权”“不以路作抵”“路、款两分”的设想。这一思路改变了过去十年以路作抵、路权大量丧失的状况，“实际标志着晚清铁路国家外债政策的重大改变。这一政策改变的基本要旨在于，既要使用外债筑路，但同时又要尽可能防止债权方对清政府主权和铁路权益的损害。这一变化的出现，除根植于其时影响巨大的收回路权运动外，亦与张之洞等人的推动作用关系甚大。”①

① 王致中：《中国铁路外债研究：1887—1911》，经济科学出版社2003年版，第201页。

1908年1月13日，张之洞和袁世凯上奏清政府，改津镇铁路为津浦铁路。同日，清政府派外务部右侍郎梁敦彦与德国德华银行及英国华中铁路有限公司签订《津浦铁路借款合同》，共24项条款，共借款500万英镑，其中英国占37%，德国占63%，年息五厘，30年为期，九三折扣，借款由地方税厘作保。津浦铁路分两段，其中天津或附近天津接连津榆官铁路经过德州、济南府至附近山东南界之峄县一段为津浦铁路北段；峄县至或附近扬子江南京对岸之浦口一段为津浦铁路南段。全长2170里，4年完工。

与原津镇铁路借款草合同及卢汉铁路等借款合同相比，津浦铁路借款的条件是相对有利中国的。首先，改变了"以路作抵"模式，路权几乎不受损失；第二，折扣方面也有改善；第三，取消了余利，防止债权国对铁路收益的持续蚕食；第四，用人方面，限制外国公司用人权；第五，即使在借款未还完以前，铁路建造、管理权亦归中国。

二、津浦铁路修筑工程

津浦铁路全长1009.5公里。北段自京奉铁路天津总站（天津北站）以南两路接轨处起，至山东韩庄，长626.1公里；南段自韩庄至浦口，长383.4公里。两段分别于1908年7月和1909年1月开工。

津浦铁路设北南两个总局，聘请德、英两国总工程师，会同中国工程师共同勘测、设计和施工。1908年2月，在天津设立北段总局，并购买德华银行之前已完成的测量图纸430张，经过实地复勘，除局部稍有改动外，绝大部分线路均按原测图线勘定。其中：在天津站与京奉铁路接轨，涉及天津城区交通、租界及购地等问题，1909年10月12日确定现在的天津北站为接轨点。1912年，津浦铁路天津总站落成。济南站由于胶济线建筑在前，直至

1910 年泰安向北铺轨已到达济南附近，经磋商决定现在的站址。南段终点虽改至浦口，但未确定线路经过地点，有走洪泽湖东侧、西侧两种意见，1908 年 4 月决定采用西侧线。1908 年 7 月设立南段总局于浦口。

线路南北两段以峄县为界，至 1910 年，英德两总工程司具体确定以韩庄运河桥为界，北、南分界点在运河桥，运河桥由北段修建。南北两段主要技术标准：最大坡度 6.67‰；最小曲线半径南段 609.6 米，北段除特殊情况外为 600 米；桥梁设计载重：2-8-0 或 2-6-2 型双机牵引，最大轴重均为 16 吨；轨距 1435 毫米；路基宽度南段路堤 20 英尺(6.144 米)，北段 6.00 米。信号设备开始为路牌，后改为电气路签，道岔机械联锁。

德国承建北段，工程于 1908 年 7 月在天津举行开工典礼，同年 8 月开工，1911 年夏铺轨完毕，开通使用。英国承建南段，1909 年 1 月开工，1911 年 10 月竣工，同年 12 月北段除黄河大桥外，其余工程均完工。1912 年 11 月黄河桥建成，全线通车。

路基施工期间，山东、安徽两省沿线灾情较重，地方政府要求启用当地农民以工代赈，但各包商在得标以后又转包分包。所有路基填土均不打夯，采用预留 12%～60%不等的沉落量，故路基病害严重，特别是东葛至花旗营间沼泽地段路基，数十年间不断发生沉降现象。

全线共有钢桥 387 座，圬工桥 1290 座，共计长 22.58 公里。另有涵洞 37 座，550.7 横延长米。南北两段桥梁设计载重虽按同一类型机车计算，但由于英德两国计算方法不同，导致北段钢梁实际载重能力为 E-22 级，南段为 E-35 级。

所用钢轨有德制 41.33 公斤/米，英制和部分汉阳制造的 42 公斤/米三种。德制钢轨配用垫板和螺纹道钉，英制钢轨是用普通道钉且无垫板。每节钢轨铺设素木枕 14 根。北段钢轨接头采用对接，南段为错接。道床厚度为 15 厘米；黄河以北先是以碎砖代替石砟，黄河大桥通车以后始逐渐换成石砟。

全线大桥以黄河大桥和淮河大桥为最。黄河大桥共 12 孔，全长 1255.2 米。1909 年 7 月开工，1912 年 11 月 29 日竣工验收。黄河大桥工程艰巨，桥址的选择和桥梁工程设计，除经过德国桥梁公司的勘测设计之外，还吸收了黄河河工局和地方人士提出的意见，最后由清政府指派詹天佑和中国其他工程师审核确定。全桥长 1255.2 米，桥墩用气压沉箱法施工，基座最深达 20 多米。架梁 12 孔，跨度最长的有 164.7 米，载重为古柏式 E-35 级，共用钢材 8652 吨。1912 年桥梁工程竣工。

淮河大桥最初计划在临淮关附近修建，因该处地势低洼，1908 年决定建于蚌埠。桥长 574.6 米，1909 年 12 月开工，1911 年 3 月下旬完成墩台，同年 5 月 5 日竣工。

津浦铁路仅用 4 年多时间建成，速度之快，是晚清铁路中罕见的。究其原因，“首先，津浦铁路合同在晚清铁路借款合同中，借款条件相对宽松，于路权有较多挽回。中国广大筑路工人和技术人员包括官员在内受此鼓舞，工作热情高涨。其次，津浦铁路的地理环境好，铁路经过华北及长江中下游平原地势平坦，仅在济南到泰安之间要经过部分丘陵地带，施工难度相对较小。再次，铁路建设资金充足，当首次借款工款不敷之时，能很快签订续借款合同，给予工程建设以资金保障。最后，铁路分为南北两段，分段施工，提高了建设速度。”①

① 焦明：《国权视野下的晚清津浦铁路研究》，苏州大学 2012 年硕士学位论文。

津浦泺口黄河铁路桥

津浦铁路济南站

津浦铁路天津西站

第三节　商办铁路的兴起与修建

主要依靠民间资本修建铁路是很多国家铁路发展的主要形式，中国最早的自建铁路——唐胥铁路同样由民间资本修筑。中日甲午战争后，清政府决定大规模修建铁路，最初依然设想以民间资本修筑，只不过由于应者寥寥，后采用举借外债的形式官办铁路。不过，清政府一直没有放弃商办铁路。1898 年《矿务铁路公共章程》、1903 年《铁路简明章程》的颁布，均体现出了鼓励商办铁路的思路。尤其是后者的颁布，与收回路权运动叠加，极大促进了 20 世纪初中国商办铁路的兴起。

一、各省铁路公司的创立

商办铁路兴起首先是中国近代民族资本主义企业迅速发展的结果。中国近代企业出现于 19 世纪 60 年代，这一时期，由于外国资本主义的入侵，中国传统经济结构被破坏，资本主义经营方式在中国不断推行，商品经济不断发展，再加上西方科学技术的传播、机器设备的输入，使中国出现了资本主义的近代企业。诞生之初，中国资本主义近代企业的组织形式出现了官办、官督商办、官商合办和商办四种形式。其中以官督商办和商办为主。商办，也即民间资本兴办的企业在中日甲午战争前缓慢发展，至 1894 年，中国商办企业粗略统计为 54 家，资本额约为银元 480 万元。中日甲午战争后，面对日益深重的民族危机，有识之士纷纷投资近代工矿企业，“设厂自救”。庚子事变后，清政府实行“新政”，鼓励实业，也在一定程度上促进了中国民族资本企业的发展。中日甲午战争后，民族资本企业增加至 416 家，资本额增加至银元 8277 万余元，资本总额占近代企业资本总额的 77%。[1] 民族资本的发展，为商办铁路兴起奠定了经济基础。与此同时，20 世纪初收回路权运动风起云涌，收回路权、自办铁路成为潮流，也极大推动了商办铁路的发展。

第一家商办铁路公司是在四川设立的川汉铁路公司。1903 年，锡良被简任四川总督，在赴任途中，他向清廷上奏，提出修建川汉铁路之议："窃维各国互争雄长，铁路所至之地，即势力所及之地；从未有让人修筑，自失其利，而自削其权者。中国处此时局，欲变法自强，政固多端而铁路尤不可缓。四川天府奥区，物产殷富，只以限于转运，百货不能畅通。外人久已垂涎，群思揽办……若不及早主张，官设公司，招集华股，自保利权，迟之日久，势不容已。"申请"由川省设立川汉铁路公司，先仅华股招集试办，但不准影射朦混"。[2]

锡良未到任就提出了如此宏伟的计划，固然出于其封疆大吏的职责，然而，对于工程难度没有任何调研、资金来源也仅仅是初步设想，贸然上奏，似嫌草率，同时也说明，锡良使用中国资本修建川汉铁路的决心是非常坚定的。

1903 年底，锡良在四川成立川汉铁路公司。此时，正值商部颁布了《铁路简明章程》。由于该章程规定铁路资本"集股总以华股获占多数为主，不得已而附搭洋股，则以不逾华股之数为限"。锡良上奏表态："一切遵照商部章程，先集华商股本；将来推广，或附搭洋股，或添借洋款，务与新章吻合。"[3] 但锡良的真实想法可能根本不准备用洋股、洋款，后来也未使用。事实上，后来的整个商办铁路运动中，大多坚持使用本国资本，不准洋股洋款进入。正如金士宣所指出："各省铁路公司防止外资侵入和暗中渗入的态度是坚决

① 李新：《中华民国史》第一编上册，中华书局 1981 年，第 58～59 页。
② 宓汝成：《中国近代铁路史资料》第 3 册，中华书局 1963 年，1057～1058 页。
③ 宓汝成：《中国近代铁路史资料》第 3 册，中华书局，1963 年，1159 页。

的；它们纷纷在公司章程和招股章程中明文规定不收洋股，不准为外国人代购股票，不准将股票转售或抵押给外国人。事实上，这些规定是贯彻执行了的（后来南浔路被日本资本侵入，是唯一的例外）。”①

川汉铁路公司是中国第一家商办铁路公司。此后，在政府政策支持和各省商绅的热情参与下，商办铁路公司快速发展。全国各省创办的以民间资本为主的铁路公司有十多家。

商办铁路的创办者或主持者，可分为“绅”与“商”两种。绅是指卸任的官员、有功名的绅士以及现任官员；商主要是工商业资本家和华侨工商业者。除广东潮汕、新宁、粤汉铁路公司总理、协理由股东选举外，其他铁路公司都是由各省官商公举推荐，由清政府商部等奏派。各省铁路由各省官员、绅商创议成立，在具体组织时更要借助官员的力量。有官员的参与，可使铁路公司在征收铁路路捐等方面带来便利。同时，铁路公司由士绅把持，也使商办铁路先天沾染了官僚和衙门气息，导致效率低下和腐败。

各省铁路公司资金来源较为复杂，大概可分两种。一是“租股”与“捐股”。前者主要是随粮征收的额外赋税。如四川《川汉铁路公司集股章程》规定：“凡业田之家……收租在十石以上者，均按该年实收之数，百分抽三，其收租不及十石者免收。”②所抽租股要将粮谷折合成银两征收。后者是指对米、盐、茶等商品附加征收的捐税。这些都属于强行摊派的性质。二是商人出于对铁路盈利的认可自愿认购的商股，这也是传统意义上的商股。浙江全省铁科有限公司、江苏省铁路股份有限公司、广东粤汉铁路有限总公司这些经济相对发达地区的公司采取了这种资金来源模式。具体资金来源有各

① 金士宣：《二十世纪初各省商办铁路及其结局》，《北方交通大学学报》，1977 年第 2 期。

② 交通史编纂委员会：《交通史路政编》第 16 册，1935 年版，第 32～34 页。

清末各省铁路公司设立情况一览表

省别	公司名称	创设年月	性质	集资额（万银元）	建成线路			备　注
					起讫点	里程（公里）	竣工年月	
四川	川汉铁路有限公司	1903年7月	先官办后商办	2386.0	宜昌向西	17	行驶工程列车	1904年1月公司正式成立，1907年改为商办，1909年12月开工
广东	潮汕铁路有限公司	1903年11月	商办	354.9	潮州—汕头	39	1906年10月	初有日本股份100万元，后收回
					潮州—意溪	3	1908年9月	
湖南	湖南粤汉铁路公司	1906年7月	商办	912.2	长沙东站—株洲	51	1911年1月	初议建粤汉干线的两支路：一入川，一入黔。迨粤汉赎回，议由湘、鄂、粤三省分办；湖南省另设办路机构，本公司乃关闭
广东	新宁铁路公司	1904年7月	商办	306.3	斗山—新会—北街	104	1913年8月	1906年2月立案
					宁城—北沙	29	1920年2月	
江西	江西全省铁路公司	1904年11月	商办	255.4	九江—德安	53	1911年7月	1907年初日本资本渗入；1912年改称南浔铁路公司
					德安—南昌(牛行)	76	1916年5月	

续上表

省别	公司名称	创设年月	性质	集资额（万银元）	建成线路			备　注
					起讫点	里程（公里）	竣工年月	
云南	滇蜀铁路公司	1906年5月	先官绅合办，后官督商办	85.0				初议建昆明至叙州线，继拟增建腾越至缅甸线，因改称滇蜀腾越铁路公司，惟建未动工
安徽	安徽全省铁路有限公司	1905年7月	商办	101.1				先修芜湖至广德线，1906年底开工，至1911年4月始完成土方10华里，以工款不继停工
山西	同蒲铁路公司	1905年8月	商办	35.0	榆次—北要村	9	行驶工程车辆	计划建大同至蒲州铁路，1911年初开工，先修太原至平遥段，至10月间，路工中辍
浙江	浙江全省铁路有限公司	1905年8月	商办	1065.1	艮山门—拱宸桥	6	1907年8月	各省中成路较多者，至1914年5月始收归国有
					闸口—枫泾	105	1909年7月	
					宁波—曹娥江	78	1914年1月	
福建	福建全省铁路有限公司	1905年9月	商办	206.7	嵩屿（厦门对岸）—江东桥	28	1911年5月	先修漳州至厦门线，1907年7月开工，以工款不充，工程只至江东桥为止

续上表

省别	公司名称	创设年月	性质	集资额（万银元）	建成线路			备注
					起讫点	里程（公里）	竣工年月	
陕西	西潼铁路公司	1906年2月	官办					1907年7月改为官商合办，招股64万两，未开收。至1909年5月，公司始正式成立。1911年8月归官办，1912年9月并入陇海铁路
湖北	湖北粤汉川汉铁路股份有限公司	1906年2月	官督商办	257.8				1907年4月，粤汉线由武昌动工，11月川汉线由汉口动工。武昌起义后，路工均告中辍
广东	广东粤汉铁路有限总公司	1905年8月	商办	2188.0	广州—黎洞	106	1911年8月	1906年9月由广州黄沙动工
					黎洞—韶关	108	1916年6月	
江苏	江苏省铁路股份有限公司	1906年5月	商办	468.3	上海南站—枫泾	61	1908年11月	计划开办南北两线：上海至枫泾为南线，北线从清江浦至徐州，修至杨庄后，因款绌停工
					清江浦—杨庄	17	1911年4月	

续上表

省别	公司名称	创设年月	性质	集资额（万银元）	建成线路			备注
					起讫点	里程（公里）	竣工年月	
湖南	湖南全省铁路有限公司	1906 年 8 月	官督商办	257.8	长沙东站—株洲北站	51	1911 年 1 月	先修粤汉线的长株段，1909 年 8 月正式动工
广西	广西全省铁路有限公司	1906 年 9 月	商办					公司未正式成立，仅在桂林、梧州设办事公所，拟筑桂（林）全（州）线，桂（林）邕（宁）线，迄未开工
河南	河南铁路公司	1907 年 9 月	商办	405.9	洛阳向西—潼关	35	行驶工程列车	1908 年 10 月公司成立。1910 年 7 月，改称洛潼铁路公司。8 月，洛阳第一段开工，至辛亥革命时，路工中止。1912 年并入陇海铁路
合计				9072.7		978		已铺轨行驶工程列车而未正式通车的线路有 61 公里

原注：各省集资原数有以银元计者，统按银 7 钱折合银元 1 元，广东毫银 1.2 元折合成银元 1 元。本表来自金士宣、徐文述编著的《中国铁路发展史（1876—1949）》，中国铁道出版社 2000 年版第 189～191 页"清末各省铁路公司一览表（1903—1911 年）"，略有修改。

大工商业商人投资、华侨资金、民间零散投资等。从商办铁路筹办到收归国有，各省铁路公司招集的股本总量为银元9000多万元。这些资金对于各省制定的庞大的铁路线规划来说，还远远不够。况且，这些资金也没有得到充分合理的使用。据研究者估算，当时沪杭甬、粤汉、京张等铁路每公里造价(包括机车车辆在内)约为银元3万元～5万元。据此计算，各省可建成铁路2000至3000公里，而实际上建成的铁路仅仅有978公里。①

二、商办铁路的修建

清末商办铁路热潮持续六七年，全国各省共计划修建铁路20多条，至1911年共建成铁路600余公里，其中资金比较雄厚的广东省和经济比较发达的江浙两省，修建的铁路较多。如广东省境内的粤汉铁路(广州—黎洞)建成106公里，广东省潮汕铁路建成39公里，广东省新宁铁路建成91.5公里，江浙两省沪杭甬铁路建成186公里。此外，湖南境内粤汉铁路(长沙—株洲)建成51公里，江西省南浔铁路建成53公里，福建省漳厦铁路建成28公里，东北地区齐昂铁路建成28公里。从总体来看，商办铁路由于资金困难，人才缺乏，管理不善，再加上帝国主义列强对商办铁路的阻挠，清政府对商办铁路不予扶植，因此成效不大。

1.川汉铁路的修建

川汉铁路自汉口至宜昌一段归湖北省修建，自宜昌沿长江至夔州(今奉节)、万县、重庆以达成都一段由四川省修建。这是湖广总督张之洞和四川总督锡良共同商定的。早在1898年，法国要求修建滇越铁路时就企图将该

---

① 金士宣、徐文述:《中国铁路发展史(1876—1949)》，中国铁道出版社2000年版，第192页。

路延长至四川成都，同年，英国要求修建滇缅铁路，从缅甸国界站经楚雄以达昆明，再由楚雄经宁远（今西昌）至成都，最后由成都修至重庆。此外，1903年，美国也提出要修建从成都至汉口的铁路。因此当锡良在1903年7月和1904年1月两次上奏清政府，要求设立川汉铁路公司自建川汉铁路时，英、法、美三国就立即提出该路贷款权的让与问题。英国公使在1904年向外务部提出，按照1903年7、8月往返函件所提到的"所需外资皆在英美两国借用"。驻重庆法国领事也在7月向锡良要求，由法商承揽川汉铁路用款和建路工程。

四川留日学生同乡会在1904年10月上书锡良，愿筹集股款。在1905年2月锡良奏定的《川汉铁路总公司集股章程》中规定，集股办法分为认购、抽租、官本、公利4种。1906年2月，锡良与张之洞商定四川川汉铁路自湖北宜昌直达成都分段开展施工。6月，锡良派工程师胡朝栋和陆耀庭两人勘测全线。根据勘测的结果：全线2386华里，需工程款银7257万多两。但胡朝栋和陆耀庭两人对施工起点究竟应该自西向东还是自东向西意见不一。

1907年3月，锡良调任云贵总督，由赵尔丰代理四川总督。1907年3月，川路改归商办，推举乔树枏为总理、胡峻为副总理。公司名称改为商办川省川汉铁路公司，但集股办法仍沿用官办办法。《续订公司章程》规定："募股之法，分为二种：一、股份之股；二、抽租之股"；"以50两为整股，5两为零股"；"利息均系周年六厘"。截至1911年6月，川路实收股本共计银1340多万两，另有生息及杂项收入330多万两，共1670多万两。川路资本以抽租股为主，占总收股本70%以上，而民购股还不到20%。

1909年9月京张铁路举行通车典礼时，清政府邮传部决定奏派该部参议四川人李稷勋为川汉铁路公司宜昌分公司总理，并调派京张铁路詹天佑、颜德庆分别为总工程师和副总工程师。詹天佑派颜德庆率领大批京张铁路工程技术人员和工人前往宜昌。10月，宜万段正式动工。詹、颜两人商定自宜昌沿长江北岸至归州（今秭归）长280多华里的工程，分10个工段同时施工，大约三四年内可以完成。1911年10月10日革命军在武昌起义，川汉铁路工程随之停止施工。到工程停止时，仅完成可供运行工程列车的线路30多华里，以及80多华里的土石方工程。

川路股款1670万两直接用于建路工程上的其实很少。成都总公司和重庆、上海两分公司直接拨付用于修路工程的股款只有67000两，宜昌分公司直接拨付用于修路工程的股款为650多万两，总计约等于股款总数的40%。川路公司在上海所存路款共350万两，除去投机购买兰格志股票的亏损外，倒账竟然高达200万两。造成这种现象的直接原因是上海分公司负责人施典章勾结不法商人、买办，假公济私投机牟利和贪污。

商办川汉铁路施工现场

2.粤汉铁路的修建

粤汉路权收回后，由粤、湘、鄂三省分办。广东绅商势力雄厚，冲破了两广总督岑春煊想要实行官办的阻挠，于1905年8月，成立商办广东粤汉铁路有限公司，郑观应为总办，董景棠为副办。1906年9月粤汉铁路粤段自广州黄沙（今广州南站）动工至1911年8月停工，仅修至黎洞，长106公里。

1905年11月，在籍官员王先谦上书请求商办粤汉铁路湘段，清政府未批准，谕令湘段铁路只能官督商办。1907年3月，官督商办的湖南粤汉铁路公司成立，袁树勋为总理，王先谦为名誉总理。1909年8月，粤汉铁路湘段动工，修建长沙至株洲段，至1911年1月竣工，长50.7公里，使用汉阳铁厂生产的钢轨。

商办广东粤汉铁路总公司（1910年）

粤汉铁路鄂段，清政府只准官督商办，张之洞力主官办。后来粤汉铁路鄂段改为官办。1907 年，设立官办湖北铁路总局，冯启钧为总办。1907 年 4 月，粤汉铁路鄂段在武昌徐家棚开工，但工程并无进展，仅完成了少量土方工程。

3. 潮汕铁路的修建

广东省自潮州（今潮安）至汕头海港的潮汕铁路，位于韩江西岸，长 39 公里，是中国开办最早的商办铁路。它是从汕头通往嘉应州（今梅县）和闽西汀州（今长汀）的必经之路。19 世纪 80 至 90 年代，英国怡和、太古洋行曾经打算修建此路。

商办广东粤汉铁路黄沙车站（1912 年）

嘉潮两州在南洋和美洲各地的华侨人数众多。1902 年日本派工程师小川资源勘测杭州至广州铁路时，就曾宣称修建此路有利于当地的经济发展。1903 年《铁路简明章程》公布后，嘉应州在爪哇（今印度尼西亚本岛）的华侨张煜南邀集张肯青、吴理卿、林丽生、谢梦池等集股创办广东潮汕铁路公司，拟定章程，报请商部立案。他们计划集股一百万银两聘用日本人为工程师，将工程包于日商三五公司，修建费、机车车辆、机厂机器等共计银元 188.5 万元。此外，购地置产 60 多万元。此线 1904 年 3 月动工，1906 年 10 月竣工。后又修建自潮州西门至意溪码头的支线，长 3 公里。潮汕铁路沿线建有桥梁 27 座、涵洞 149 座。桥梁设计载重等级为古柏氏 E-25 级。

潮汕铁路通车典礼

潮汕铁路募集的股款大致可以分为三个部分。第一部分是林丽生募得的，他入股的 80 万两是日本三五公司的借款。第二部分是吴理卿入股的 50 万两；剩余的 170 万两由张煜南募得。后来林、吴两人将股份卖给日本三五公司，当地绅商得知此事后上告两广总督。张煜南不得已将日本股份一律赎回，并声明“所有工料虽系日产，无损主权，路成后暂由日人管理，因国人无此人才，现已派人出洋学习，三年后当不再用一日人”。1923 年 12 月潮汕铁路收回自办。

4. 新宁铁路的修建

广东新宁（今台山）、新会、开平、恩平四个地方的旅美华侨人数众多。19 世纪 60 年代，在美国第一条横贯中西部大陆的铁路修建工程中，就有许多中国工人参加，其中不少工人献出了自己的生命。新宁县人陈宜禧就曾经参加了美国的修路工程，经验十分丰富。1903 年在清政府颁布《铁路简明章程》鼓励商办铁路后，他就与旅美华侨商议集股修建家乡铁路。他认为从新宁至广州省城间人口稠密，为方便交通必须修建铁路。1906 年 1 月，陈宜禧回国向清政府申请设立新宁铁路公司，自任总经理兼总工程师，不用外资，为了节省费用铁路职工全由华侨充任。新宁铁路公司在清政府批准后，新宁铁路于 6 月开始动工修建。

新宁铁路的招股办法：每股银元 5 元，另收登报费每百元 3 角，由美国旧金山等地以及国内等地代为募集，共收 2743450 元，及登报费 14962 元，总计银元 2758412 元。后因要修建白沙支线，又招股 50 万元，总计股银元 3333670 元。自 1906 年至 1908 年按照 4 厘发给一次股息，计银元 23 万多元。

干线自海边斗山起，经新宁县城、公益埠、江门至北街止，长 104.4 公里，为便利沿线旅客乘车设 36 个车站。北街面临西江支流，公益埠面临新昌江，都建有码头。支线自新宁县城至白沙，长 28.6 公里，设 15 个车站，俗称宁阳铁路西南支线。

该路沿线为平原地区。干线自公益埠至斗山段，长 59.3 公里，1906 年 6

月动工，1909 年 5 月竣工通车。12 月公益埠至新会段动工，长 32.2 公里，1911 年 9 月竣工。新会至北街，长 12.9 公里，1911 年 2 月动工，1913 年竣工。支线自新宁县城至白沙，1917 年动工，1920 年竣工。干支线共长 133 公里。该线修建桥梁 45 座、涵洞 308 座、沿途在干线设站 37 座。

新宁铁路采用标准轨距，轨重 37.4 公斤/米，线路和机车车辆等费用平均每公里银元 25000 多元。营业收支相抵后，可付股息。新宁铁路穿行于珠江三角洲，投入运营后，所获得的利润较多。日军在 1938 年 10 月侵入广州后，地方秩序混乱，新宁铁路被迫停办，后改为公路。

新宁铁路公司（原名宁阳铁路公司）

5. 南浔铁路的修建

1904 年 10 月，江西京官李盛铎等发起组织商办江西铁路公司，并计划修建自九江至南昌、吉安、赣州连接广东的铁路，推选李有棻为总办。1905 年 5 月，聘请英国人罗德玛为总工程师，负责勘测线路提出预算。

1907 年 1 月，李有棻向上海华商大成工商会社吴端伯借银 100 万两，发给股票，年息高达 7 厘，期限 10 年赎回。后发现这笔股款出自日本，社会各界舆论哗然。4 月，李有棻仍聘用日本人岗崎平三郎为正工程师，并随带职工 24 人，完成九江至南昌段定测。所有轨料、桥梁及修建等费用由公司作价，包给日本公司大仓洋行承办。所有桥梁均为木制。1907 年冬赛湖桥坍塌，岗崎平三郎等日本人一律被辞职，工程停工整顿。

南浔铁路 1907 年 1 月自九江动工，至 1911 年 7 月修至德安，长 52.7 公里。南浔铁路在国内募集的资金有：①借用官款白银 17 万两，后又借银元 25 万元；②商股银元 210 万元；③江西输出的米、纸、茶、瓷器等商货征收的商货股银元 285 万元；④地方公款（保息）银元 184 万元；⑤盐斤加价公股银元 20 万元。以上共计银元 744 万元。

南浔铁路通车后，以客运为主，货运清淡，因为从赣江和信江运往九江和长江各埠的货物都可经由鄱阳湖直达九江，再加上路政管理不善，公司入不敷出。又因日本的债务利息太重，无力偿还。所以 1922 年 5 月，江西南浔铁路公司又向东亚兴业会社借款 250 万日元，年息高达 7 厘半。

6. 漳厦铁路的修建

1905 年 9 月，福建省京官张亨嘉等奏请承办本省铁路，成立福建全省铁路有限公司，并推举在京官僚陈宝琛为总理，向南洋华侨募股修建漳（州）厦（门）铁路。公司共募集股银元 206 多万元，多为华侨所购。线路自厦门岛对岸嵩屿起至漳州止，长 45.5 公里，但股款不能按时到位，1910 年 5 月仅修至江东桥后即停工。停工时共修建 28 公里，距离漳州还有 17.5 公里，江东桥和嵩屿两个码头均未修建。漳厦铁路采用轨重 37 公斤/米的钢轨，修建费共银元 220 万元。除征收的粮、米、盐三项捐款作为保息之用的 40 余万元外，其他 180 万元均为华侨股款。

漳厦铁路线路很短，而且与龙江平行，厦门与嵩屿相距 3 公里，隔海相望，需帆船转运客货。从江东桥至漳州间因隔有龙江，也需要帆船转载客货，极不方便，铁路公司难以维持。1914 年 4 月，漳厦铁路由北洋政府交通部接管。

7. 苏杭甬铁路的修建

浙路先修自杭州钱塘江闸口起，经南星桥、杭州、艮山门到达拱宸桥的湖墅止共长 16 公里的江（干）（湖）墅支线，1906 年 12 月动工，1907 年竣工通车。在沪杭铁路建成后，这条支线改为自艮山门起至湖墅止，长 5.9 公里。

沪杭铁路浙段自闸口起，经南星桥、杭州城站、艮山门至嘉兴府的枫泾为止，长 125 公里；苏段自枫泾起经松江至上海南站为止，长 61.2 公里，两段共长 186.2 公里。

浙段于 1906 年 11 月动工，1909 年 7 月竣工；苏段于 1907 年 3 月动工，1908 年 11 月竣工。1909 年 9 月自上海南站至闸口全线通车。

浙段采用钢轨为 37 公斤/米，购自汉阳铁厂，价格较低。杭甬段为钱塘、曹娥两江相隔，首先修建自宁波至曹娥江段，长 77.9 公里，1910 年 6 月动工，1914 年 1 月竣工通车。钢轨重 43 公斤/米，大部分购自汉阳铁厂，一部分购自德国。机车车辆均购自美、德两国。

苏段应苏北人民的要求，修建自清江浦至徐州（因此段运河淤浅不能通航）的铁路。1911 年 4 月，自清江浦至杨庄段的铁路建成通车，长 17.3 公里。1912 年,北洋政府向比利时借款修建的陇海铁路决定自徐州直达海州后,将清杨段并入该路。

浙江铁路公司对甬曹段的施工于 1913 年 12 月竣工,1914 年 1 月通车。1914 年 6 月浙路杭嘉、甬曹两段被北洋政府强行接管,归国有沪宁、沪杭甬两路管理局管理,商股由交通部分期归还。

8. 其他铁路的修建

除以上重点修建的几条铁路之外,在商办铁路中还修建了其他一些铁路,其中有的已建成并投入使用,有的未竣工。已竣工的铁路有:1907 年 11 月动工,1909 年 2 月竣工,长 11.2 公里的宁省铁路;1907 年 4 月动工,1909 年 8 月竣工,长 28 公里的齐昂铁路。动工修建但未建成的铁路有:1909 年 8 月动工的洛潼铁路;1909 年 2 月动工的同蒲铁路;1906 年 12 月动工的芜广铁路和 1911 年 4 月仅建成 17.3 公里的清徐铁路清杨段。已筹建但未开工的铁路有西潼铁路、长辰铁路、滇蜀铁路、腾越铁路、桂全铁路、桂邕铁路。

第六章 干线“国有”与保路运动

晚清时期持续了10年的商办铁路政策并未取得显著的筑路成绩。从20世纪初开始，以湖广铁路借款交涉为突破口、以邮传部一系列否定商办铁路的政策措施为先导，晚清政府逐渐形成了干线“国有”的政策思路并仓促实施。引发了民间的强烈反抗，最终成为压垮清政府的最后一根稻草。

第一节 干线“国有”政策的出台

1911年，清政府推出的干线“国有”政策直接导致了清廷的覆亡。对于这一政策，史学界一般认为这是清政府以借款筑路为名，行卖国卖路之实。不过，也有一些学者认为该政策本身是符合当时铁路发展实际和发展趋势的，对政策本身应予一定程度的肯定。这一政策的出台，有着较为复杂的历史背景，其出台过程也多线交织，较为复杂。

一、商办铁路举步维艰

1908年11月，清政府最高统治集团发生了震动内外的重大事件。11月14日，38岁的光绪帝去世；次日，74岁的慈禧去世；12月2日，不满3岁的溥仪正式继位。溥仪生父载沣以摄政王监国，总揽朝政。载沣是醇亲王奕譞之子，光绪帝之弟。其人生性懦弱，无治国驭人之才。他上任后，大量任用满族亲贵，削弱袁世凯的北洋集团势力。1908年底，清廷将袁世凯以“足疾”为由开缺回籍休养。1909年2月，邮传部尚书、袁世凯亲信陈璧被革职；徐世昌由东三省总督调任邮传部尚书。1910年8月，唐绍仪任邮传部尚书。1911年1月，盛宣怀任邮传部尚书。

清廷政局的变化，邮传部主官的变迁，都对中国铁路事业的发展走向产生深刻影响。从大的方面而言，清廷对政局的控制能力进一步削弱，社会危机进一步加剧，革命风潮一触即发；从铁路本身而言，邮传部借款修筑的沪宁、津浦等铁路均获得成功，借款赎回京汉、粤汉铁路也顺利完成，通过津浦铁路借款确立的借款筑路模式也颇有利于中国，邮传部主官盛宣怀等均倾向借款筑路。与此相对应的是，商办铁路在运作过程中，弊端逐渐暴露，筑路成绩乏善可陈。

一是资金匮乏。各商办铁路公司都严格规定不招洋股、不借外债，但对于庞大的筑路计划来说，其资金筹措能力明显不足。四川以租股为主。川路约需路款白银 9000 多万两，至 1911 年 6 月，仅仅募得 1340 多万两(另有生息及杂收入 330 余万两)，其中租股多达 71%。湖南也收租股，但派股以捐股为多，即用征收的米捐、盐捐、房捐、薪捐(令公职人员用部分薪金购股)作股金。粤汉线湖南段需路款 2800 多万两，另外还需筹集赎回粤汉路借款本息五六百万两，而湘路公司仅募得约 380 多万两。湖北境内粤汉线需要工款银元 1600 万元，川汉线需 6000 万元，而湖北省只筹集到 246 万元。最令人惊讶的是西潼和广西两公司竟然分文未收到。浙江、江苏、广东经济水平较高，浙路、苏路、粤路以自由集股为主(广东还有大量华侨资本)，集股情况相对较好。但浙江、江苏集款情况仍有不足，影响了工程建设开展。江苏集款不到预期的一半，浙江只有预期先集额的 70%。

二是管理不善、腐败滋生。商办铁路大多由传统士绅创议和主持，他们没有近代经营管理经验，却有传统官场习气，争权夺利、中饱私囊。川路、粤路是商办铁路腐败的典型。这两个公司，都是全国商办铁路公司中数一数二的大企业，面向全省招股机构大、头绪多，而两者均未制定严格的内部管理章程和制度，致使效率低下、贪污腐败。川路公司在上海设有分公司，存有资金 350 万两，一是为了购料，二是为了生息。如此多的资金，仅由保款委员施典章一人经手，无人监督，也不查账。施典章勾结上海的钱庄、买办商人，挪用铁路款项营私，倒账 200 万两，施典章还擅用铁路款项 85 万多两，买进大批美国投机诈骗商人所发股票，造成严重的亏损，其本人也直接贪污 30 万两。另外川路公司的铁路款也被重庆官铜元局挪用了 200 万两。

粤路公司股东间一直派系林立，商会、善堂为争夺总理、协理及董事等公司要职屡屡产生矛盾。粤路公司共募集股银元 2100 多万元，仅少于四川省，股东们却忙于争权夺利互相攻讦，致使工程进展缓慢且浪费严重。

三是技术力量不足。商办铁路公司对外国的先进技术并不排斥，有多家公司都聘用外籍工程师，甚至还让外国公司承包建路工程。鄂路聘用了日籍、英籍的工程师和顾问，湘路也聘用了英籍的工程师。川路、粤路全归商办之后并没有聘用外籍工程师。经近 30 年的铁路修建工程的实践，中国自己的铁路工程技术人员队伍逐渐成长。但能主持像川汉、粤汉这样大工程的人还是凤毛麟角。京张铁路还在施工之时，粤汉、川汉等铁路公司即争相邀请詹天佑去主持铁路工程。1909 年京张铁路竣工后，詹天佑南北奔波，先后被聘为川路、粤路的总工程师，还担任河南洛潼铁路公司工程顾问，但人少事多仍远远不能满足建路工程的需要。

四是分省筑路，难以统筹兼顾。商办铁路多以省界为单位，川汉铁路跨越川、鄂两省，粤汉铁路贯通鄂、湘、粤三省。省与省之间，有很多事情需要协商，有时还会产生摩擦。川路、粤路为商办，湘路为官督商办，鄂路一直为官办，体制不一样，也引发了许多矛盾。然而四省却各自为政，进度参差不齐，并且没有强有力的领导机构统一指挥解决困难，因而也影响了工程的进展。正如时人杨度评论：京汉、津浦，不闻各省分办。粤汉办法最奇，三省分修，各举其路，于是得一利息最大、招股最易之粤汉铁路，变而为粤路、湘路、鄂路，成为一省之私。[①] 在线路规划上，分省筑路也造成“各省所定之路线，往往省界分明，各存畛域。而揆之枝、干之若何维系，轨道之若何贯通，则各

① 杨度：《与邮传部书》，《旷代逸才》（民国奇才奇文系列：杨度卷），东方出版社 1998 年版，第 241 页。

省官绅类未统规全局，通盘筹划。约计粤汉、洛潼、陕甘等线，大概尚合办法。他若赣、皖、闽、浙等省，类皆路线交错，各自为谋。”①

商办铁路的种种弊端，再加上筑路成绩乏善可陈，朝廷内外对商办铁路的态度发生悄然变化。1910年，一贯主张拒款争路的《东方杂志》刊发文章《借款筑路问题》，作者列举商办铁路种种弊端：“粤汉则股东争权舞弊，靡费千万，争论累年，卒未成数百里之路。如川汉靡费舞弊，本年更有驻沪施某亏例公司存款之事。如鄂路争归商办，股本至今未集，日来又因选举总理扎某，众以为旗籍，群起反对，内讧益烈。如浙路正风潮澎湃，不知所底。如闽路商办累年，认股寥寥，前借交通银行五十万，顷又告罄，总理在京遥领路事，闽局、厦局种种靡费，徒延时间，靡金钱，而于成路之期终无望也。”然后作者强调铁路宜借款官办，“借款苟用之于生产。而有偿还预计，亏耗之补填，则款可借也；筑路苟能去官办之弊，存官办之利，则路可筑也；借款筑路苟能师美日之长”，则“借款筑路有利无弊也。”②1910年，云贵总督李经羲奏请修建云南铁路，朝廷令邮传部议奏，邮传部的会奏耐人寻味：“路款一项，宜由臣部筹措，不宜由本省捐集。但部款近极支绌，舍借款外实无他项可提。”③也是在这一年，最早提议商办川汉铁路的锡良（时为东三省总督）的建议则更为激进：“财政日窘，外祸日迫，惟有实行借债可为第一救亡政策。借债乃十年以内救亡之要著……造路乃十年以外救亡之要著。中国交通不便，凡政令之宣布，军事之征调，障碍既多，缓急难恃。所有森林矿产，因运

① 清商部：《请统筹全局路线折》，载宓汝成：《中国近代铁路史资料》第3册，1057～1058页。

② 《借款筑路问题》，《东方杂志》1910年第8期。转引自孙自俭：《晚清的民营铁路运动》，河南大学2003年硕士论文。

③ 宓汝成：《中国近代铁路史资料》第3册，中华书局1963年版，第1162页。

输不便，亦多弃利于地。果十年以外铁路尽通，御中控外，势增百倍。斯时采用各国行政之法，决无难行之虑。拟请速定大计，指明我国亟应兴筑之粤汉、川藏、张恰、伊黑四段干路，准以本铁路抵押募借外债，以十万万为度，即由度支部、邮传部主持，一面议定借款，一面议定包工，限期十年完竣……更征诸古今中外之历史，国家之兴衰，实视财政为消息。可分为四时代：曰本国财力完全之时代，曰借债维持之时代，曰债主代为维持之时代，曰债主监督财政之时代。我国今日所处之阶级，即由借债时代，渐入于债主代为维持时代。利用此策，乃可复还其财政完全之时代。”思路如此激进，难怪度支部也只能答复“从缓办理”。[①]

二、干线“国有”政策的形成与颁布

20世纪初清政府支持商办铁路，这一态度从1908年开始发生了转变。1908年之后，邮传部对商办铁路的态度发生明显转变，由积极扶持到消极否定。[②] 苏全有《清末邮传部研究》也指出：如果说1908年之前邮传部的铁路政策尚处于游移状态的话，那么之后则官办倾向总体上日趋明显。[③] 发生这一变化的历史背景是多方面的。

首先是进入20世纪后，大量借款修筑的铁路建成，并且运营良好。1906年4月，京汉铁路通车；1907年3月，道清铁路开通；1907年10月，正太铁路开通；1908年4月，沪宁铁路开通；1910年1月，汴洛铁路开通。其他借款或官款（京张铁路）修建的官办铁路都进展顺利。这些铁路开通后，客货两旺，营业发达。关内外铁路自1903年通车至新民屯后，客货营业发达。

① 宓汝成：《中国近代铁路史资料》第3册，中华书局1963年版，第1163页。
② 崔志海：《论清末铁路政策的演变》，《近代史研究》，1993年第3期。
③ 苏全有：《清末邮传部研究》，中华书局2005年版，第367页。

收入颇丰:1904 年营业余利为银元 8043877 元,1905 年为 7615158 元。[①] 京张铁路即以提拨关内外铁路余利建成。京汉铁路收益也较丰厚(见前文)。

二是清政府的借款筑路政策经过多年实践,逐渐趋于成熟。尤其是 1908 年津浦铁路借款形成的“不以路作抵、不收余利、管理权归中国的借款”模式,在路权、收益方面都尽可能地予以挽回。此后的铁路借款合同也纷纷以此为蓝本。

此外,支持借款筑路的盛宣怀担任邮传部尚书,也是邮传部态度转变政策的原因。

1908 年以后,清政府干线“国有”政策的出台是循序渐进形成的,以张之洞主持的湖广铁路借款交涉和邮传部的政策准备为两条线索,实践与理论交叉推进,直至政策完全出炉。

粤汉铁路自 1905 年收回后,采取了三省分办的办法,广东商办、湖南官督商办、湖北官办。筹办数年,除广东段取得一定筑路成绩外,湖南、湖北筹款无着,进展缓慢。1908 年 1 月,邮传部向朝廷上《请饬湘粤鄂三省赶办粤汉铁路片》,提出粤汉路建设进展缓慢,应“由臣部饬令三省赶速兴工,如到时尚无进步,再由臣部分别查明某省延搁,即会同该省督抚臣另行设法筹款修筑,俾三省全路勿废半途,以重路政。”[②]

6 月,清政府发布上谕:近年来各省官办铁路,皆能克期竣工,成效昭著。而绅商集股,请设各公司,奏办有年,多无起色,坐失大利,尤碍交通。朝廷令邮传部派员前往各商办铁路勘查。一查工程进展,要求严定期限,限期完

① 《京奉路近四年收支比较表》,《东方杂志》1909 年第 3 期,转引自孙自俭:《晚清的民营铁路运动》,河南大学 2003 年硕士论文。

② 邮传部参议厅编核科编辑:《邮传部奏议类编》,沈云龙《近代中国史料丛刊》,(台北)文海出版社版,第 847～850 页。

成；二查资金筹集是不是远远不够；三查有没有内部纷争，导致推诿误工。[①]应该说，这道上谕是抓住了商办铁路存在的主要问题。

随后，清政府开始重新布局粤汉铁路的官办问题。7 月，清政府任命张之洞为粤汉铁路督办大臣；12 月，命张之洞兼督办鄂境川汉铁路大臣。

张之洞认为："两湖商民财力不厚，如任商民自行筹办，断难早日现成，然路长款巨，又不能不议借外款。详查三省情形，除广东集有商股，毋庸再筹议外，两湖境内粤汉、川汉铁路款项决意由官款兴修。"[②]至于借款模式，张之洞认为津浦铁路借款模式，已经做到了杜绝流弊，对中国基本无害。

早在 1905 年 8 月粤汉铁路路权收回时，张之洞曾向英国驻汉口总领事承诺，将来修造粤汉铁路，如需向外洋借款，先向英国询商。因此，张之洞准备借款筑路后，约中英银公司代表来京商议。中英银公司的代表濮兰德携款自重，提出英国工程师在购料用款上有签字权，被拒绝后，濮兰德恼羞成怒，声称中国如果不答应，不仅退出粤汉路借款，其他铁路借款也不参与。张之洞立即转向与德国德华银行借款，并达成初步意向。如果德国借款成立，德国势力将顺势打入长江流域，英国利益受损。因此，英国通过外交施压，改派汇丰银行与中国接洽。随后，法国东方汇理银行也加入进来。1909 年 6 月 6 日，张之洞与德商德华银行、英商汇丰银行、法商东方汇理银行议订借款草合同。借款额为 550 万英镑，年利 5%，折扣 95%，期限 25 年，以两湖百货厘金、湖北省川淮盐捐、湖南省淮盐捐等指定的款为担保。其中 500 万英镑用于修建两湖粤汉、鄂境川汉两路，50 万英镑用于归还比利时所购粤汉铁路美元债券尚未收清的部分。草合同约定，造路和管理均按照津浦铁

① 宓汝成：《中国近代铁路史资料》第 3 册，中华书局 1963 年版，第 1157。
② 交通史编纂委员会：《交通史路政编》第 16 册，1935 年版，第 219 页。

路英、德借款办法办理，仅选用英、德总工程师各一人，分掌粤汉、川汉两路工程。

草合同签订后，美国不甘落后，坚决要求加入湖广铁路借款。美前驻奉天总领事司戴德向以摩根银行为首的美国银行团建议介入粤汉、川汉两路借款。美国总统塔夫托还亲自给摄政王载沣写信要求参加两路借款。在这一过程中，张之洞于1909年10月去世；湖广铁路借款交涉也暂时停止。清政府将粤汉铁路、鄂境川汉铁路借款交涉事宜交邮传部办理。

回顾粤汉铁路的筹办历史，可谓艰辛曲折。先是由铁路总公司借美款官办，后又斥巨款废约自办，倏忽数年，成路甚少。张之洞又重新回到借款筑路的老路。湖广铁路借款的筹备，与清政府干线“国有”政策出台关系密切。湖广铁路借款是铁路干线“国有”政策出台的先导与实践。

在湖广铁路借款筹办的同时，邮传部对借款筑路的理论准备工作也在紧密进行。1910年9月，邮传部发表《借款筑路说帖》，指出：本部四政，现惟路政为最繁，然以各国铁路相衡，我国铁路之待修者，正复不少，此其故不在路政之不发达，实在财政之不足挹注也。欲救其弊，舍借款办法目前实无良图。[①] 同年，邮传部制定《外债条例》，共分五条，提出了不以路作抵、严禁折兑、保留伸缩偿期之权、严禁居间者垄断、保留用人购料权五大原则。[②] 这说明，清政府的借款筑路政策越来越成熟，借款官办铁路的取向也越来越明显。

1911年1月，盛宣怀升任邮传部尚书。1911年5月5日，都察院给事中石长信上《奏铁路亟宜明定干路支路办法折》。奏折提出，应“令邮传部将全

---

① 《邮部固主张借款办路者》，《申报》，1910年10月10号。

② 《东方杂志》第七年第十期，《记载》第三《中国时事汇录》，第283～285页。

国关系重要之区，定为干线，悉归国有；其余枝路，准由各省绅商集股办理”。作者提出数条主张：一是铁路有干路、支路之别，“纵横直贯一省或数省而远达边防者为干路，自一府一县接上干路者为枝路”。铁路有轻重缓急之分，应该明确规定干路为国有，支路为民有，由国家集中力量修筑干路。作者还特别指出，“德、奥、法、日本、墨西哥诸国，其铁路均归国有。而我分枝路于民，已为优异”。二是关于粤汉铁路，作者指出，该路先是借美款修筑，后又废约收回由各省自办，迁延多年，以至这么重要的腹地干线迟迟没有建成。作者认为，其失败之因就在于民办。作者还特别指出，即使该路二三十年后建成，也是各分畛域，国家命令不能畅达，到时候也势必该效仿其他国家由政府收买为国有。三是四川、湖南等省连年向百姓征收租股等，导致“民穷财尽，欲富强而转滋贫弱”，百姓怨声载道。如果政府铁路国有命令下达，百姓必定会齐声欢迎，不加阻挠。民间资本可以修筑支路，“其资易集，其利易收”，建成后便利土货运输，百姓“渐滋饶富”，因此由民间资本修筑支路是可行的。①

随后，邮传部上奏完全支持石长信的主张。5 月 9 日，清政府发出上谕，宣布：“从前规划未善，并无一定办法，以致全国路政错乱纷歧，不分枝干，不量民力，一纸呈请，辄行批准商办。乃数年以来，粤则收股及半，造路无多；川则倒帐甚巨，参追无着；湘鄂则设局多年，徒资坐耗。竭万民之脂膏，或以虚縻，或以侵蚀。恐旷时愈久，民累愈深，上下交受其害，贻误何堪设想。用特明白晓谕，昭示天下，干路均归国有，定为政策。所有宣统三年以前各省分设公司集股商办之干路，延误已久，应即由国家收回，赶紧兴筑。除枝路

① 宓汝成：《中国近代铁路史资料》第 3 册，中华书局 1963 年版，第 1233～1235 页。

仍准商民量力酌行外，其从前批准干路各案，一律取销。”[①]

至此，经过1908年以来的酝酿，清政府废弃沿用十年的商办铁路政策，推出了干线“国有”政策。

政策的出台有以下几方面原因。一是压制民间资本，防止其借铁路而不断壮大，以维护清政府专制统治；同时通过收回铁路干线建筑权，削弱地方势力，加强中央集权。二是在20世纪初前后，铁路收归国有成为国际性潮流，日本、沙俄、德国、墨西哥等国莫不如是。正如邮传部在答复石长信奏折中所言：“闻德国于数十年前，民间亦欲造路，而聚讼多年，一路不成。该政府洞见国家如此重大要政，将为民间牵制所误，于是毅然定策，悉归国有。不久即四通八达，棋布星罗，今日德国饷源之最大者，即铁路进款是也。此诚可为中国前事之师矣。”[②]三是商办铁路创办过程中暴露出的腐败、低效、各自为政等问题。第四，铁路干线“国有”政策的出台的深层目的可能正是川汉、粤汉铁路筑路权收归“国有”，并抵押给英、法、德、美四国银行团，推动湖广铁路借款的实现。《清史稿》谓：查给事中石长信之请定干路、支路办法，在四月初七日；邮传部之复奏，宣布国有政策，在十一日；而借款之签押，在二十二日。似政策之改定，实缘借款而发生也者。[③] 盛宣怀也说：查四国借款合同不能消灭，所以提议铁路国有。如铁路不为国有，则借款合同万不能签字，是铁路国有之举，其原动力实在于借款之关系。[④]

① 宓汝成：《中国近代铁路史资料》第3册，中华书局1963年版，第1236页。

② 宓汝成：《中国近代铁路史资料》第3册，中华书局1963年版，第1235页。

③ 《清史稿》，第4447页，转引自苏全有：《清末邮传部研究》，第372页。

④ 夏东元：《盛宣怀传》，第381～382页，转引自苏全有：《清末邮传部研究》，第372页。

第二节　保路运动及其影响

干线“国有”政策的宣布、汉粤川铁路借款的成立引发了声势浩大的保路运动，而保路运动直接导致了政策的崩溃。史学家吕思勉在评价这一历史时指出：“铁路干线国有政策，平心而论，原亦未可厚非。但是政策虽未可厚非，行之也要得其人。当时一班亲贵，揽权用事，谁知道铁路政策是什么一回事……看他们揽权攘利，一味胡闹。假使清室不亡，这几宗借款，竟而成立，所办的事业，也一定要破产，而贻国民以巨累的。但是当时人民的反对，也并不是顾虑及此。不过清室积失人心，国民愤郁已极，不觉一触即发罢了。”①

一、汉粤川铁路收归“国有”

汉粤川铁路，当时也称湖广铁路，指的是湖南、湖北境内的粤汉铁路和湖北境内的川汉铁路。这个铁路名称在中国铁路线路史上非常独特而别扭，它不是自然形成的首尾两端命名的干线，而是由于管理、借款等因素，截取粤汉铁路、川汉铁路的一段形成的独特线路。

粤汉铁路自 1905 年赎回后，由湖北、湖南、广东三省分办。湖北为官办，湖南为官督商办，广东商办。此外，湖北省还要筹资修建川汉铁路湖北境内的一部分。

川汉铁路为武汉至成都的干线，线路建设起源于 1903 年四川总督锡良请求四川自办川汉铁路。川汉铁路横跨四川、湖北两省。1906 年，湖广总督

① 吕思勉：《白话本国史》，北京日报出版社 2018 年版，第 516 页。

张之洞与四川总督锡良商定了线路总体设计：川汉全路延长三千余里，在川境者自成都省城经重庆府以达夔州府属之巫山县边界，计二千数百里。在楚境者，由巫山边界入鄂境，经巴东兴山两县至宜昌府治，约五百余里。再由宜昌经当阳县、荆门州、襄阳府以达应山县属之广水驿，与京汉大干路接通，约一千二百余里。[①] 此外，张之洞还与锡良商定，成都至宜昌一段由四川省修建，宜昌至京汉线部分由湖北省修建。也就是说，四川省修建的不仅是四川境内的，也包括湖北境内的一部分。

如前所述，1908 年张之洞兼充督办粤汉铁路大臣、督办鄂境川汉铁路大臣后，一改之前不借外款的方针，开始在实际行动上谋求对外借款。借款覆盖线路，因“广东集有商股，毋庸再筹集”，粤汉铁路主要是两湖境内部分；因张之洞只督办湖北境内川汉铁路，因此川汉铁路借款也只包括鄂境内川汉铁路。

1909 年 6 月，张之洞与英、德、法三国银行签订了借款草合同（见前文）。随后，美国威逼加入借款，张之洞也于年底去世。此后，借债筑路受到了两湖绅、商、政、学、军各界强烈反对，以两省咨议局为核心，各界不断发起拒债运动。我们注意到，此时四川省并没有参与这项运动，这是因为借款涉及的鄂境川汉铁路仅是宜昌以下部分，而这部分并不归四川川汉铁路公司修筑。清政府对两省的拒债运动也一度出现了犹豫、退让的表现，如 1910 年 3 月，邮传部准许湖北成立商办铁路公司。面对草合同的可能流产、面临巨大利益可能丧失的局面，四国也不断通过外交施压，强迫清政府尽快签订正式合同。

随着干路“国有”政策逐渐成形及推出，尤其是盛宣怀主政邮传部后，借款筑路成为清廷的政策取向。石长信奏折对湖广铁路商办多年“溃败延误”

---

① 戴执礼：《四川保路运动史料汇纂》，台北“中研院”近代史研究所 1994 版，第 259 页。

进行了强烈抨击，随后清政府正式宣布“干线铁路”，使得借款筑路成为定策，商办筑路已经没有任何可能。

实际上，与四国重启谈判的行动自1910年9月就已经开始。谈判主要是针对原草合同进行修改，主要集中于以下几方面：

(1)草合同约定借款涉及的鄂境川汉铁路，除干线广水经襄阳、荆门至宜昌外，还有支路汉阳至荆门段。正式合同截去汉阳至荆门支路六百里，由宜昌至夔州六百里抵补。这就将四川境内由四川川汉铁路公司负责修筑的川汉铁路部分也纳入进来，这也为随后四川产生强烈反弹埋下了伏笔。

(2)草合同约定如续借款，须加扣为九四五折，且须加抵扣饷源，正式合同予以取消。

(3)草合同约定借款皆存汇丰、德华、汇理各行，正式合同改为一半存中国交通银行或大清银行。

(4)草合同约定钢轨及大宗材料，一半购买承办借款国，正式合同改为购买中国材料。

(5)草合同约定湖广铁路延展如需要再借款，优先向四国银行借款，正式合同改为先由中国自筹资金资本，如需要借款，在借款银行给出的条约利益不少于别家的情况下，优先向四国银行借款。

与之前铁路总公司主导的借款合同相比，湖广铁路上述条款延续了津浦铁路借款的思路，不以路作抵，中国利益也得到了极大争取。盛宣怀说：“以上各节，磋商数月，会晤将及二十次，辩论不止数万言，于原约稍可力争者，舌敝唇焦，始得挽回数事，实已无可再争。”[①]

---

① 盛宣怀：《邮部等奏粤汉川汉铁路借款合同磋商定议请旨签字盖印折》，王彦威，王亮编《清季外交史料》(9)，湖南师范大学出版社2015年版，第4495页。

1911 年 5 月 20 日，邮传部尚书盛宣怀与四国正式签订《湖北、湖南两省境内粤汉、湖北境内川汉铁路借款合同》25 款。四国银行团指的是德国德华银行、英国汇丰银行、法国东方汇理银行和美国资本家。美国资本家包括：美国摩根公司、昆勒贝公司、第一国立银行、国立城市银行。

合同规定：借款总数目为英金六百万镑，名为“大清政府一千九百一十一年湖广铁路五厘利息递还金镑借款”。

借款用途：①为赎回前美国合兴公司代清政府所发售而未赎回之金圆债票，计 2222000 美元，以及 2.5％的利息。②筹建铁路干线两条。第一条由湖北省城武昌府经过岳州，湖南省城长沙府，至湖南省南界郴州境内宜章县，接连广东粤汉路线，“湖北湖南两省境内粤汉铁路”，约 900 公里。第二条由湖北省附近广水京汉路线之处起，经过襄阳、荆门州至宜昌，约 600 公里，由宜昌起至四川夔州府止，约 300 公里，即“湖北省境内川汉铁路”。

借款合同工期三年，宜昌至夔州因工程艰巨可稍延长，合同画押六个月内，在武昌、长沙、广水、宜昌四处同时开工。

合同借款 600 万英镑，四国各承担 150 万英镑，债期 40 年，自发售日起算，债息 5％，折扣 95％，以两湖厘金盐税收入作抵。铁路建造工程以及管理一切之权，归清政府独自办理。清政府自行选用英、德、美国工程师各一人，分管三段铁路工程。购买外洋器材等，由英、德银行经理；钢轨及附件，由汉阳铁厂资金制造供应。

对于上述合同的评价，史学界有不同的认识。从合同文本本身而言，无论是折扣、利息、用人、管理、余利等方面，较铁路总公司时代的借款合同，中国利权得到了极大维护。合同约定的条件是经过艰难争取取得的，在当时的情况下，合同本身是有值得肯定之处的。但另一方面我们也应该看到，本合同与之前借款合同相比并没有本质区别，其依然属于损害中国主权与利益的不平等条约。

自粤汉铁路赎回、川汉铁路筹办，已经迁延多年，至此，清政府终于确定了借款筑路方针。在清政府看来，借款筑路既解决了建设资金问题，也实现了铁路国有，此外还解决了各省创办铁路过程中强征租股、盘剥百姓、贪污腐败的问题，可谓“救民于水火，一举多得”。但问题是，此时清政府的集权能力和政府威信已经跌至谷底。尤其是，对于异常复杂的川汉铁路股款问题，无论是借款合同还是盛宣怀等人，都没有给出解决办法。因此，当干线“国有”、湖广借款两个重磅炸弹投向两湖、四川，一场严重的社会动荡已经不可避免。

二、保路运动的爆发

1911年5月，清廷宣布铁路国有、签订正式借款合同后，全国掀起了保路运动。然而，两湖等地的运动很快沉寂，而四川的保路运动则愈演愈烈、最终导致清廷覆亡。这一方面是因为正式的四国借款合同将承担的宜昌至夔州段全部纳入，四川被深度牵涉其中；另一方面，由于四川更广泛的租股来源、更严重的腐败问题，与清廷强力推行铁路国有产生了尖锐矛盾。学术界关于四川保路运动的评价产生严重分歧也由此产生。传统观念认为，保路运动是清廷出卖路权、四川人民奋起反抗，进行了伟大的反帝反封建斗争；另一些学者则认为，四川保路运动的本质是贪腐的川汉铁路高层为了维护自己的既得利益，垄断话语权、制造舆论、利用民意，与清政府的正确决策对抗。也有一些学者指出，清廷的干线国有政策本身是正确的，只是执行过程中过于蛮横、缺乏变通，导致事态不可收拾。铁路与政治息息相关，尤其是早期铁路史更是如此。如何正本清源、正确认识四川保路运动的性质，是晚清铁路史不得不面对的重要问题。

1911 年 5 月 18 日，清廷命端方充督办粤汉、川汉铁路大臣，前往湖北等地办理铁路收归国有事宜。端方是满洲正白旗人，曾作为五大臣之一出洋考察，任两江总督、直隶总督，堪称能臣。1909 年因慈禧出殡时拍照被革职。此次起复督办铁路，朝廷对其寄予厚望。与张之洞之前被任命为督办粤汉、鄂境川汉铁路大臣相比，端方对于川汉铁路的“督办”扩大至川汉铁路全线。

5 月 22 日，清廷下谕川、湘等地租股一律停止，同时将往年已收的租股详细查明，妥善办理。在谕旨中，清廷将铁路国有、停止租股视为救民于水火的善政：“朝廷所以毅然行之者，固以统一路权，亦藉以稍纾民困。当川路创办之初，该省官绅遂定有按租抽股之议，名为商办，仍系巧取诸民。至今数年之久，该路迄未告成。上年且有倒亏巨款之事，其中弊窦不一而足。是贻累于闾阎者不少，而裨益于路政者无多。嗣湘省又复踵行租股。该省地方瘠苦，更非川省可比。际兹新政繁兴，小民之担负已重，倘不谅加体恤，将此项无益于民之举，早日革除，农田岁获，能有几何？”[①]站在朝廷的角度，取消租股是体恤民情的善政，百姓应该箪食壶浆、山呼万岁。正如石长信在奏折中所说：“干路国有命下之日，薄海百姓必无阻挠之虞。”然而，实际推行的结果却令朝廷始料不及。干线“国有”政策的颁布和湖广铁路借款合同的签署激起了湘、川、鄂、粤四省人民的强烈反对，并逐渐演变成一场保路运动。

铁路干线“国有”上谕发布后，湖南率先反对。1911 年 5 月，湖南省参加商办铁路的绅商在省咨议局聚集开会，散发传单，长沙各界群众万人集会一致主张完全商办，要求清政府收回成命。参加粤汉铁路株洲至长沙段的万余名建路工人也进城示威。湖南学校罢课、商人罢市、民众抗粮多有发生。湖南巡抚杨文鼎不得不应民命代为电奏清政府，请将铁路仍归商办，遭清政

---

① 宓汝成：《中国近代铁路史资料》第 3 册，中华书局 1963 年版，第 1241 页。

府“严旨申饬”。湖北省咨议局也召开大会反对干线“国有”政策。商人罢市、铁路停工。广东粤汉铁路公司召开股东大会，股东与会者千余人，决议：“万众一心，保持商办之局；联合湘、鄂、川三省同志，坚持到底。”南洋华侨股东、留学生等社会各界纷纷抨击铁路“国有”政策。

铁路干线“国有”政策宣布后之初，四川的反应并不像湖南、湖北、广东那么激烈。川路创办多年，资金不足、管理混乱、倒账严重，川路当局对铁路前途并不乐观。5 月 11 日，代理四川总督王人文收到干线“国有”上谕后召集川汉铁路公司主席董事彭芬，四川咨议局议长蒲殿俊、副议长罗纶商议后，约集四川股东召开临时会议。“到会的人不多，咨议局的常驻议员全部出席，情绪尚不过激，对收归国有问题初未极端反对，只要求政府把商办公司历年的用款和上海的倒账，开工的费用一律承认，偿还六成现金，搭用四成股票，并把宜昌所存现金七百万两和公司陆续收存的股款，统由此次召开的特别股东会自行决议处理。”[①]可见，四川最初关心的重点是路款的归还。

6 月 1 日，答案揭晓。盛宣怀、端方致王人文通知处理川汉铁路股款办法的“歌电”发来。核心是铁路公司已用和上海倒款部分，政府概不承认，并要把公司现存未用之现款由政府提用，换成国家铁路股票。[②]

6 月 17 日，上谕正式批准邮传部、度支部和铁路督办大臣会奏折上所拟之川汉、粤汉铁路收回详细办法，对粤、川、湘、鄂四省铁路的处理办法分别是：

(1)粤路全系商股，每股从优先行发还六成现银，其余四成发给国家无

---

① 石体元：《忆成都保路运动》，《辛亥革命回忆录》第 3 集，文史资料出版社 1962 年版，第 45 页。

② 戴执礼：《四川保路运动史料汇纂》，台北“中研院”近代史研究所 1994 版，第584～585 页。

利股票。

(2)湘路商股照本发还，其余米捐、盐捐、租股等筹款，发给国家保利股票，年息六厘，五年后分十五年摊还，充本省实业公用。

(3)鄂路商股一律照本发还现银，彩票股发给国家保利股票，其余赈粜捐等，照湖南米捐办理。

(4)川路现存款700余万两，如愿入股，更换为国家保利股票；除倒账外，宜昌实用工料之款400余万两，准给国家保利股票；其余局费，发无利股票。①

办法出台后，除广东因四成商股不给现银而继续抗争外，两湖地区认为商股归还较为合理，对抗渐趋平静。四川人民则掀起了滔天巨浪。四川原本打算保全现有之款，归还已用之款，然而清政府的处理方案却将现存、已用之款全部转为股票，包括商股(尽管不多)。与其他省相比，这是明显的歧视。而且，倒账亏空的300多万两也将由四川自己承担。

消息陆续传到四川，川人失望至极。6月16日，川汉铁路公司召开紧急会议，会议参加人数很多，反应激烈，现场哭声震天。与会者已经逐渐意识到，以正常的文字争辩已经不能奏效。会议动议举行特别股东大会，成立全省保路同志会。

6月17日，四川各团体在川汉铁路公司举行会议，决议成立四川保路同志会，推举四川省咨议局议长蒲殿俊为会长，咨议局副议长罗纶为副会长。咨议局是清末预备立宪过程中各省成立的地方自治机构，是公开的合法组织。以咨议局负责人担任保路同志会领导者，显示了立宪派在保路运动前期中的组织与领导作用。保路同志会以“破约保路”为宗旨，所谓“破约”，即

① 宓汝成:《中国近代铁路史资料》第3册，中华书局1963年版，第1245～1248页。

“请求政府向四国交涉，破此不利之合同也”。所谓“保路”，即“保有此路，无论国有民有，总以不失之外人为归也”。[①]

保路同志会的成立标志着四川保路运动进入一个新的阶段，此后的四川保路运动大致可以分为三个阶段。

(1)从保路同志会到成都罢市是第一阶段。保路同志会成立后，四川各地纷纷成立分会，学界及妇女亦成立学界、妇女保路同志会。保路运动初期以“文明保路”为手段，通过向代理四川总督王人文申请，要求清政府收回成命。这一时期的保路运动将斗争矛头对准了盛宣怀。保路同志会进行了大量文字及演讲等宣传工作。7 月 21 日，清廷下旨申斥了对保路运动相对同情的川督王人文，31 日，令赵尔丰为署理四川总督，制止保路运动。赵尔丰作风强势，素有屠夫之称。不过，在他 8 月 2 日抵达成都，弄清事情来龙去脉后，却对川人深表同情。赵尔丰联名地方官员上奏，希望朝廷从大局考虑，尽快改变铁路国有既定政策。朝廷和盛宣怀都不愿意接受赵尔丰的建议，川省局势日趋失控。

(2)8 月 24 日，川路召开股东大会和保路同志会大会，会议号召罢市、罢课，此后直到 9 月 7 日“成都血案”发生，为第二阶段。成都罢市后，四川全省许多地方相继罢市。9 月 1 日，川汉铁路公司向全省发布不纳粮税的通告。斗争进一步升级。新任川督赵尔丰于 8 月 27 日开始，多次向朝廷建议按照预备立宪体制将铁路国有事交资政院议决，清廷多次对赵尔丰进行申饬。赵尔丰态度开始转变。9 月 2 日，清廷派端方带兵入川查办路事。9 月 7 日，赵尔丰诱捕保路同志会蒲殿俊、罗纶等咨议局及保路同志会首领。当日下午，成都数万民众前往总督衙门要求释放被捕诸人，赵尔丰下令开枪，

① 戴执礼:《四川保路运动史料》，科学出版社 1959 年版，第 266 页。

屠杀数十人,伤无数,是为“成都血案”。

(3)“成都血案”激起四川人民的极大愤怒,此后保路运动进入武装斗争阶段。在“成都血案”发生前,同盟会就组织哥老会成立了保路同志军。“成都血案”发生后,同盟会成员制作木板数百片,上书“赵尔丰先捕蒲、罗诸公,后剿四川各地同志,速起自救”[①],然后将这些木片涂上桐油,投入锦江,这就是有名的“水电报”。“水电报”顺流而下,传遍西南各地,各地保路同志军闻警大惊,为防范赵尔丰派兵围剿,遂主动出击,揭竿而起。9 月 8 日,各地同志军开始围攻成都。9 月 25 日,同盟会员吴玉章、王天杰等在容县举义,宣布独立。

10 月 10 日,因部分新军随端方入川,武汉空虚,武昌起义爆发。各省纷纷响应,宣布独立。10 月 26 日,盛宣怀被革职永不叙用,逃往日本。同日,清廷下令释放被赵尔丰诱捕的蒲殿俊、罗纶诸人。11 月 27 日,四川宣布独立。12 月 22 日,赵尔丰被四川军政府捕杀。1912 年 1 月 1 日,中华民国在南京宣告成立,清王朝灭亡。

保路运动的爆发是清廷推行干线“国有”的结果。在推行过程中,清廷在实行预备立宪的背景下,对干线“国有”政策的出台,却未经资政院、咨议局决议,而是由“皇族内阁”发布上谕轻易决定。再加上在“国有”过程中,随意劫夺公司资本,造成了对地方立宪派和广大群众政治和经济利益的双重剥夺,导致矛盾激化。从深层次而言,保路运动也是全国性、整体性危机的产物。近代以来,清政府丧权辱国,人民群众对其愤恨已不可抑制,清政府的统治基础已岌岌可危。因铁路路权问题,导致四川人民奋起反抗,并快速突破,蔓延全国,使保路运动成为辛亥革命的导火索。

---

① 熊克武等:《蜀党史稿》,《辛亥革命史丛刊》(第 2 辑),中华书局 1980 年版,第 169 页。

从 19 世纪 30 年代开始，铁路知识开始由西方传教士等带入中国，林则徐等中国开明人士也积极介绍铁路知识。第二次鸦片战争后，西方各国为进一步开拓中国市场，不断向清政府提出修建铁路等要求。清政府对西方列强向中国内地扩展势力深怀戒惧，采取了坚拒铁路于国门之外的态度。19 世纪 70 年代，“洋务运动”兴起，清政府部分洋务派官员认识到铁路对巩固海防和发展经济的重要性，开始提议修建铁路；围绕修不修铁路，清政府内部展开激烈争论。中日甲午战争后，铁路的重要性越来越突出。1889 年 5 月，清政府宣告“毅然兴办”铁路。此时的清政府内外交困，面临极大财政危机，不得不举借外债筑路，而大量借债筑路的同时又造成了大量利权的丧失。从 20 世纪初开始，社会大众民族意识和爱国热情日益高涨，加之中国民族资本主义有所发展，形成了要求自办铁路、维护民族利权的“收回利权运动”。商办铁路逐渐成为新的潮流，各省纷纷成立铁路公司。此后，随着商办铁路的弊端日益显露，清政府强行推行干线“国有”政策，并抵押给英、法、德、美四国银行团，引发声势浩大的保路运动，最终导致了清王朝覆灭。

保路运动纪念碑

第七章　晚清时期铁路技术的引进发展

随着铁路被引入中国，铁路建造、机车车辆、通信信号等技术也随之传入中国。由于国力衰微、观念落后，晚清铁路具有起步晚、发展慢、数量少、分布偏、设备差、效率低等特点。铁路技术设备基本依赖进口，轨距不一，型号杂乱，有“万国铁路博物馆”之称。尽管如此，晚清铁路的建设、技术等也有了初步发展，机车车辆、通信信号等领域形成了早期的铁路工业。特别是京张铁路，依靠中国技术人员自行修建，成为晚清时期铁路建设和技术运用的楷模。

第一节　铁路工程建设

一、铁道线建设概况

从1876年中国大地出现第一条铁路至1911年清政府覆亡，中国共修建铁路9488公里，平均每年筑路260多公里。这些铁路发展概貌如下。

从资金来源和管理方式看，晚清时期的铁路可分为国有资金自办、借外债修筑、列强直接修筑、商办四种。借外债是清政府铁路建设主要的资金来源，晚清时期主要干线均通过借款筑成。部分干线尽管有国有资金参与，但外国通过贷款仍可控制全线经营权，如京汉铁路。完全使用国有资金建成的干线铁路只有京张线。一些主要靠借外债修筑的干线也包含部分国有资金修建的路段，如京汉铁路卢保段、关内外铁路关内部分路段等。一些地方政府修建的省办铁路也属于国有资金筑路。列强直接建设经营的铁路以东省、胶济、滇越铁路为主。另日本攫取了台湾铁路修建经营权、南满铁路和安奉铁路的直接管辖权。商办铁路建设情况已在相关章节中详述。

从空间分布看，晚清铁路形成了以北京为中心的京奉、京汉、京张、津浦四条铁路干线以及与干线连接的正太、道清、胶济、汴洛四线初步构成的基础华北铁路网。长江以南有沪宁、沪杭、株萍、株长四线。华南只有广九、潮汕、漳厦等短线。在铁路较多的东北、华北和华东地区，已构成铁路网初步骨架，西北尚没有铁路。西南地区只有滇越线。东北地区铁路约3400公里，占全国铁路的37%。

从修建时间看，中日甲午战争前，清政府修建的铁路里程较少，仅 485 公里，占总里程的 0.5%左右；其余均为甲午战争后修建。

晚清铁路轨距有 5 种（以初建时为准）：1.435 米标准轨距 5745.59 公里，约占 60.56%；1.52 米宽轨 2556.05 公里，约占 26.94%；1.067 米窄轨 107 公里，约占 1.13%；1.0 米窄轨 768.1 公里，约占 8.10%；0.762 米窄轨 310.8 公里，约占 3.28%。

晚清作为中国铁路的肇始时期，也创造了中国铁路多项"第一""首次"。吴淞铁路是中国第一条营业性铁路，唐胥铁路是中国自建的第一条铁路，开平铁路公司是中国第一个铁路公司，京张铁路是由中国工程师主持、用中国财力建成的中国第一条干线铁路，台湾铁路狮球岭隧道是中国最早修建的一座铁路隧道，津沽铁路是中国铁路第一次借用外债筑路，关东铁路是中国第一条官办铁路，《矿务铁路公共章程》是中国第一部中央层面的铁路法规，四川川汉铁路公司是中国第一家商办铁路公司（见下表）。

二、铁路桥梁隧道建设

18 世纪西方工业革命推动了社会经济和科学技术的发展，欧美各国相继进入了近代桥梁工程的新时期。1825 年英国建成世界第一条铁路，后逐渐用锻铁作为桥梁的建筑材料。英国采用铆钉接合，首次建成了不列丹尼亚（Britannia）铁路锻铁管形桥和康卫（Conway）铁路锻铁管形桥。由于铁路的诞生和发展，桥梁建设进入了快速发展时期。铁路桥梁的修筑首先在国外得以快速发展。修建铁路初期，广泛修建石拱桥和铸铁肋拱桥。铸铁肋拱用于多跨桥，在同一肋拱两端加设杆系，形成组合体系桥。美国和俄国在修建铁路初期大量修建木排架桥和木拱桥及木桁架桥。随着铸铁、钢及混凝土的使用，铁路大跨度钢桥和钢筋混凝土桥也发展起来。

晚清时期铁路兴建概况[①]

线名	建设时间（年份）	里程（公里）	起讫站点	资金来源与经营形式	备注
吴淞铁路	1876—1877	14.5	上海—吴淞	英商擅筑	轨距0.762米
京奉铁路	1881—1911	974.3	北京—沈阳	建设历经30年，资金包括借款、国有资金、商股等	北京至沈阳干线843.1公里，支线131.2公里；标准轨距
台湾铁路	1887—1893	107	基隆—新竹	台湾省筹建	中日甲午战争后被日本侵占；轨距1.067米
大冶铁路	1893—1894	28	狮子山—铜鼓地	湖北省筹建	标准轨距
京汉铁路	1898—1906	1311.5	北京—汉口	比利时借款及国有资金（卢保段）	干线1214.5公里，支线97公里；标准轨距
东省铁路	1897—1903	2556.05	满洲里—绥芬河，哈尔滨—旅顺	沙俄修建	满洲里至绥芬河段1514.39公里，哈尔滨至旅顺段974.90公里，此外还有部分支线。长春至旅顺段日俄战争后被日本占据。轨距1.524米，南满支线后被“满铁”改为标准轨距
株萍铁路	1899—1905	89.3	萍乡—株洲	铁路总公司官款修建	1936年并入浙赣铁路；标准轨距

① 本表根据《中国近代经济史统计资料选辑》《交通史路政编》《中国铁路发展史（1876—1949）》《中国铁路史大事记》等统计。

续上表

线　　名	建设时间（年份）	里程（公里）	起讫站点	资金来源与经营形式	备　　注
淞沪铁路	1898	16.1	上海北站—吴淞炮台湾	铁路总公司官款修建	标准轨距
胶济铁路	1899—1904	440.7	青岛—济南	德国修建	其中青岛至济南干线395.37公里；标准轨距
广三铁路	1901—1902	48.9	广州—三水	美国合兴公司贷款承建的粤汉铁路支线	中国第一条复线铁路；标准轨距
道清铁路	1902—1907	152.44	道口—清化	英国借款、中国垫款	标准轨距
正太铁路	1903—1907	243.3	正定—太原	法国借款	轨距1米
滇越铁路	1903—1909	496.8	昆明—河口	法国修建经营	轨距1米
沪宁铁路	1904—1908	311	南京—上海	英国借款	标准轨距
潮汕铁路	1905—1908	39.10	潮州—汕头	广东商办	标准轨距
京张铁路	1905—1909	227.2	北京—张家口	国有资金	北京至张家口干线201.2公里，京门支线26公里；标准轨距
沪杭甬铁路	1906—1909	202.55	杭州闸口—上海南站	江浙两省商办	其中杭州闸口至上海南站干线186.2公里；标准轨距
张绥铁路	1909—1911	125.4	张家口—阳高	国有	标准轨距
汴洛铁路	1904—1909	183.8	开封—洛阳	比利时借款	后扩展为陇海铁路；标准轨距

续上表

线　名	建设时间（年份）	里程（公里）	起讫站点	资金来源与经营形式	备　注
津浦铁路	1908—1911	1035	天津—浦口	英德两国借款	其中天津至浦口干线 1009.5 公里，另有陈唐庄支线 25.5 公里；标准轨距
漳厦铁路	1905—1910	28	嵩屿—江东桥	福建商办	标准轨距
清杨铁路	1909—1911	17.3	江苏清浦—杨庄	江苏商办	标准轨距
宁省铁路	1907—1909	11.2	南京下关—万寿宫	江苏省办	标准轨距
南浔铁路	1907—1911	52.7	九江—德安	江西商办	标准轨距
粤汉铁路粤段	1906—1911	105.8	广州黄沙—黎洞	广东商办	标准轨距
粤汉铁路湘段	1909—1911	50.7	长沙—株洲	湖南官督商办	标准轨距
安奉铁路（改轨改线）	1904—1911	296.3	安东—苏家屯	日本擅建	初建时轨距 0.762 米，后改建为标准轨距
齐昂铁路	1907—1909	28	齐齐哈尔—昂昂溪	黑龙江省办	轨距 1 米
广九铁路华段	1907—1911	142.8	广州大沙头—深圳	英国建	标准轨距
广九铁路英段	1907—1911	35.3	深圳—九龙	英国建	标准轨距
吉长铁路	1909—1911	25	长春—卡伦	日本借款	标准轨距
新宁铁路	1909—1911	91.5	广东斗山—新会	广东商办	该路干支线全长 133 公里，1920 年全部完工。晚清时期完成 91.5 公里；标准轨距
合计		9488			

1876 年建成的吴淞铁路，建有中小桥 10 余座，其中最长一座为长 50 米左右的蕴藻浜桥，它是中国铁路桥梁的开端。1888 年建成的关内外铁路蓟运河桥是中国第一座具有近代水平的铁路钢梁桥，也是中国第一座开启式铁路钢桥。关内外铁路滦河大桥是中国第一座采用气压沉箱基础修建的铁路桥梁。1905 年 9 月，詹天佑主持修建京张铁路。该线路长 201 公里，是中国首条不使用外国资金和人员，由中国人自行设计，投入运营的铁路。桥隧工程艰巨，共有桥梁 160 余座，大多为钢(铁)桥，使用山海关桥梁厂制造的钢梁和中国自制的水泥建造。其中最长的怀来河桥，采用 7 孔跨度 30.4 米上承钢板梁，木桩基础，全长 213.3 米，建筑技术达到了近代水平。

西方各国在中国修建铁路或贷款筑路，也在客观上促进了铁路桥梁技术向中国的传播。沙俄在东北修建中东铁路，建造了一大批铁路桥梁，如哈尔滨松花江桥(长 1027.2 米)、陶赖昭第二松花江桥(长 781.5 米)、太子河桥(长 587.5 米)、浑河桥(长 794.73 米)等，都是在中国土地上较早修建的特大桥。这些桥梁基本按照俄国的建筑标准修建，钢桁梁由俄国工厂制造。其设计和施工方法都是按照其国内修筑铁路桥梁的方法进行的，建桥速度很快。哈尔滨松花江桥共 19 孔钢桁梁，20 个墩台，只用 1 年零 3 个月就建成了(1900 年 5 月开工，1901 年 8 月竣工)。法国修建滇越铁路中国段，长 464.6 公里，有桥梁 325 座，总延长 5.112 公里，是一条桥梁密度较大的铁路(桥线比 1.31%)。特别是倮姑人字桥建于悬崖绝壁上，工程艰巨，设计精巧，技术水平较高。这条铁路的桥梁建设采用了法国的活载标准和建筑方法。京汉铁路郑州黄河老桥(1905 年建成)和津浦铁路泺口黄河桥(1912 年建成)也是早期铁路桥梁建设中的典范。德国在山东修建胶济铁路，英国在广东修建广九铁路香港段，日本在中国东北及关内修建的一些铁路，其桥梁建筑又有不同的特点和修建方法。晚清时期，中国共修筑了铁路桥梁6000余座。

清末时期，隧道建成不多，仅修建隧道238座，总延长42公里。1888年中国修建的第一座铁道隧道为台湾基隆至台北线狮球岭隧道。在晚清时期的铁路隧道的建设中，较著名者有建于台湾铁路上跨越狮球岭的我国最早的数座隧道，建于东省铁路上的长度为3077米的兴安岭隧道，建于京汉铁路上的武胜关双线隧道，建于正太线上的一批窄轨隧道，建于我国铁路隧道数量最多和总长度最大的滇越铁路上的窄轨隧道，建于我国土质隧道最多的陇海线汴洛段上的隧道，建于京张铁路上的八达岭隧道等。

晚清时期铁路大多建于东北和东部沿海，在这些铁路线上，隧线长度比不到1%，充分说明这一时期建设的隧道数量少、长度短。晚清时期铁路隧道发展缓慢，这一时期是人力开挖、手工操作、机具简单、技术落后的时期。当时铁路选线很大程度上受技术、经济条件的限制，铁路隧道建设既没有固定的专业队伍，也没有完整的设计、施工规范，且机具设备少，方法简单，因此工人劳动强度大，效率很低。晚清时期的铁路及隧道建设对发展中国经济起到了一定的推动作用并积累了不少修建铁路和隧道的经验。

第二节　铁路机车车辆

机车车辆是铁路运输生产的主要装备。晚清时期作为中国铁路的初创时期，机车车辆大多购自国外，或从国外购买部件由国内修车厂组装。由于晚清铁路大多实行分线管理，各铁路线的机车车辆购自多个国家，所以机车车辆技术标准不一、型号繁杂，有宽轨、窄轨，也有标准轨，车钩有高有低，蒸汽机车有的有水柜、有的没有水柜等。

一、机车车辆的管理体制与机构

1908 年，邮传部内设铁路总局，铁路总局内设汽机科（后改为机务课），铁路机车车辆由汽机科管理，它主要负责铁路机车车辆的设计、维修、保养、分配、调拨和规章制定、运行监督等工作。

分管各铁路线的铁路公司基本都设置不同形式和称谓的机务段、折返段、整备所、修车厂等部门，负责机车车辆运用、整备、保养、维修，包括机车车辆的组装制造。

二、蒸汽机车的引进与生产

最早出现在中国大地上的蒸汽机车是 1876 年吴淞铁路使用的英国产“引导号”（一译先锋号）蒸汽机车，轮式为 0-4-0，总重 1.5 吨。这是中国第一条运营铁路上行驶的蒸汽机车。1877 年 10 月吴淞铁路被拆除，机车停用。

1881 年，清政府修筑唐胥铁路时，修造使用中国火箭号，这是中国制造的第一台蒸汽机车（前文已经详述）。1882 年，清政府从英国购进两台水柜跨在锅炉两侧、轮式为 0-4-0 的小型蒸汽机车，称为“零号机车”，担当开平煤矿煤炭运输任务。1886 年，清政府又从英国购进了“天朝号”和“总督号”两台蒸汽机车，轮式为 0-6-0，重约 9 吨。1887 年又从美国购入一台蒸汽机车。至 1887 年，唐胥铁路运行的蒸汽机车达到 6 台，1888 年达到 12 台。中国铁路机车车辆工业最早的企业是唐胥铁路的修车厂。唐胥铁路建成后，在胥各庄和运煤河码头附近建立修车厂。1884 年，修车厂迁至唐山西马路，称唐山修车厂。1886 年，清政府成立官督商办的开平铁路公司，用白银 10 万两收买唐胥铁路和唐山修车厂。从此，唐胥铁路和修车厂脱离开平矿务局，成为中国第一家独立的铁路企业。

19世纪末20世纪初，京奉、株萍、京汉、广三、正太、道清、京张、沪宁、沪杭甬、漳厦等铁路陆续建成运营。在铁路兴建的同时，也建起了一批铁路工厂，如四方厂、吴淞机厂、南口机厂、西北机车厂、大连铁路工厂、哈尔滨机厂，承担蒸汽机车和车辆的组装、维护、修理等工作。因各路运行的蒸汽机车技术标准不一、型号繁杂，一般蒸汽机车由本铁路局所属的铁路工厂负责修理，“车不出路，修不出局”。有时甲路机车驶至乙路，遇有微小修理或更换配件时，因缺乏同样备用的机件，无法及时修理，也要拉回本路工厂。各厂的设备简陋，只限于普通的修理，汽缸、车钩、风轫、气泵、油泵、进水机、钢铁配件以及火箱锅板、轮箍、弹簧、烟管等钢料，都是从国外购买。各工厂机车修理的标准制度各自确定，路与路之间很少有联系，全国没有统一的技术标准。

中国早期铁路用于铁路牵引的蒸汽机车，或从国外整机购买，或从国外购买部件在国内组装。1900年，唐山厂根据英国的机车设计图纸和购置的零部件，开始装制MG34（音莫古）型机车。该车全长16.78米，总重46.84吨，汽缸直径453毫米，动轮直径1346毫米。1903年，唐山厂仿制的MG34型蒸汽机车，被称为“自制机车之最老者”。该车轴式为1-3-0，动轮直径为1372毫米，机车固定轮轴距为4191毫米，机车全轮轴距为6527毫米，煤水车全轮轴距为5486毫米，传热总面积111.11平方米，水柜容量13.728立方米，煤箱容量3.556吨，整备时机车重量42.964吨，煤水车重量32.867吨，最大牵引力7620公斤。唐山厂又先后组装生产了MG16型、MG1型、MG6型、MG4型、PL12型、TH3型、米卡度7型、太平洋型客运等蒸汽机车。四方厂先后组装生产了轴式0-3-0型、0-3-1型调车蒸汽机车，1-2-2型、2-3-0型客货混用蒸汽机车，0-4-0型货运蒸汽机车和2-3-0型客运蒸汽机车。吴淞机厂、南口机厂、西北机车厂也组装生产过蒸汽机车。东北地区，1907年大连铁路工厂开始组装生产蒸汽机车。

从 1876 年至 1911 年，全国各路共配置蒸汽机车 714 台，其中除 15 台为唐山工厂制造外，其余 699 台都购自英国、美国、德国、法国、比利时、日本、俄国等国家。

三、客货车辆的引进与生产

中国铁路车辆主要分为客车、货车两大系列。最早的客车是 1876 年上海吴淞铁路通车时用的木质 4 轮（两轴）客车。最早的货车是 1881 年修建唐胥铁路时，开平矿务局胥各庄修车厂用从英国购买的车轮、钢材制造的木质敞车。

1. 客车车辆

晚清铁路分线设局，铁路客车属铁路局固定资产，由各局自行购置管理。铁路客车多由美、英、法、德、日、俄等国购进，车型较杂、配件品类繁多，转向架主要以包板式、拱杠式或花架子转向架为主，使用直径 1000 毫米的各型轮对，采用三系减震弹簧系统。

1876 年吴淞铁路通车时有客车 10 辆，每列编组 6 辆，每辆定员 25 人，列车行驶速度每小时 24～32 公里。19 世纪 80 年代后期，唐山修车厂制造的客车长 20 尺。20 世纪初期，各路购置的客车长 13.8 米。1903 年广三线通车时有客车 33 辆。1904 年胶济线通车时，从德国购进 16 米小型木质客车，分头、二、三等、小型三等和食堂车、行李邮政车等 9 个车种，车内为油灯照明，火炉取暖，三等车设 50～72 个硬木板座席，部分车辆设有水箱。1905 年株萍铁路通车时有 40 吨煤车改造“花车”1 辆，二、三等车 4 辆。1906 年京汉路开通时客车从德、英等国购进小型木质车体客车。1908 年沪宁线通车时客车大多购自美国，为木质和钢皮车体，分头、三等、混合及行李车。1912 年津浦线通车时，客车由德国、英国购进，车种、内设与胶济线客车大致相同。

2. 货车车辆

中国铁路创建初期，货车有敞车、棚车、平车、罐车等种类，车体、底架多以木质、铆接为主，轮轴亦有二、四轴和少量三、六轴之别，载重自 30 吨至 40 吨及 40 吨以上者不等。1881 年，在修建唐胥铁路时，开平矿务局胥各庄修车厂用从英国购买的车轮、钢材制造了 13 辆载重 5 吨和 10 吨的木质敞车，当时称为高边车，用于运煤。20 世纪初期兴建第一批铁路时，各路所属铁路工厂利用从不同国家购买的部件和材料，组装生产了一批木质货车，因车辆大小材料不同，各路车辆种类繁多，式样各异。至 1912 年，关内各铁路共有货车 8461 辆，其中高边车（敞车）4054 辆、低边车（矿石车）1803 辆、有盖车（棚车）1817 辆、平车 171 辆，以及少量罐车（当时称为槽车，有水槽车、油槽车之分），均从国外购置或仿照国外产品制造。货车车钩除正太、同蒲两路窄轨用钩链联挂外，其余均用自动挽钩，以美国铁路协会的 D 型挽钩为标准。货车制动各路初期车辆仅备手轫刹车，此后列车增重，速度增加，三四十吨货车多改装自动风轫，而以手轫为辅。

四、机车车辆运用检修

中国铁路初创时期，分管各铁路线的铁路公司基本都设置不同形式或称谓的机务段、折返段、整备所、修车厂等部门，负责机车车辆运用、整备、保养、维修，包括机车车辆的组装制造。蒸汽机车整备包括上煤、上砂、清灰、上水、转向等，劳动强度很大的工作一般雇用非固定工夫（路外人员）进行，其他整备作业由机车乘务员或指派专职人员完成。

蒸汽机车检修一般由修车厂与机车房共同承担，机车房负责日常检查和小的修理，无能力修的送修车厂修理。修车厂一般配置蒸汽机、电机汽机、压空气机、发电机、小镟机、瓦斯机等少量设备。胶济铁路建成营业时，在青岛、高密、坊子、张店、济南设有机车房。1907年在吴淞设有沪宁铁路机器厂。1909年京汉铁路设有长辛店、江岸、郑州等厂。1910年吉长铁路设有长春车房，两年后设吉林车房，建长春工厂。其余南浔、滇越米轨铁路等的机车房、机车修理厂也先后建立。由于各路检修规章和管理办法各有不同，为保证机车质量可靠和铁路运输安全，清朝末期就曾有机车验收机构，并设有验车员，负责机车验收工作。

1881年，唐胥铁路修建时，建立了胥各庄修车厂，1884年该厂迁至唐山，改称唐山修车厂。1893年5月，唐胥铁路展筑成天津至山海关的"关内铁路"。其间，沿线设立了为机车加煤、补水、给油，进行日常检查、维修的机务配套设施。1892年建成的山海关"车房"即为山海关机务段的前身，建段初期，"车房"有3条铁路、6台机车、1个木制车床和1台手摇钻，15名工人从事简单的机车维修。

1906年，北京至汉口铁路全线通车，京汉铁路成立厂务处管理机车车辆业务。由1名外国人担任总管，1名中国人担任副总管。处内设文牍、核算、绘图、材料4课和北、南2个总段，统辖6个分段，17个机车房。附设长辛店、郑州、汉口3个修理厂，长辛店、郑州、汉口3个材料库，长辛店存车厂，汉口蒸木厂。所有各课、厂、段的领导及重要职员均由外国人担任，往来的文件、电报也一概采用外文。1909年1月1日，中国政府赎回京汉铁路，厂务处总管改由中国人担任，另设置艺务总管，由外国人担任，掌管技术事务。

吴淞铁路先导号机车

南口机车库

京张铁路使用马莱型蒸汽机车

1910年11月，汴洛铁路通车后，机务总段设总段长1人，由外国人担任。于开封、洛阳设2个机车厂，另于郑州设1所停车厂，隶属于开封机车厂管辖。所有各课、厂重要职员皆由外国人担任，往来的文件、电报一概使用外文。随着汴洛段东西方向延伸，机务设施不断增加，组织机构逐步扩大。

第三节　铁路通信信号

一、铁路通信

自从铁路开始运营以来，通信就是不可缺少的技术基础。通信是传输、交换、处理信息最迅速、方便、可靠、机动的手段。晚清时期为铁路通信的初创期。早期铁路均装设了通信设备，建设了简单的通信线路；在运营中由单纯的行车闭塞电报电话，发展为各种行车部门指挥联络服务的专用电话，个别铁路甚至设立交换局，是铁路通信成为供铁路内外共同使用的公用通信设备，但铁路通信处于各路分散状态，不成体系，没有网络。

1876年，英国人在上海修建了一条长14.5公里的吴淞铁路，采用了指针式闭塞电报设备，并沿铁路线建成了一条电报线路，成为中国铁路通信的开端。1881年，唐胥铁路采用了西门子莫尔斯电报机，作为站间闭塞和联络之用。1896年，关内外铁路开始采用在电报线上开通的风拿波式电话。1899年，该路还采用了磁石电话，1903年采用了路签机电话。这些通信设备，均通过沿线架设的架空电线路联通，属于区段通信系统。

各国在华修建的铁路通信中，以沙俄在中国修建的中东铁路规模最为庞大。1896年《中东铁路公司章程》规定：中东铁路应于沿线安设电线，与两面接近之俄铁电路相连，并设局管理，凡两面交界站通过之电报及中俄两国往来之电报，均应一律随时接转传递不得延搁。

1898年，中东铁路电报线路开始以哈尔滨为中心向外延伸3个方向架设。1901年2月向东到绥芬河546.6公里电线路架设完成，1901年7月向南到大连945.2公里电线路完成，1902年1月向西到满洲里934.8公里电线路架通。1903年7月14日中东铁路全线开通时，线条延长6396.6公里，办理电报的局、站130个，使用莫尔斯电报机263部。这条铁路的电报线路，既有铁路行车专用，也有公用服务，并可通过俄国联通国际商用。

1903年7月，宽城子(长春)设50门磁石电话交换机。1903年8月，哈尔滨设临时电话交换所，连接路局机关和沿线主要车站用户300余个。1907年，中东铁路又进行了一次较大规模的通信技术更新，其主要内容表现在:增加挂设电报回线数量;电话回线由单线改为双线;沿线大站设立电话接线所;长途线路由铁线改为铜线;建立车务专用司令线;在苏家屯设电杆防腐工厂。另外，在哈尔滨还建立了中央电话局、无线电话局等单位。1910年，又将哈尔滨中央电话局改称中央自动电话局。

二、铁路信号

晚清时期，铁路信号主要处于初创时期。1881—1903年间，各铁路都用手信号接发列车，用单路签(牌)作为列车占用区间的凭证。这些措施，虽在运量小、车次少、速度慢的情况下，在一定程度上能保证行车安全，但它不能防止人为错误所造成的行车事故，所以还不能作为保证行车安全的信号设备。

随着列车密度逐渐增加，人为错误增多，从1903年开始有了能够作为行车安全设备的电气路签机。由于列车速度也逐渐加快，从1908年开始用机械壁板信号机代替了手信号接车，1910年又将进站信号机与道岔发生了联锁，即道岔位置不对，禁止放行列车。因此，铁路信号从一开始就是以保证行车安全为主要目标的。1910 年，在大连至长春线周水子北第一联络所开始装设了机械集中联锁。随后京奉和南满铁路都先后出现了非集中机械联锁。其他各铁路干线，也基本上在进站信号机与道岔间加装了不同形式的联锁。因此，可以说，我国铁路信号是从 1910 年开始由萌芽期过渡到发展机械信号时期。

机械信号以保证行车安全为主要任务。由于各铁路的运量不同，对铁路信号的需求不同，对安全的重视程度也不一样，所以发展极不平衡。由于京奉铁路和南满铁路运量较大，所以发展较快，设备也较完善；其他铁路运量小，有的运量虽大，但对安全不重视，所以发展缓慢，设备较差。

1876 年吴淞铁路沿线修建了一条电报线路，
成为中国铁路通信的开端。图为指针式电报机

京奉铁路开始使用磁石电话。图为磁石电话机

第八章 晚清铁路管理体制

铁路管理体制从大的方面而言，可以分为中央管理体制和线路管理体制两方面。随着清政府对铁路的地位、功能、作用认识的变化，铁路中央管理体制和机构也历经多次变迁。总体而言，向着专业化、集权化的方向发展。线路管理方面，由于资金缺乏，列强环伺，各个铁路干线均经历了艰难曲折的建设过程，产生了名称不一、职能各异的管理机构，形成了“以线设局”的管理模式，其影响一直延续至民国时期。

第一节　铁路中央管理体制

中国铁路管理体制及机构是由外及内、自下而上逐渐形成的。早期铁路事务，由总理衙门按洋务处理，后来辖署于海军衙门，继而重归总理衙门，并有铁路总局与铁路总公司共同存在。发展至后期，则先后归属外务部考工司、商部通艺司乃至邮传部。晚清时期铁路中央管理体制和机构前文已经述及，为表述清晰，此处列表进行记述。

晚清时期铁路中央管理机构

机构名称	时　间 （年份）	成立背景
总理衙门	1861—1885	1861年第二次鸦片战争后成立，铁路事务也因涉及洋务而由其办理
海军衙门	1885—1895	1885中法战争后成立，铁路事宜被纳入海军衙门管理
总理衙门 铁路总公司 矿务铁路总局	1895—1901	1895年3月12日，海军衙门被裁撤，铁路事务重归总理衙门辖署。 1896年10月，铁路总公司成立，成为总理衙门下独立的借债筑路为主的机构。 1898年8月，统辖矿务铁路总局成立。这是中国第一个设于中央政府机构之内、专管铁路事务的行政部门
外务部考工司	1901—1903	《辛丑条约》签订后，清廷将总理衙门改设为外务部，铁路的行政也归属于外务部考工司，矿务铁路总局则一度被裁撤。1902年4月恢复开办，后再次被裁撤
商部通艺司	1903—1906	1903年9月成立，下设通艺司专门署理铁路等事务
邮传部路政司、铁路总局	1906—1912	1906年11月设立，是中国历史上第一次由中央政府对铁路等近代产业实行集中统一的垂直行政管理体制

第二节　铁路线路管理体制

除中央管理体制和机构外，铁路各线路的运营管理机构管理也较为复杂。晚清中国铁路根据所有制来划分，有四种类型：国有铁路、商办（含官督商办、官商合办）铁路、地方官营铁路（地方政府修建的铁路）和外国在华承办的铁路。这些不同类型的铁路基本上是按照一条铁路线设立一个铁路局的原则进行管理。国有铁路的运营机构由清政府铁路中央管理机构直辖；各地商办铁路由相应的商办铁路公司管理；少量的地方官办铁路，由官办铁路公司或地方当局管理；外国在华直接修筑的铁路由相应的外国公司经营，清政府无权管辖。

一、晚清国有铁路运营管理机构

1. 京汉铁路局

1909 年清政府赎回京汉铁路管理权，邮传部特派总办管理京汉铁路。1910 年 8 月，先后在汉口和北京设立南路和京局会办。南路会办管辖黄河以南京汉铁路，又称“南局”。

2. 京奉铁路局

1907 年 8 月，关内外铁路总局改为京奉铁路总局，局址设在天津。1908 年 4 月，京奉铁路总局改称京奉铁路局。

3. 正太铁路监督局

1904 年 5 月正太铁路动工修建，在石家庄设正太铁路建筑总管理处。1907 年春，正太铁路未正式通车前，组成临时行车处，并相应缩减建筑总管理处。同年10月全线通车后,临时行车处改为行车总管理处。1909年设正太铁路监督局。

4.汴洛铁路总局、开徐海清铁路总局

1905年4月,汴洛铁路总局在郑州设立;1910年1月,汴洛铁路正式通车。为使汴洛铁路向东展修形成东西干线,1909年4月邮传部奏请清政府由该部主持修建开封海州段,并计划与清徐、清海两线连接,绕道清江浦,定名为开徐海清线。1910年7月,在开封设开徐海清铁路总局,下设开封、海州两个分局。由于线路走向不断变更,加之邮传部拿不出经费,工程未曾开工。

5.京张铁路总局

1905年7月,清政府在天津设立京张铁路总局,在北京设工程局。1907年5月,京张铁路总局迁至北京。1909年9月京张铁路竣工,随之动工修建张绥铁路。1910年9月,京张铁路工程局迁到张家口,改称张绥铁路工程局。1911年9月撤销张绥铁路工程局,由京张铁路总局兼办工程事宜。

6.津浦铁路总公所、津浦铁路北段总局、津浦铁路南段总局

1908年1月在北京成立津浦铁路总公所,筹划修建津浦铁路,自天津至山东韩庄为北段,自韩庄至南京浦口为南段。同年2月在天津设北段总局,7月在江宁设南段总局。1911年9月全线铺轨完毕。北段总局因担负的线路较长在济南设分局。1909年7月,撤销济南分局。

7.沪宁铁路管理局

1896年,清政府允准将上海至南京的沪宁铁路划归铁路总公司办理,并决定先筑上海至吴淞的淞沪铁路,后筑沪宁铁路。沪宁铁路开筑时,即在上

海设立沪宁铁路总管理处。1908年工程告竣，沪宁铁路总管理处改称沪宁铁路管理局。沪宁铁路管理局管辖沪宁干线（上海至南京江边）和淞沪支线（上海至吴淞炮台湾）。

8. 道清铁路局

1902年7月，河南巡抚派道员韩国钧与英商福公司订立《河南道口至宁郭驿运矿支路章程》，修建道清铁路，并于当月开工。1905年3月从道口修至柏山后，清政府以该路建筑费作为向福公司的借款，将该路收归国有，并在焦作设道泽铁路局，但行车管理权仍由英国福公司掌握。

9. 广九铁路办事公所

1907年3月，清政府与英国中英银公司签订《广九铁路借款合同》。全路分为华、英两段，华段由中方向英方借款修建，英段由英方自修。同年5月，中方在广州成立广九铁路办事公所，负责筑路行车事宜。两广总督派魏瀚任总办，总工程司、总管账及运输主任等重要职务由英国人担任。

10. 广三铁路局

广三铁路原为粤汉铁路支线。1900年中美签订关于粤汉铁路借款续约之后，由华美合兴公司承建，1903年10月建成通车。1905年8月，中国付清偿金，从美商合兴公司手中赎回粤汉铁路筑路权和已筑成的广三铁路后，产权归湖北、湖南、广东三省共有，委托广东都督府代管，设广三铁路局，由三省各派总办1人，共同处理路务。

11. 吉长铁路管理总局

1907年4月，清政府与日本政府签订《新奉、吉长铁路协约》，确定向日本借款修筑吉长铁路，并由日本人担任吉长路的总工程师和会计主任。1909年10月，在长春成立吉长铁路管理总局，隶属清政府邮传部。

12. 萍醴铁路总局(萍株铁路总局)

1899 年,铁路总公司拨官款修建萍醴铁路,在江西萍乡成立萍醴铁路总局。次年,萍醴铁路动工兴建,铁路总局迁至醴陵。随着铁路修建进程,萍醴铁路曾改名为萍潭铁路、萍昭铁路。1910 年,萍昭铁路改名为萍株铁路。

二、晚清时期商办(含官督商办、官商合办)铁路运营管理机构

1. 广东粤汉铁路总管理处(商办广东粤汉铁路有限总公司)

粤汉铁路初建时,由美国合兴公司贷款并承建。1901 年合兴公司于广州成立粤汉铁路总管理处。1905 年清政府收回粤汉铁路路权,委托广东都督府代管,并议定由湖北、湖南、广东三省各自筹款修建省内铁路。鄂由官办,湘为官督商办,粤经绅商力争归商办。1906 年 5 月于广州成立商办广东粤汉铁路有限总公司。

2. 潮汕铁路有限公司

1903 年,南洋侨商张煜南呈请修建潮(州)汕(头)铁路获准,于当年 12 月成立潮汕铁路有限公司。该路通车后,从顾问到各业务课长多由日本人担任,引起当地各界人士和铁路员工的一致反对。经邮传部出面交涉,日本人于 1909 年逐步撤走,由华人自己管理铁路。

3. 川汉铁路公司(商办川省川汉铁路有限公司)

1903 年,官办川汉铁路公司在成都设立,拟采取集股办法修建。1905 年 2 月,川汉铁路公司改为官绅合办,在督办之下设总办。1907 年 3 月,川汉铁路公司改为商办,名为商办川省川汉铁路有限公司。1911 年 5 月,清政府颁布铁路干线收归"国有"政策,引起各地一致反对。8 月,川汉公司召开

股东特别大会，撤销邮传部委派的宜昌分公司经理李稷勋职务，并发起成立保路同志会，遭到清政府镇压。

4. 湖南全省支路总公司

1904 年，湖南巡抚赵尔巽奉湘省绅商请设湖南铁道支路总公司。公司成立后不久，湖南、广东、湖北等省合力展开赎回粤汉路权的斗争。粤汉路权赎回后，鄂、湘、粤三省公议分办，湖南方面另行创设办路机构，此支路总公司也就失去了作用。

5. 湖北官督商办粤汉、川汉铁路股份有限公司

1906 年 2 月，湖广总督张之洞创议成立湖北官督商办粤汉、川汉铁路股份有限公司。

6. 江西全省铁路总公司

1904 年 9 月，江西京官李盛铎等上奏朝廷，请准允设江西铁路公司，李有棻任总办。1905 年，公司规划修建一条自九江至南昌、吉安、赣州，连接广东的铁路。1907 年 4 月开始定测九江至南昌段，后工程停顿。

7. 福建全省铁路有限公司

1905 年 7 月，由福建籍在京官员、光禄寺卿张亨嘉等发起筹建本省铁路，10 月，在福州成立商办福建全省铁路有限公司。1907 年漳厦铁路第一段嵩屿至江东桥工程正式开工，1910 年建成通车。

8. 滇蜀铁路总公司（滇蜀腾越铁路总公司）

1905 年，清廷批准云贵总督丁振铎成立官商合办的滇蜀铁路公司，以修建从昆明至四川的铁路。1906 年，为抵制英国修建滇缅铁路的图谋，将腾越至古里戛交界处的路段纳入滇蜀铁路公司的修建范围，并将公司名称改为滇蜀腾越铁路总公司。因管理不善、筹款困难，至辛亥革命爆发，铁路尚未动工。

9.江苏全省铁路有限公司、浙江全省铁路有限公司

为修建沪杭铁路,1905年7月成立浙江全省铁路有限公司,总理为汤寿潜,副总理为刘锦藻。1906年5月成立江苏全省铁路有限公司,王清穆任总理,张謇任协理。两公司分别负责该线本省内区段的建设。

10.安徽全省铁路有限公司

1905年7月成立安徽全省铁路有限公司,公司原定修建芜湖至广德线,后又改由芜湖直达屯溪,名为芜屯线。由该路公司招股商办。至1911年因工程无款而停工。当时只完成芜湖至湾沚间50余里。由于积欠过多,1914年该公司呈报交通部,请求收路还股。后交通部派员接收皖路,安徽全省铁路有限公司被取消。

11.新宁铁路有限公司

新宁铁路又名宁阳铁路,位于广东省新宁和新会境内。1906年,商办的新宁铁路有限公司经奏准而成立。

12.邕北铁路局办事处

1906年,清政府商部任命于式枚为广西铁路总理、左小竹为协理,在南宁设立邕北铁路局办事处。拟建由南宁至北海的邕北铁路,派人向各县招股。该局是民众自发筹建,以此抵制法国索办南宁至北海铁路。终因种种原因未能实现,不久机构撤销。

13.河南全省铁路公司(洛潼铁路公司)

1907年9月,清政府批准成立商办河南全省铁路公司。1910年改称洛潼铁路公司,兴修洛阳至潼关铁路。

14.同蒲铁路有限公司

1904年山西巡抚上奏,由本省绅商招集股本修建同浦铁路。1907年10

月，经邮传部核定，同意成立总办同蒲铁路有限公司。该公司属官商合办性质。

15. 潼西铁路办路事务所、陕西铁路有限公司

1906年1月，陕西巡抚曹鸿勋奏请清廷修建潼西铁路，成立潼西铁路办路事务所。1907年，曹鸿勋以潼西铁路修建官款难筹，奏请清廷官商合办，并设立陕西铁路有限公司。1911年，清政府实行铁路干线“国有”政策，潼西铁路改为官办。1912年袁世凯决定向比利时借款修建陇海铁路后，潼西铁路并入该路。

16. 湖南全省铁路有限公司(湖南粤汉铁路总公司)

1906年9月，商办湖南全省铁路有限公司成立。1907年3月，商办铁路集资难成，官督商办湖南粤汉铁路总公司成立。

17. 广西铁路公司、广西铁路办事公所

1906年9月，广西京官陆嘉晋等联名奏请设立商办广西铁路公司，拟订广西铁路计划。1907年8月在桂林成立商办广西铁路办事公所。1910年7月，广西铁路办事公所撤销。

三、晚清地方官营铁路运营管理机构

1. 黑龙江省齐昂铁路公司

中东铁路正式通车后，距昂昂溪站仅25公里的齐齐哈尔却不通火车。为便利商民，黑龙江省巡抚程德全倡议以国库积欠本省官兵俸饷为股金，官、商自筹资金，修建齐昂铁路。1906年6月成立黑龙江省齐昂铁路公司。

2.湖北铁路总局

1907年2月,在武昌设立湖北铁路总局,官办粤汉铁路,兼管川汉铁路,冯启钧为总办。

3.龙州铁路官局

1896年3月,总理衙门在法国公使恫吓下被迫同意将龙州铁路交法国费务林公司修建;为保监督之权,于4月特电广西巡抚速设龙州铁路官局。1896年10月,龙州铁路官局在龙州县城正式开局办公。1900年因八国联军侵华后库银中断,龙州铁路即行停工,龙州铁路官局亦随之停止办公。

4.桂全铁路局、桂全铁路督办处

为筹筑桂全铁路,1909年6月,经清政府批准,在广西南宁设立桂全铁路局。1911年4月,成立桂全铁路督办处。后因工款无着及辛亥革命爆发,桂全铁路局与桂全铁路督办处亦不复存在。

四、晚清列强承办的铁路运营管理机构

1.“东省铁路公司”

1897年1月,公司正式成立于俄国首都圣彼得堡,设分公司于北京。同年,清政府任命总理衙门大臣兼工部左侍郎、驻俄公使许景澄为中东铁路公司督办(董事长)。之后,公司董事长一直由俄方会办(副董事长)代理,董事会成员均为俄人。铁路建成后,在哈尔滨成立的“中东铁路管理局”接管了全路。

2.“南满洲铁道株式会社”

1906年6月成立“南满洲铁道株式会社”,管理由沙俄手中接管的南满

铁路及在日俄战争中修建的安奉铁路。11 月 26 日，在东京召开成立大会，设本社于东京。1907 年 3 月，“满铁”本社迁址大连，在日本东京设支社。同年 4 月 1 日，“满铁株式会社”在大连正式办公。

3. 德国“山东铁路公司”

1898 年 3 月，清政府与德国签订《胶澳租界条约》，其中有准许德国在山东建造两条铁路的相关内容。1899 年德国政府颁布《特许山东铁路公司建筑及营业条款》，并于 6 月 14 日在柏林成立“山东铁路公司”，在青岛设分公司和最高营业部。

京汉铁路局

4. 法国“滇越铁路公司”

1901 年 8 月，法国成立法国“滇越铁路公司”。1903 年 10 月，清政府与法国签订《滇越铁路章程》，1910 年滇越铁路全线通车。“滇越铁路公司”在越南河内和中国昆明两地设铁路局(简称“越局”和“滇局”),分别管理越南境内和中国云南境内的铁路的运营工作,并在云南蒙自设办事处。

京奉铁路局

第九章　晚清时期的铁路教育

晚清时期，中国铁路各类教育随着铁路事业的发展开始兴办。铁路人才培养肇始于公派留学。1871年开始，清政府先后分四批共选派120名幼童赴美学习，其中有20余名学习交通技艺。1888年秋，清政府在天津北洋武备学堂开办了一个铁路班，这是中国铁路培养铁路专门人才之始。晚清时期，属于高等教育、职业教育、职工教育、中小学教育性质的各类教育机构陆续成立，初步奠定了中国铁路教育的基础。

第一节　高等教育

1881—1988年，唐胥铁路建成通车并展筑至天津。当时的工程技术人员主要是高薪聘用的外国人。随着铁路的不断修建，培养本国技术人员的问题摆在了清政府的议事日程。经直隶总督兼北洋大臣李鸿章奏准，于1888年秋在天津武备学堂（1885年2月创办）附设了一个铁路班，由德国人鲍尔任教习，学堂先后两次招生20余人，毕业生18人，均分配到关内外铁路线参加修路工作。

1893年9月20日，北洋官铁路局总工程师、英国人金达上书清政府李鸿章，请求开设铁路学堂，培养铁路工程师。但因经费困难，清政府决定缓办。1895年9月30日，直隶总督、北洋大臣王文韶转将铁路督办大臣盛宣怀《拟设天津中西学堂》的意见上奏朝廷。

1896年1月，湖广总督张之洞上奏《创设陆师学堂附设铁路学堂折》，称"又铁路一项，学有专门，与陆军尤相关系""今拟另延洋教习三人，招习学生九十人，别为铁路专门，附入陆军学堂，以资连贯"。因南京附近山区有矿藏而急缺采矿人才，于是在南京陆师学堂附设矿务铁路学堂，主要培养开矿技师（鲁迅曾于1899在此学堂读过一段很短的时间）。

1896年5月4日，津芦铁路局总工程司金达再次上书津芦铁路督办大臣胡燏棻，建议于北戴河至山海关一带觅民房兴办铁路学堂，并附呈拟定的《在华学成之铁路工程司章程》。上书写道：今朝廷业经定意推广铁路，核计目下人才虽修路六百里亦不敷用。既乏人才，仅靠外国员司办理诚非得计，而办工撙节，成路迅速实难专靠洋工程司数人。虽然路终可造成，惟糜费浩大，而掣肘甚多也。卢汉铁路若有成议，应即教练学生至少二百名。胡燏棻将金达的上书转呈新任直隶总督兼北洋大臣王文韶转奏，获得同意。王文韶责成津芦铁路督办大臣胡燏棻会同北洋铁路总局（1896 年夏秋间改名津榆铁路总局）总办吴调卿筹办。同年，山海关北洋铁路官学堂成立，英文名称为 Imperial Chinese Railway College。这是中国创办的第一所高等学校性质的铁路学堂，是西南交通大学的前身。1900 年 9 月 30 日八国联军侵占山海关后，北洋铁路官学堂校舍被俄军侵占并遭破坏，学堂被迫停办。1905 年 5 月 7 日，胡燏棻等人指令关内外铁路总局总办，在唐山开平利用武备学堂旧址恢复兴办铁路学堂；同年 8 月，批准在唐山铁路机厂附近购地建校。同年 10 月，路局总办请葛尔飞仍任总教习，并负责筹划。学校名为唐山铁路学堂，先后更名为山海关内外路矿学堂、唐山路矿学堂。

1896 年春，盛宣怀筹款议建南洋公学；1897 年 1 月 26 日经朝廷批准，该公学在上海徐家汇租赁民房成立。这是一所官办商捐学校，盛宣怀任公学督办，何嗣焜任公学总理。1897 年初，该公学招收师范院（中等师范学校）学生 40 人。同年秋季，该公学设外院（小学），1898 年春季设中院（中学）。1903 年 9 月，该公学改名为上海商务学堂；1905 年春由商部奏准，改名为商部高等实业学堂。1906 年春，该公学设立第一个大学三年制的商务专科，同年秋又设立铁路工程班。同年 10 月，清政府设立邮传部后，该校划归邮传部，校名改为上海高等实业学堂，从此与铁路结缘。1907 年，铁路工程班改名为铁路工程专科，学制三年。此校即为今日上海交通大学、西安交通大学的前身。

1907 年，邮传部司员曾鲲化在《上邮传部创办铁路管理学堂书》中写道："窃维铁路为专门学问，而管理又为铁路之专科，其业务内容，决非寻常办事人员所能识其崖略。""故无建设、机械则铁路不能成，无管理则铁路不能久。”他建议，“将唐山路矿学堂专办铁路工程科，上海高等实业学堂办铁路、轮船、机械科，邮电学问甚浅设传习班已足，可暂以该学堂改办铁路管理科。”1907年，邮传部采纳曾鲲化的建议，决定在北京建立铁路管理学校，当年在邮传部北侧购地建校。1909年9月10日校舍落成，占地2.2万平方米。学校定名为铁路管理传习所，隶属邮传部。这是中国历史上第一所铁路管理学校，即今北京交通大学前身。

清朝末期的其他铁路高等学校

序号	学校名称	成立时间、地点	办学概况
1	卢汉铁路学堂	1898年春成立于天津	为适应修建卢汉铁路人才需要，由铁路总公司举办的高等专科学校。1899年2月，铁路督办大臣盛宣怀决定停办，将铁路工程班并入北洋学堂继续办理
2	东三省铁路俄文学堂	1899年4月26日成立于北京	专门培养铁路俄语翻译人才，清政府末年停办
3	闽皖赣三省铁路学堂	1906年成立于上海沈家湾	由商办江西铁路公司创办，设铁路工程科及管理科。1910年，因经费困难停办，两科毕业学生共计62人
4	浙江铁路学堂	1906年成立于杭州	由商办浙江铁路公司创办，专门培养铁路管理车务人才，设高等专科性质的正科一班，学制三年，学生约80人；另设中等专业技术教育性质的传习科一班，学制一年，学生约40人，1911年停办
5	湖北铁路学堂	1906年成立于日本东京	张之洞将日本人开办的东京路矿学堂买下改为湖北铁路学堂，聘任日本教师继续任教，为中国培养急需的铁路人才；设铁路建筑、铁路营业各科，学制定为三年，1911年停办
6	江苏铁路学堂	1907年成立于江苏吴县	由商办江苏铁路公司创办，培养铁路管理人才，设铁路管理科，毕业生70多人，1911年停办

续上表

序号	学校名称	成立时间、地点	办学概况
7	江西铁路专科学校	1907 年成立于上海	由江西旅沪学会创办，为江西省修建铁路培养人才。设机械、管理二科，学制三年，毕业生 40 人，1911 年停办
8	湖南铁路学校	1910 年成立于长沙	湘绅龙璋在湖南创办，设铁路工程、机械、管理三科，后改为湖南高等铁路学堂，1915 年停办

在此期间，邮传部下属路局创办的铁路学校有：粤汉铁路办的铁路学堂、京张铁路办的铁道学堂、江西铁路办的江西全省铁路学堂，还有英国福公司办的路矿学堂，多数举办时间不长。

第二节　职业学校教育

铁路职业学校教育始于 1899 年成立的关内外铁路总局电报学堂。同期，铁路又陆续举办了一批职业学校。这些学校办学条件简陋，规模小、时间短、不规范，但为铁路职业学校教育初步奠定了基础。

1899 年，关内外铁路总局电报总管请求在昌黎开办电报学堂，培养收发电报人才，获总局批准，关内外铁路总局电报学堂于当年成立，这是中国铁路举办的第一所职业学校。1904 年 1 月 13 日，清政府颁布的《奏定学堂章程》（即癸卯学制）规定，各项实业学堂分为高等实业学堂、中等实业学堂、初等实业学堂，提出："电报、铁路、邮政、矿务等类学堂，亦实业之一端。"《奏定学堂章程》为铁路学堂的创办和发展提供了法律依据。清朝末期，为培养所需技术人才，铁路先后创办职业学校 15 所，名称不统一，有的称实业学堂，有的称见习所或传习所、教练所等。由于学校多为各路根据本路需要举办，专业设置单一，办学规模很小，大部分学校于辛亥革命爆发后停办。

清朝末期成立的铁路职业学校

序号	创办时间	创办者	学校名称	停办时间
1	1899年	关内外铁路总局	关内外铁路总局电报学堂(1913年改为京奉铁路局滦县电报学校)	1924年
2	1905年	京汉铁路(比利时公司)	京汉铁路车务传习所(1923年由长辛店迁入北京改为北京铁路车务见习所，1928年改为北平铁路车务见习所，1935年改为北宁铁路车务见习所)	1909年清政府收回管理权后继续办学，1937年停办
3	1906年	东清铁路公司(中俄合办)	哈尔滨商业学校	
4	1906年	东清铁路公司(中俄合办)	哈尔滨商业女校	
5	1907年	东清铁路公司(中俄合办)	哈尔滨三级商业学校	
6	1907年	京汉铁路局员工	郑州铁路学堂	1911年
7	1908年	津浦铁路局	津浦铁路路政学堂(1909年并入邮传部铁路管理传习所)	
8	1909年	正太铁路(法国公司)	正太铁路学堂	
9	1909年	南满铁路(日本)	沙河口工场职工见习养成所，后改称大连机厂职工养成所	1945年
10	1909年	东清铁路公司(中俄合办)	中东铁路机务总厂技术传习所	

续上表

序号	创办时间	创办者	学校名称	停办时间
11	1910 年	津浦铁路局	津浦铁路电报学堂	1911 年
12	1910 年	滇越铁路公司(法国)	蒙自铁道巡警教练所	1913 年
13	1911 年	津浦铁路局	津浦铁路南段巡警教练所	1913 年
14	1911 年	商办川汉铁路公司	四川铁路学堂(1913 年改为交通部铁路学校)	1913 年
15	1911 年 5 月	南满铁路(日本)	“南满洲工业学校”	1922 年 5 月改为“南满洲工业专门学校”

第三节　职工教育

铁路职工教育的任务是对铁路员工进行文化教育和技术培训，直接服务于铁路建设和运输生产。清朝末期，铁路职工教育始于中国第一条自办的唐胥铁路对职工进行基本的技术培训。

清朝末期，铁路员工多为文盲。各路举办了工匠夜学所、工余夜学校、艺员养成所、徒工养成所、职工讲习所(传习所)、培训班等教育培训机构。这些办学单位多利用夜间工余时间培养铁路基层员工，设有文化课及进行最基本的技术训练，个别学校开设有着眼于提高管理能力的训练课程。最早的职工培训组织是胶济路 1904 年初在青岛附近的四方设机厂举办的徒工养成所，传授工人一些基本技能。

1909 年初，邮传部铁路总局令各路局设立工匠夜学所，以简易教法授必需之知识技能。道清铁路1909年8月18日在焦作车站第一号房创办了中国铁路第一所职工学校——道清路工匠夜学所。其办学宗旨是培养机厂及其他铁路部门工匠，课程设置有国文、英文及普通算法，每晚18:30至20:00为授课时间。凡愿学习的工匠均可入学，不限名额。每半年由路局总办考试一次，成绩优良者给予奖赏，不及格及犯有过错而不改者予以斥退；经过4次考试成绩及格者发给两年的修业证书，并抄送各主管处记名，分别等第，提前升用；经过4次考试不及格者留所继续补习。1923年8月成立焦作扶轮小学后，工匠夜学所停办。京奉路于1909年9月成立唐山制造厂机器练习生处和工余夜学校。津浦路于1910年10月开设济南巡警教练所，同年12月开设天津巡警教练所。京汉路于1911年3月开设长辛店机厂厂工夜学所。

第四节　中小学教育

铁路中小学教育始于清朝末期。早期的铁路中小学多是在华外资（或中外合资）铁路公司创办的。1898年，中俄合办的东清铁路公司哈尔滨香坊第一小学校成立，这是为修筑铁路的中国员工子弟创办的第一所学校。之后又相继开办沿线中国员工子弟小学。1908年，东清铁路公司在双城堡修建了一所可以寄宿的学校——双城堡学校，这是中国铁路中小学教育的第一所寄宿制学校。至1911年，东清铁路先后建立学校17所，都是小学教育。

清朝末期铁路行业创办的中小学，还有南洋公学附设的外院（小学）、中院（中学），唐山路矿学堂附设的中学班，“南满洲铁道株式会社”在其管辖铁路沿线创办的中小学校等。

山海关北洋铁路官学堂旧址

唐山路矿学堂